エイプリル・ヘニング
ポール・ディメオ
児島 修 訳

ドーピングの歴史

Doping : A Sporting History

April Henning　Paul Dimeo

なぜ終わらないのか、どうすればなくせるのか

青土社

ドーピングの歴史　**目次**

ドーピングの歴史——なぜ終わらないのか、どうすればなくせるのか

はじめに

スポーツの世界は独特だ――このような産業は他にない。オリンピックやサッカーのワールドカップなどの人気の大会は何十億人もの観客を集め、大成功を収めたアスリートは誰もがその名を知る有名人になる。スポーツ界の内外には、アスリートや監督、コーチ、オーナー、スポンサー、メディア企業、ゲーム企業、さらには医師、弁護士、官僚、心理学者、ライターなどにも富をもたらす巨大な経済圏がある。

ビジネス的な側面からは、競技の優れたパフォーマンスや観客を魅了するスペクタクルが重要になる。その一方で、スポーツはあらゆる年代の人々の健康や地域社会、レジャー、レクリエーションとも深く関わっている。定期的に身体を動かすことは子どもの発育にとって心身両面と学業面から欠かせないと考えられているし、若者や高齢者の健康増進にもつながる。もちろん、スポーツは、身体活動の唯一の形態ではない。それでも、地域のスポーツクラブは定期的な運動や競技、社交の機会を提供できる。学校は体育や他の日常的な運動の場になる――学校教育におけるスポーツはとても重要だと考えられているため、多くの国の政府がそれを義務化する法律を定め、専門教師の育成のための予算を組んでいる。

こうした背景における薬物の存在は、〝薬物のないクリーンなスポーツ〟といった単純な主張から現在の私たちが連想するものよりもはるかに複雑だ。近年ではアンチ・ドーピングやクリーン・スポーツは「善」であり、薬物使用者《ドーパー》は不正行為によって勝利を楽に手にしようとする堕落した人間だと批判されるようになった。しかし二〇世紀の大半の期間、現在のようなドーピングという概念は存在していなかった。薬物摂取は不正行為だと見なされず、当然、禁止されてもいなかった。たとえば、あまり知られていないが、一九〇四年と一九〇八年のオリンピックではマラソンのトップランナーがストリキニーネ（アルカロイドの一種）を服用していたし、一九二五年にはサッカークラブのアーセナルのマネージャーが、ライバルのウェストハム・ユナイテッドとのカップ戦に出場した選手全員に興奮剤を与えていたことを詳しく書いている。

最初の規制の動きは散発的に起こった。一九〇八年のオリンピックのマラソン競技で薬物の使用禁止する規則が定められたが、一九二八年に国際アマチュア陸上競技連盟（IAAF）が精神刺激薬を禁止する声明を出すまでは、他に規則は定められなかった。一九三八年には国際オリンピック委員会（IOC）が薬物禁止の規則を定めているが、一九六〇年代半ばまで、薬物検査を伴う体系的な規則は存在しなかった。

これらの規則の基礎を築いたのは、自転車選手やサッカー選手のアンフェタミンの使用に注目したフィレンツェのイタリア人の科学者集団だった。IOCがドーピング問題に取り組み始めたのは、デンマークの自転車選手ヌット・エネマルク・イェンセンが一九六〇年のオリンピックのレース中に死亡したことがきっかけだった（ただし、後の検査によって死因はドーピングではなかったことが明らかになった）。アンチ・ドーピングは、欧州でのスポーツの国際会議や、「四年に一度のオリンピックで検査を実施する」というIOCの決断を通じて次第に共通のポリシーとして定着していった。精神刺激薬の使用を公然と認めるエリート自転車選手も一部にはいたが、スポーツ界のトップの間にはスポーツは「クリーン」であるべきだという認識が広がっていった。

二〇世紀後半から二一世紀初頭にかけて、アンチ・ドーピングとは何か、どのように実現すべきかについての論争が起こった。一九七〇年代にはステロイドの使用が爆発的に増加した。ステロイドはトレーニング時と筋肉増強のために用いられていたため、競技会場での検査は予防面では実質的に役に立たなくなった。一九七五年に検査法が開発されたが、摘発のためには競技会の以外の場場所でアスリートに接触する必要があり、それが検査側の大きな課題となった。

一九八〇年代には多数のドーピング・スキャンダルが起こったが、それは氷山の一角に過ぎなかった。国家ぐるみでステロイド・プログラムが組織的に導入されているケースもあり、そこではトップアスリートが捕まることなく何十年も薬物を使っていた。一九九〇年代には、多くのアスリートがチームドクターやコーチの支援を受けながら、様々な薬物、マスキング剤、血液操作などを駆使した薬理学的に複雑なドーピングに手を染めていた。各スポーツの競技連盟は無力だった。組織力が弱く、リソースも不十分で、常に薬物使用者の後手に回っていたため、アンチ・ドーピングへの支援が足りないと不満を言い、薬物使用者を批判し、ドーピングの致命的なリスクについて恐怖を煽るメッセージを発信することしかできなかった。メディアは、勝利を渇望するアスリートたちが成功と引き換えにドーピングによって命を縮めようとしているという大げさなストーリーを描き、この問題のスキャンダラスな側面ばかりに目を向けた。

一九九〇年代に入ると、世界アンチ・ドーピング機構（WADA）が設立された。その背景には、旧東ドイツの薬物汚染のニュース、自転車競技界のスキャンダル、組織的なドーピング疑惑などがあった。同組織は資金の五〇パーセントを出資するIOCと密接に関連しており、会長はIOCメンバーと非ＩＯＣメンバーが交代で務め、委員会の構成はＩＯＣのガバナンスシステムに基づいている。二〇〇三年に初めて世界アンチ・ドーピング規程（ＷＡＤＣ）が定めたアンチ・ドーピングの理論的根拠の中心には、オリンピズムの概念がある。この規定は個人競技に照準がしぼられていた（チームスポーツについてはほとんど言及がない）。違反者を出した国にはオリンピックの開催を認めないという罰則もあった。二〇一〇年代半ば、ＷＡＤＡが二〇一六年のリオデジャネイロ・オリンピックへのロシアの参加を禁止すると、ＩＯＣとの間の避けることのできない利害対立が表面化した。ＩＯＣは多くのロシアアスリートに中立の旗の下で競技することを許可した。

ＷＡＤＡは高度で体系的なアンチ・ドーピング・ポリシーを策定したが、その際、アスリートの意見を聞こうとしなかった。ＷＡＤＡはこのポリシーに影響を受ける者と利害関係がないために独占的な権力を持っており、他の業界ではあり得ないような監視と罰則の制度を導入した。ＷＡＤＣの導入によってアスリートの負担は大幅に増えた。検査は場所や時間を問わず行われ、何が受け入れられ、受け入れられないかを理解する責任もアスリート側にあった。採取方法にかかわらず、検体中に見つかったあらゆる物質に対しても責任を負わなければならなかった。また、どの組織もこれらの問題についてアスリートを教育する義務はなかった。規則が導入される中でアスリートのプライバシーと尊厳は無視された。検体採取のために排尿の状況を薬物取締官（ＤＣＯ）が監視することも定められていた。ＷＡＤＣに違反すれば、当初は二年、二〇〇九年の改訂版では四年の競技禁止処分を命じられた。上訴を望む場合も、手続きに多額の費用がかかり、裁判も長期化するため、アスリートとしての評判とキャリアが不安定になる。また、民事裁判所ではなくスポーツ仲裁裁判所（ＣＡＳ）にしか上訴できないため、勝てる可能性も低かった。アスリートには、自らのキャリアと収入を守る法的権利と、（当該の競技がWADCに従っていた場合）規則を議論するための組合を結成する権利がなかった。薬物使用者というレッテルを貼られた汚名は生涯残り、スポーツ界の内外での雇用機会が損なわれてしまう。にもかかわらず、偶然にこのシステムに違反することは容易に起こり得るものであり、科学的な分析に間違いがあっても、不当な扱いを受けたアスリートがその間違いを証明するのは難しかった。

WADAは、〝アスリートの健康と、スポーツの公正さ、誠実さを守ることを目的とする〟というシンプルなメッセージのもとで運営されていた。しかし、アスリートは疑惑の目で見られた。実際に捕まったり、ドーピングの疑いが高かったりする者だけでなく、あらゆるアスリートがその対象だった。アスリートたちは、どう行動すべきかは指示されたが、発言権は与えられなかった。〝スポーツは社会的な善である〟という公共的・商業的イメージを支えるために行われた過剰な監視によって、監視側とアスリートとの間の信頼は損なわれた。その一方で、各競技連盟はこの規定が導入されたことでアスリートが巻き添え的な被害を受けているという現実を受け入れるようになった。アスリートには不均衡かつ不公正で一貫性のない制裁が科され、そこからの再起やキャリアの回復のための手段も限られていた。だがこうした問題はあまり目立たなかった。発見された組織的・個人的なドーピングの証拠のほうに注目が向けられたからだ。これらの証拠は、反省し、改革を推進するための理由としてよりも、WADAの権力の拡大とアスリートへの処罰を正当化するために使用された。

本書は、いかにしてドーピングを巡る状況が現状に至ったのかを考察したうえで、様々な対処策を通じてこのポリシーをより妥当なものにするためにはどうすればいいのか、特にアンチ・ドーピングを将来的に改善させていくことにアスリートを参加させるにはどうすればよいのかを問うものである。

筆者は、アスリートは単に規則に従い、不正行為を起こし得る者として疑いの目を向けられる存在ではなく、アンチ・ドーピングのシステムの一部であるべきだと提案する。また、アスリートが、アンチ・ドーピングの「冷たい視線」による侮辱を受け、スポーツを超えたキャリアや生涯に及ぶ厳しい罰を受けているとも認識している。WADAやIOCなどに認知されている一握りの選ばれたアスリートだけが、このシステムに関与するのでは不十分だ。すべてのアスリートに発言権が与えられるべきである。一九九〇年以降のアンチ・ドーピングの強化は、権力の偏りを招いた。本書は、協力、相互尊重、ドーピング違反前後のアスリートへの支援、アスリートの状況の考慮などに基づくアプローチを提案する。均衡性、公平性、関係者の人間性への基本的な尊重といった概念が、将来のアンチ・ドーピングの中心となるべきだ。

しかし、まずはその前に、現在に至るまでの道のりを知らなければならない。

第一章　近代スポーツにおけるドーピングとアンチ・ドーピングの起源

現在、私たちが認識している形態のスポーツは、一九世紀後半に生まれたものである。もちろんそれ以前にも、様々な文化や文明の中で、多様な形態の身体的競争が行われていた。宗教的な意味を持つものや、地域の祝日と結びついたもの、王室の祝賀行事の一部だったものもある。また、古代オリンピックのように、高度に組織化された競争的な競技会もあった。伝統的な競技から発展したスポーツもあれば、近代になって発明されたスポーツもある。ドーピング、そして後のアンチ・ドーピングに影響を与えた変化の一つに、〝職業としてのスポーツ〟という概念がある。職業や趣味ではなく、報酬を得てスポーツをするという考えは長い間一般的ではなく、広く受け入れられていなかったもの、スポーツについての新しい考え方や実践方法を発展させることにつながった。スポーツの成功によって名声や金銭的報酬を得ること自体は新しくはなかったが、スポーツ文化という文脈でプロの概念が生まれたことは、二〇世紀のスポーツ界に劇的な影響をもたらす大きな変化になった。

英国は一九世紀半ばから後半の急速な都市化と工業化の時代に世界のスポーツの坩堝となった。経済の中心が地方の農村から町や都市部の工場へと移ったことで、人々の時間の使い方や移動方法が計画的なものになった。それに伴い、「余暇」の概念が様々な社会集団の間で広まった。労働時間と非労働時間の間に境界線が引かれるようになり、人々の時間の管理方法や勤務時間外の行動様式に影響が生じた。遊びと仕事が区別され、消費者向けのレジャー産業が誕生したのだ。

スポーツクラブは英国文化の新たな人気スポットになった。スポーツへの参加やレクリエーションを奨励するために発展したクラブもあるが、競争を重視したクラブも現れた。こうしたエリートクラブは、自分たちの組織や地元を代表するトップレベルのアスリートを選抜するようにもなった。その背景には、簡単かつ短時間での移動を可能にした交通技術の革新もあった。鉄道が普及したことで、チームを編成し、定期的なリーグ戦を開催できるようになった。ローカル規則を巡る対立を避け、競技を管理し、公正に行えるようにするために、共通の正式な指針が必要になり、規則がつくられた。その結果、各クラブを規則に従わせるための統治機関が必要になった。統治機関はスポーツの競技方法を標準化し、これらの規則の導入を推進する指導員が育成された。一八七〇年代から八〇年代にかけて全国規模のトーナメントやリーグが開催されるようになり、様々なスポーツでさらに多くのクラブが結成された[*1]。

他国もこれに続いた。大英帝国が世界各地にその影響力を広げたことは、こうした新しい規則や競技の形式を英国や欧州大陸を越える地域に普及させる役割を果たした。この帝国的な形でのスポーツの普及を牽引したのは労働者階級の兵士や労働者たちだった。彼らが長期間国外に派遣されたときに滞在地で娯楽として楽しんだことが、現地でのスポーツの普及につながったのだ。同じく、植民地の将校や教師、宗教指導者などが、地元の住民に規律に従わせるためにスポーツを利用したことも、現地でのスポーツの普及につながった。自らを律すること、命令に従うこと、試合後に紳士的な握手をすることなどは、植民地の住民に教えるべき重要な英国文化だと考えられていた。スポーツは他の価値観や教訓を教える手段にもなった。地元住民にキリスト教を布教し、「文明化」を目指す宣教師たちも、学校や教会内でスポーツを利用した。英国の公立学校制度の理想主義と、ヴィクトリア朝の合理的なレクリエーション理論が組み合わり、国内外での組織的なスポーツが推進されていった。

もちろん、スポーツ文化には階級、性別、文化的アイデンティティの違いが内在していた。中流階級や上流階級はクリケットやラグビー、ホッケーを、下層階級はサッカーやボクシングをした。クラブには排他的な側面があり、女性、先住民、特定（労働者階級）の職業の人間などに入会を禁じる規則は珍しくなかった。スポーツは共同の活動を通じて地域社会を団結させることもあれば、必要に応じて地域社会内の集団を定義、分離、区別するために利用されることもあった。[*2]

スポーツの普及には、こうしたアマチュア的で道徳面を重視した側面がある一方、商業的な側面もあった。企業家はこの新たな大衆娯楽への人気の高まりを見逃さなかった。クラブのオーナーは試合会場に出入り口を設けて入場料を取り、メディアで多く取り上げられる人気スポーツはスポンサーシップや広告を売ることをさらなる収入源にした。サッカーのようなチームスポーツは地域社会とつながりがあり、地元の大きな支持を得た。クラブと関連する地元の工場や企業はチームの試合を従業員に観戦させるために土曜日を半休にすることもあった。地元クラブへの忠誠心や関心が高まるにつれ、ファンがお金を使う機会も増えた。地域や全国的なライバル関係も試合への関心を煽り、アスリートはたちまち有名人になった。

一九世紀末になると、新たなタイプのスポーツマン、すなわちプロのアスリートが台頭した。プロフェッショナリズムはサッカーや自転車競技などでは急速に受け入れられたが、他の競技ではそうでもなかった。たとえばラグビーリーグ〔一三人制ラグビー〕では選手に報酬が支払われたが、ラグビーユニオン〔一五人制ラグビー〕では支払われなかった（ラグビーユニオンは一九九〇年代前半までプロ化されなかった）。プロフェッショナリズムの台頭によって生じた問題や影響への対応に苦しむ競技もあった。

陸上競技界では、アスリートに賞金を与えることが、アマチュアのままでいることを望む伝統派と、スポーツで生計を立てるのは可能だと考える進歩派の間に対立をもたらした。また、競馬をはじめとする多くのスポーツがギャンブルの対象となり、八百長の疑いがつきまとうようになった。多くの競技で規則が急速に発展したのは、アスリートやチームに公正な競争の場を与えるためであると同時に、フィールドの内外での不正からブックメーカーやギャンブル利用者を守るためでもあった。誕生したばかりのスポーツ産業には、透明な規則や規制が必要だったのである。*3

この新しいスポーツ文化が世界的な規模と範囲で広がったことを如実に物語るのが、一八九四年の国際オリンピック委員会の設立と、一八九六年にアテネで開催された近代オリンピックである。複数競技の国際的なスポーツ大会の開催を主導したのは、その演説や著作で〝友好的な競争〟という高邁な理念を提唱したことで知られるフランスのピエール・ド・クーベルタン男爵である。彼は一九世紀半ばの英国の公立学校におけるスポーツの取り組みに影響を受けていた。そのビジョンの中心は〝アスリートは報酬を一切受け取るべきではない〟という厳格な規則が定められたアマチュアリズムであり、その根底には〝スポーツにある純粋さと高貴さは金銭的な報酬が絡むことで失われ、堕落する〟という信念があった。もちろん、そこには階級的なスノビズムもあった。スポーツで高レベルの競技をするには時間とお金がかかる。特に、労働以外の時間に移動し、競技をするには、多額のコストが生じる。裕福であれば純粋な余暇のためにスポーツをする余裕があるが、経済的に恵まれていないアスリートはお金を稼ぐ必要がある。

この階級の違いを制度に組み込んだスポーツもある。クリケットは、ジェントルマンとプレーヤーを明確に区別し、更衣室やパビリオンスペースの使用、チームへの貢献度などに異なる規則を定めていた。オリンピックはアマチュアのためにつくられた。開催地は毎回異なり、大会も数週間続いたため、参加するアスリートは裕福でなければならなかった。一九八一年のアカデミー賞受賞作である『炎のランナー』は、この階級の違いを象徴する作品だ。この映画は一九二四年に開催されたパリ・オリンピックを題材にしている。参加アスリートのほとんどは中流階級か上流階級で、ケンブリッジ大学の学生もいた。こうした大会には、働かなくても生活できる経済的に余裕のある人しか参加できなかった。当時は、才能よりも経済的な裕福さがオリンピックの結果を左右したと言えるだろう。

『炎のランナー』の主な登場人物の一人は、一九三八年にＩＯＣがスポーツにおける薬物使用を禁止する最初の公式の指令を出すことになることを主導したバーグリー卿をモデルにしている。また、あまり目立たない形ではあるが、ニュージーランド人のアーサー・ポリットも登場する。彼はその後、英国に移住して王室専属の医師となり、一九六一年にＩＯＣ初の医学委員会を率いた。アンチ・ドーピングの規則と検査の策定と準備の権限を握っていたのは、この委員会である。

初期の実験

トップレベルの競技における薬物使用の初期の記録は、一九〇四年と一九〇八年のオリンピックでマラソン選手がストリキニーネを用いた例だ。それ以前にも、薬物使用が疑われる大きな事件があった。一八九六年に他界した自転車選手のアーサー・リントンの死因が、長い間ドーピングだとされてきた一件だ。ウェールズのチャンピオンだったリントンは欧州の主要レースによく出場していて、コーチのジェームズ・エドワード・〝チョッピー〟・ウォーバートンは選手に秘密の調合薬を与えることで有名だった。リントンはボルドー・パリ間のレース後に死亡したが、その原因の一部は興奮剤を服用したことにあると考えられた。この俗説は二〇世紀を通じて様々な出版物で繰り返し言及されたが、リントンの実際の死は、たしかに悲劇的ではあったものの、それほど劇的なものではなかった。タイムズ紙に掲載された死亡記事によれば、この才能のある自転車選手はレースの数週間後に腸チフスで命を落としている。[*4] 彼がドーピングで死んだという悲劇的な伝説が何度も繰り返し語られてきたことは、薬物使用がいかに多くの作家の想像力をかき立てたかを示している。成功をつかむために生命の危険を冒そうとするアスリートの物語は、魅力的なドラマの格好の題材になるのだ。

リントンの死の前後にも、ランナーや自転車選手が精神刺激薬を使用した、無害な例が見られる。コカインは広く出回るようになり、長距離系の自転車選手の間で流行していると噂されるようになった。コカ（葉）やコーラ（木の実）がトニック飲料の材料に使われるようになり、コカコーラが誕生した。またコカインは鎮痛剤や〝強壮剤〟として飲料、錠剤、パウダーなどの形態で広く販売された。つまりアスリートたちは、パフォーマンスを上げるために一線を越えたというよりも、単に当時の流行に乗っただけだった。科学は一八七〇年代からこれらの物質の価値を明らかにしてきた。一八七〇年と一八七五年、エジンバラ大学医学教授でスコットランド女王の主治医兼英国医師会の会長だったロバート・クリスティソン卿の主導のもと、コカの葉に関する初期の実験が行われた。一八七〇年の実験では、一六マイル〔約二六キロメートル〕歩かせて疲労した二人の学生に少量のコカを与え、さらに一時間歩かせてその効果を測定した。五年後の実験では、クリスティソン卿は自らを実験台にして、地元のウォーキングで二回、スコットランドの標高九八五メートルのベン・ヴォーリック山の登山で一回の計三回、コカインを服用してその効果を試した。当時七八歳だった彼は、一回目の一五マイル〔約二四キロメートル〕のウォーキングの終盤で、コカによる疲労の軽減を感じたという。登山では頂上から約一〇〇メートル地点の上りの終盤でコカを飲み、その効果と副作用の少なさを絶賛した。このときの体験について、ブリティッシュ・メディカル・ジャーナル誌に次のように書いている。「疲労はすぐに消え、若い頃に登山を楽しんでいたときのような気楽さで長い下り道を歩いた。（中略）疲労や空腹感、喉の渇きもなく、四マイル〔約六キロメートル〕を楽に家まで歩いて帰れるような気がした」[*5]。

ジークムント・フロイトも一八八四年、自身の体験と他の使用者から聞いた話に基づいて、コカについて書いている。彼は、コカは「神経衰弱、消化不良、悪液質、モルヒネ中毒、アルコール中毒、高地喘息、インポテンツに良い効果をもたらす可能性が高い」と公言していた[*6]。コカは様々な病気の原因ではなく、それを治す可能性があると考えられていた。二〇世紀初頭には、コカインは広く消費されるようになっていた。もちろん、これは中毒性が一般に知られる前のことである。歴史学者のジョージ・アンドリュースとデイヴィッド・ソロモンは、当時の米国の状況をこう記している。

誰でもドラッグストアに行けば、様々な種類のコカインを簡単に買えた。薬局は、どれを選ぶか顧客に尋ねていただろう――粉末にして鼻から吸い込むか、ボンボンのようにかじるか、トローチのようにしゃぶるか、タバコとして吸うか、軟膏のように皮膚に塗りこむか、痛み止めのうがい薬のように使うか、座薬にするか、コカコーラのような飲み物にするか、と[*7]。

アスリートのパフォーマンス向上に関する当時の研究にとって魅力的な物質は他にもあった。複数

アーサー・リントン。〝ドーピングによる初の死者〟であるという濡れ衣を着せられた。

の国で、様々な状況における食品、ビタミン剤、飲料、精神刺激薬がスポーツパフォーマンスに及ぼす影響が研究された。たとえばフランスでは一九世紀後半、同国を代表する科学者フィリップ・ティッシーが、トップレベルの自転車選手を対象にして覚醒効果をもたらす飲料の特性を研究した。また、コーラナッツの効果に注目した心理学者のギュスターヴ・ル・ボンも、同じくトップレベルの自転車選手を対象にした実験で、ナッツは「強力な資源」であると結論付けた。やがてコーラやコカは科学者や、強壮剤、医薬品、サプリメントのメーカーから大きな関心を集めるようになった。どちらも南米から輸入されたもので、北米や欧州ではまだよく知られていなかった。

一九〇四年のオリンピックは米国のセントルイスで開催された。当時からオリンピックでは毎回、マラソン競技が大きな注目を集めていた。残念ながら、これは米国のフレッド・ローツが途中で車に乗って移動するという不正を働いたことで印象づけられるレースになった。ローツは失格となり、ライバルのトーマス・ヒックスが繰り上げで優勝した。当時、マラソンは現在よりもさらに過酷な状況下で行われており、一九〇四年のレースも例外ではなかった。お粗末なランニングシューズを履いたランナーたちは、完走の手助けをしてもらうためのサポートスタッフを伴走車に乗せて走っていた。セントルイスの夏は摂氏三二度を超え、コースには給水所が一つしかなかった（水分補給に関するスポーツ科学はまだ始まったばかりだった）。スタートした三二人のランナーのうち、ゴールしたのはわずか一四人。ヒックスもとてつもない苦しみを味わいながら勝利を手にした。サポートスタッフはレース中のヒックスに、ブランデーにストリキニーネを混ぜたものを与えた。二〇世紀後半に書かれた文章によれば、ヒックスはおそらくストリキニーネが原因でゴール直後に倒れ、瀕死の状態に陥った。このときのストリキニーネが原因か、レースの過酷さのためかは定かではないが、ヒックスがその後、マラソンレースで好成績を収めることはなかった。

リントンのケースと同様、アスリートが金メダルを得るために命を落としかけたという物語はメディアにとって非常に魅力的であるため、歴史的な事実の検討や、広い社会的文脈からの問題の考察にはあまり意識が向けられなかった。当時、ストリキニーネは厳密には有害ではないと考えられており、科学者たちはその刺激性とリスクを徹底的に調査していた。たとえば、一九〇六年に英国の王立医科大学に提出された科学的研究では、ストリキニーネは疲労を軽減すると結論付けられている。一九〇八年のジャーナル・フィジオ

ロバート・クリスティソン卿。1870年代にコカの葉の効果を確かめる実験を行った。

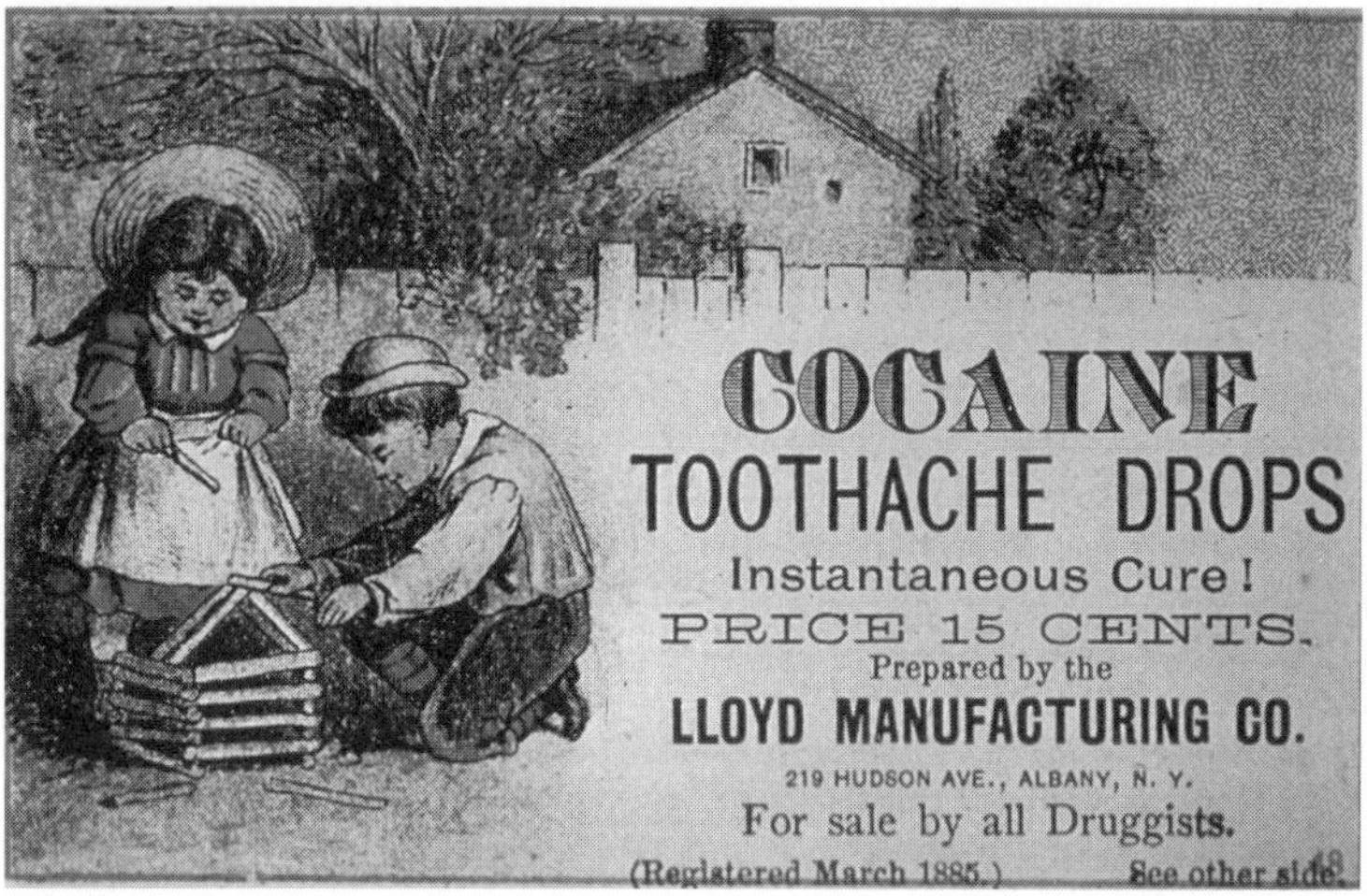

19 世紀後半から 20 世紀初頭において、コカインは日常的に使われていた〔廉価の痛み止めとしてコカインを販売する薬局の広告〕。

ロジー誌に掲載された論文は、数ミリグラムの経口投与によって摂取後三〇分から三時間にかけて投与量に応じたピークに達する「筋肉の仕事量の増加」が起こり、その後は能力が正常以下になると記している。この当時、医師はストリキニーネの医学的特性を称賛していた。医学史研究者のジョン・S・ハラー・ジュニアによれば、一九世紀末ではこの薬は「医師が処方する薬の中でも屈指の効果を持つもの」であった。[*8]

オリンピックの公式報告書の著者で、ヒックスの指導者としてコースに同行したチャールズ・ルーカス医師による記述は、精神刺激薬の科学的研究という点で考慮に値すべきものである。ルーカスは、ストリキニーネを与えられたヒックスが勝利できたのは、相手の選手たちが「路上での適切なケア」を受けていなかったからだと述べ、「ヒックスは薬物を使ったことで安定した動作を保てた」と説明している。ルーカスにとってこのレースは、「ドラッグがアスリートに大きな恩恵をもたらすことを証明した」ものであった。これは科学のスポーツへの応用であり、そうしない理由もなかった。ルーカスはヒックスを「米国のアスリートが母国にもたらした最高の栄誉を得た」と称えている。

これと対照的なのが、精神刺激薬に比べると化学的ではない、「酸素」という補助をアスリートが使った場合の欧州での反応だ。スコットランドの水泳選手ジャベス・ウルフが、遠泳で酸素補給を用いたことが公の議論になった。ジャベスは一九〇六年から一九一三年にかけて英仏海峡を泳いで渡ろうとして二二回失敗した。一九〇八年には、残りわずか数メートルのところで失敗している。この遠泳の最中、彼は人工的に酸素を吸引している。具体的な方法はわかっていないが、船に積まれた加圧タンクにつなげた潜水マスクから供給された可能性が高い。最大のライバルで、自身も英仏海峡を泳ぎ切ることに何度も失敗していたモンタギュー・ホルバインからは、スポーツマンシップに反すると批判された。また英国の貴族ロンズデール卿からは、文化的な意味でも興味深い批判をされている。熱心なスポーツマンで、その名が現在もブランド名としてボクシング界で使われている彼は、サッカークラブのアーセナルの会長で、自動車協会の初代会長

優勝トロフィーの脇に立つ、オリンピック 1904 年大会のマラソン優勝者トーマス・ヒックス。

でもあった。莫大な富と財産を相続したが、そのほとんどをスポーツ事業に投資して失敗している。ニューヨーク・タイムズ紙によれば、彼は「ウルフが酸素を使ったのは、スポーツマンらしくも英国人らしくもない」と語っている。

単純に理解されすぎる、粗雑なステレオタイプに陥る、といったリスクはあったものの、科学的な知識や革新が仕事や戦争、遊びに役立つような環境では、ドーピングは文化的に受け入れられやすかった。しかし英国では、伝統的な価値観が重んじられていたこと、近代的な合理的進歩の概念に対する懐疑があったことが、スポーツに関して長い間確立されてきた階級的な考え方と結びつき、パフォーマン向上に人工的手段を用いることへの疑念につながった。実際、最初のドーピング規則は一九〇八年のロンドン・オリンピックで制定されたものである。

アンチ・ドーピングの誕生

トーマス・ヒックスやチャールズ・ルーカス、あるいはストリキニーネの使用に対する批判があったためであることを示す証拠はないものの、何らかのことがきっかけで、大会の主催者とIOCは、一九〇八年のロンドン・オリンピックで新たな規則を設けた。これはどのような薬物を使っても失格になると定めたもので、マラソンのみに適用された。とはいえこれは、ばかばかしいほど強制力のない規則だった。何を薬物とするかという定義もなく、秘密裏に使われているものを発見するための科学的な検査もなかった。さらに、規則の後半には、ランナーにどのような物質を供給すべきかが説明されており（おそらく、一九〇四年大会の過酷なレースで選手が疲労困憊したことを受けてのものと思われる）、回復目的のためにならば興奮剤なども使えると明確に述べられている。しかも、何が（パフォーマンス向上の対極にあるものとしての）回復かという定義も不明確だ。四年前にヒックスに起こったことを考えると、これは驚くべきことである。[*9] また、この規則は他の競技には適用されなかったので、他の種目のアスリートはどんな薬物でも使えたはずだ。

新しい規則は、ランナーのストリキニーネ使用を止められなかった。一九〇八年のオリンピックのマラソン競技では、ストリキニーネの使用はあまり公にならなかったが、別種の論争が起こった。イタリア人ランナーのドランド・ピエトリが、ストリキニーネのスキャンダルによって世界的に名を知られるようになったのだ。ピエトリは大会前のレースでフルマラソンを二時間半強で完走し、金メダル候補の筆頭に挙げられていた。迎えた本番のレースは猛暑の中で行われ、ランナーたちは前回に続いて後半で苦しんだ。ピエトリは途中で興奮剤としてストリキニーネを投与されたが、それにもかかわらず（あるいはそのために）、最後の二キロで何度も転倒し、スタッフの手助けを受けながらなんとかレースを続けた。朦朧とした意識で競技場に着くと、トラックを逆走した。一位でフィニッシュしたが、最後の三五〇メートルを走りきるのに一〇分もかかった。それでも、七万五〇〇〇人の観衆は最後にゴールしたピエトリに大歓声を送った。残念ながら、手助けを受けたことが違反と見なされ、ピエトリは失格となり、金メダルは米国のジョニー・ヘイズに与えられた。

レースドクターは、ピエトリが「ストリキニーネとアトロピアのドーピング」によって死にかけ、明らかなドーピング違反をしていたことを知っていた。だがピエトリは、ドーピングや終盤で手助けられたことによって汚名を着せられるどころか、むしろ世間から絶賛された。ＩＯＣ会長のピエー

オリンピックの 1908 年大会のマラソン競技で補助を受けるドランド・ピエトリ。

ル・ド・クーベルタン男爵は、「マラソン優勝者のドランド・ピエトリが失格になり、世論は激怒した。彼がこの競技の道徳的な勝者であったことに異論の余地はない」と述べている。アレクサンドラ女王はピエトリに特別賞として銀杯を贈り、クーベルタンはこれを「国民全体の感情の反映」と見なした。

シャーロック・ホームズの作者として知られる作家のアーサー・コナン・ドイルは、ピエトリはこの栄誉を受けるに相応しいと地元紙に書き[*10]、後にピエトリが故郷でパン屋を始めるための資金集めにも協力した。ドランド・ピエトリの名声は、米国の作曲家アーヴィング・バーリンが彼のために「ドランド」という曲を贈ったほど高まった。ピエトリはその後、米国でのレースツアーを開始し、二二レースに出場して一七勝を挙げた。この勝利を通じてジョニー・ヘイズにも二度（一度はニューヨークのマディソン・スクエア・ガーデンで）

勝っている。
この時点では、世界のスポーツ界でドーピングが大きな問題になっていたとは言い難い。第二次世界大戦までの間、薬物使用が非倫理的で不健全であると考えられていたことを示す重要な事件はほとんど知られていない。当時の社会に広く目を向けると、人間、特に労働者の潜在能力を高めることへの関心が高まっていた。生産性の向上を求める伝統的産業や製造業は、テイラー主義の科学的な時間・動作研究に基づく疲労の軽減や労働者の生産量の最適化に注目した。これにより、労働者は特定の自動車のような製品の生産効率を上げるために作業が細かく分解された。組立ラインの工程では、作業に長時間従事できるようになった。プロのアスリートの台頭は、この「科学的製造業」の台頭と時を同じくしている。この二つの原理は、多くの点でよく似ていた。スポーツの成功は、最も効率的かつ効果的な動作をすることにかかっていた。製造業の工程も、生産ラインで最も効率的に完了できるように作業が細かく分けられた。*11

近代オリンピックの創始者、ピエール・ド・クーベルタン男爵。

一九二〇年代から三〇年代にかけて、様々な物質がパフォーマンスに与える影響に関する実験的研究が盛んにおこなわれた。これらの中には、後に戦後のドーピング問題で大きく取り上げられるものもある。アンフェタミンや他の精神刺激薬の研究も、ホルモン療法の初期の実験と同様にすでに進行中であった。[*12] アンフェタミンは、商品名「ベンゼドリン」としてスミスクライン&フレンチ社によって充血除去剤として一九三〇年代前半に製造・販売された。欧州と北米の科学者は、こうした精神刺激薬を様々な用途で活用するための研究に力を注いでいた。それは必ずしもスポーツを対象としたものではなかった。

この頃、英国のサッカー界で事件が起きた。一九二五年、アーセナルの監督のレスリー・ナイトンが、地元のライバル、ウェストハム・ユナイテッドとの重要なFAカップの試合前に、選手たちに興奮剤を与えたのだ。これはアンフェタミンが広く普及する前のことなので、錠剤の中身が何かは詳しくはわからない。ナイトンはこれを、ウェストハム戦にこの興奮剤を使うことを提案してきた、クラブの熱心なサポーターである〝ウエストエンドの名医〟から受け取っていた。医師の言い分は次のようなものだったという。

選手には、元気や勇気が沸く薬を飲ませるべきだ。私たち医者は、尋常ではないスタミナや抵抗力を必要とする患者に、このような薬を投与することがある。害はなく、神経反射が高まり、最大限の力が発揮できるようになる。深刻な後遺症はない。[*13]

ナイトンは錠剤を試すことにし、薬物が選手や自分に及ぼした効果を次のように熱心に語っている。「キックオフの直前、選手たちは興奮を抑えきれない様子だった。私も同じだった。今すぐにでも走り、ジャンプし、叫びたい気分だった。薬は紛れもなく効いていた。腕の力だけで壁を動かせるような気がした」。だがこの一月一〇日の試合は濃霧のために中止になり、尋常ではないほど気合を入れていた選手たちは肩透かしを食らった。ナイトンは、別の意味で大変な目に遭った。「その午後に選手たちをハイベリーに連れ戻すのは、活きのいい若いライオンの群れを駆り立てるようなものだった」。選手たちは異常に活発になり、コップ一杯の水ではとうてい抑えられないほどの喉の渇きを覚えた。

しかしチームはこの状況を耐え、二日後の一月一二日に行われた再試合で再び薬を使った。ナイトンによれば、試合前の選手は「喉の渇きと強烈な興奮に苦しんだ」。しかし、プレーへの好影響はこうした副作用をすべて帳消しにした。選手たちは「突然超能力を発揮した巨人のように見えた。（中略）敵からボールを奪い取り、雷のようなシュートを打った」。後半になっても、選手たちは「オリンピックの短距離走者のような速さでボールを追いかけ、ロケットのように高くジャンプし、あらゆる角度や距離からのゴールめがけてボールを蹴り込んだ」。結局得点はできずに試合は引き分けに終わったが、ナイトンは興奮剤の効果に満足し、「ウェストハムは我々の薬に対する防御策がなかった」と試合を総括した。

不思議なことに、選手たちの考えは違った。そして、ウェストハムとの次の試合の直前に監督から差し出された錠剤を受け取ることを拒んだ。試合は二対二で引き分け、ナイトンは大きく悔やんだ。「我々には前回のような気合いが欠けていた。薬を飲んでいたらあと二点取れていたはずだ」。ウェストハムとの次の対戦でも選手は薬を拒否し、チームはついに敗北を喫した。ナイトンは残念がった。「薬を飲んでいたら勝てていたかもしれなかった。相手陣内に攻め込んでいた時間帯に、あと一押しのプレーができたはずだ。（中略）我々は薬を飲んだときは負けなかったし、飲まなかったときには勝てなかったのだから」[*14]。

当時、このエピソードは公表されなかったが、一九四八年のナイトンの自伝にその全容が掲載された。この事実から、一九四〇年代後半までは、プロスポーツにおける精神刺激薬の使用は、容認とまではいかないまでも、一般に許容されていたことがわかる。トップチームの監督であるナイトンがこの一件を自伝に書いているということは、それによって大きな批判を受けることはあまり想定していなかったと考えられるからだ。また、医療倫理にとらわれず、チームを支援しようとした匿名の役割も興味深い。他のサッカークラブや他の競技でも同じようなケースは見られたのかもしれないが、このエピソードほど詳細な記録はほとんど存在していない。

それから一〇年後、薬物使用に関する曖昧な状況が続く中で、サッカー界ではアンフェタミンが顕著に使われるようになった。薬物が禁止される動きが徐々に胎動する中で、漠然とした不安が漂っていた。一九三八年のニューズ・オブ・ザ・ワールド紙の記事では、トム・ウィテカーというトレーナーがこう語っている。「新薬のベンゼドリンには疲れた選手を元気づける効果があり、極限の状態でこそ最高の力を発揮するタイプの選手の精神を奮い立たせられる。アスピリンやカフェインより効果が強く、後で副反応を起こすが、中毒にはならない」。彼は、この薬が「信じられないようなパフォーマンスを生み出す」ことを認めたうえで、「そのために人間の健康が犠牲になっている。これは私たちが知るスポーツの終焉になるだろう」と警鐘を鳴らしている。ウィテカーは「薬物はもう十分だと考えている人もいる。長い目で見れば、このままの状況が続くのは危険だ」と批判しているが、その批判の根拠の詳細は語られていない[*15]。「科学は我々にロボットのアスリートを与えるのか？」というセンセーショナルな見出しがつけられたこの記事は、一九三〇年代に精神刺激薬の使用が一般的だったことを示すだけでなく、戦後にアンチ・ドーピング・ポリシーを巡る議論が起こることを予見するものだと言えるだろう。

科学者のオベ・ボジェは、ドーピングのポジティブな側面にも目を向けた。一九三九年、彼は国際連盟の保健機関の機関誌に、この問題に関する様々な研究の要約を記した「ドーピング」と題する論文を発表した。ボジェはアンフェタミンがパフォーマンスを向上させる可能性を強調し、倫理的な見地からの批判に対しては、アスリートが成功の可能性を高めるためにドーピングをするのは、コーチや心理学者にサポートを求めるのと大差はないと主張した。その二年後、米マサチューセッツ州スプリングフィールド大学の生理学教授で米国スポーツ医学会（ACSM、創立一九五四年）の創立メンバーであるピーター・カルポヴィッチは、米国体育協会の研究季刊誌にレビュー記事を発表した。彼は、一九種類の「パフォーマンス向上補助剤」（アルコール、アルカリ、塩化アンモニウム、ベンゼドリン、カフェイン、コカイン、ニケテミド、ジギタリス、ゼラチンとグリシン、フルーツジュース、ホルモン、レシチン、メトラゾール、酸素、リン酸塩、塩化ナトリウム、糖、紫外線、ビタミン）に関する研究をまとめた。その結果は、確かな証拠があるものと、憶測に基づくものが混在していた。たとえばカルポビッチは、アルコールについては運動前のウォーミングアップには役立つがパフォーマンスに悪影響を与える可能性があると主張しているが、ベンゼドリンについては疲労を和らげる効果があることが研究で示されているものの「強力で危険な薬物であり、過剰に摂取すると不眠症、緊張亢進、循環虚脱に至ることがある」と慎重な意見を述べている。またコカインは危険で中毒性があるため同様にリスクが高いと警告している。興味深いのは、彼がスポーツではカフェインを禁止すべきだという医学的コンセンサスがあると主張していることだ。

しかしカルポビッチは、これらの科学的論考が文化的文脈において意味するものについての興味深い意見も示しており、パフォーマンス向上物質に関する社会的態度や行動、リスクについて、次のように多くの懸念を提起している。

体力を急速に向上させることが重視されるようになると、すぐに次のような問いへの答えが求められるようになる――〝アスリートの運動能力を向上させる特別な食料や薬、手段はあるか？それは何か？　リスクはあるか？〟。新聞には（さらには科学雑誌にも）時折、筋力や動作の速度を高め、疲労の発生を遅らせ、持久力を向上させる様々な「補助剤」の研究結果を紹介する記事が掲載される。多くの場合、これらの補助剤の可能性に熱を上げた研究者が後続の研究を行うため、結果として杜撰な設計の研究が行われ、元の研究の結果が疑わしくても、それが裏付けられることにつながってしまう。こうした研究に対しては、矛盾する結果を示す批判的な論文がすぐに出てくるが、否定的な発見が現場に影響を与えるには時間がかかるのが常で、肯定的な研究結果が生み出した勢いは、特に商業的利益に支えられている場合には、長期的に優勢になることが多い。[*16]

ただし、このような懸念を抱いていたにもかかわらず、カルポビッチは規制や禁止を提案しなかった。彼がドーピングを理解する枠組みは、知識、実験、批判という一般的なサイクルに限定されていたようだ。彼は、使用者の健康を危険にさらさずにパフォーマンスを向上させる物質はすべて倫理的だと見なすべきであり、こうした物質を使ってライバルより優位に立とうとするのは倫理に反するものでもスポーツマンシップに反するものでもないと主張した――このようなパフォーマンス補助剤はアスリートが広く利用できるものであり、他のトレーニング方法や食事法、理学療法を用いることと意味合いが変わらない、と。カルポビッチをはじめとするこうした科学者たちの姿勢には、アスリートがパフォーマンスを向上させる手段を求めている事実を現実的かつ実利的な観点で受け入れるものだった。これを前提としたうえで、研究は利益とリスクを検証するための基盤とされた――これは現在の視点からは、ドーピングのハーム・リダクション〔廃絶が難しい場合に、薬物使用の悪影響を極力減らそうとすること〕式のアプローチと見なせるかもしれない。

一九二〇年代にはすでに、ドーピングを巡るイデオロギー対立がアマチュアとプロのスポーツで繰り広げられていた。歴史学者のジョン・グリーブスとマシュー・ルウェリンは、二〇世紀初頭のドーピングに関するレビューの中で、次のように明確な区別を行っている。

> こうした経緯があったにもかかわらず、二〇世紀以降のプロスポーツは薬物に対して寛容になった。その理由の一部は、労働者階級のプロと紳士的なアマチュアを隔てていた事実上の階級的分断があったために、アマチュアスポーツの「道徳的な」影響を受けないプロアスリートは精神刺激薬を自由に使えたからである。ボクシングや徒歩旅行競技、自転車競技などのプロスポーツは、一八九〇年から一九一〇年にかけて、アスリートが必要に応じて精神刺激薬を使用することを公然と認めていた。*17

一九二〇年代から三〇年代にかけてのプロスポーツ界は、薬物使用に関する批判への対応が遅かった。証拠は少ないものの、自転車選手がコカインやアンフェタミンを使っているという噂はあった。

だが一貫したドーピングへの非難や規制が存在しなかったため、科学者は薬物の潜在的な価値についてオープンに議論し、実験の設計にも制限は課されなかった。指針とされたのは、公開性と透明性であった。しかしグリーブスとルウェリンは、ドーピングが許されていた人々とそうでない人々には違いがあったと主張した。ここにも社会的な階級に沿った格差があり、オリンピックは社会的な分断の焦点となったのだった。

「下層階級」の人々にとって、スポーツは余暇を過ごす手段ではなく、経済的利益や娯楽のための手段だった。そのため、中流階級や上流階級の人々が持っていたスポーツの道徳的価値観は受け入れにくかった。上流階級の人々は、プロスポーツ界でドーピングが黙認されていたことを、下層階級のプロアスリートのパフォーマンスを否定する理由にしていた。*18

一九二八年、正式なアンチ・ドーピング対策が始まった。主導したのは、スウェーデンの実業家で、元一〇〇メートル走の陸上選手であり、一九四六年から一九五二年までIOCの会長、一九五二年から一九六四年まで名誉会長を務めたジークフリード・エドストロームだった。彼は一九二〇年に初めてIOCの役職に就き、一九三一年に副会長に就任した。熱心なアマチュア・アスリートで、一九三二年のオリンピックでフィンランドの陸上選手パーヴォ・ヌルミがプロであるという理由で出場を禁じられたことを支持したことでも知られている。一九一二年のストックホルムオリンピックの運営にも関わり、この大会の開催に際して設立された国際アマチュア陸上競技連盟（IAAF）の会長にも選出され、一九四六年まで在職した。

一九二八年、IAAFはアマチュアリズムの立場を強化し、会員は賞金や出場給を受け取れないという規則を導入した。同時に、同執行委員会は薬物使用を禁止する初の組織規則を提案し、連盟の会合において満場一致で承認された。以下に示すように、この規則の文言は、エドストロームとの共同作業を通じてIOCの姿勢に影響を与えることを意図した戦略的なものであった。

ドーピングとは、通常は使用されない興奮剤を使用して、陸上競技の運動能力を平均以上に高めることである。上記のような行為又は援助を故意に行った者は本規則が施行されているいかなる場所からも排除され、又は競技者である場合は、本連盟の管轄下にあるアマチュア陸上競技への参加を一時的又は他の方法で停止される等の処分が下される。*19

この規則がその後、歴史的に重要なものになることを考えると、当時の国際スポーツメディアや他の競技連盟からの反応は少なかった。しかし、上記の文言からも、ドーピングの概念が当初から曖昧かつ主観的であったことは明らかである。「通常は使用されない」や「平均以上」などの言葉の定義も曖昧だし、「一時的又は他の方法で停止される」という処罰の内容も明記されていない。

IOCがIAAFのアンチ・ドーピングの立場への支持を表明したのはそれから一〇年後のことである。その間、精神刺激薬の性質やその有害性に関する議論は続いた。たとえばブレスラウ大学薬理学研究所の所長だったドイツの科学者オットー・ライサーは、薬物使用を明確に批判していた。彼はスポーツのパフォーマンスを向上させ得る物質を検証し、リン酸塩、カフェイン、テオブロミン、チョコレートがこの点で有益であると結論付けたが、これらの物質がスポーツ界で使用されることには強い懸念を抱いていた。一九三三年には、ドイツ水泳連盟に次のように呼びかけている。

［パフォーマンス向上のために］人工的な手段を用いることは、長い間、スポーツの精神とは完全に相容れないと考えられ、非難されてきた。にもかかわらずこの規則は頻繁に破られており、スポーツ競争においてトレーニングよりもドーピングが重視される場合があることも知られている。競技を運営管理する立場の人間はこの悪に対抗する運動を起こす熱意に欠けており、弛緩した無責任な態度が広がっている。この現状は憂うべきである。この状況に対する問題意識を欠き、処方箋なしでは手に入れられない強力な薬をアスリートに処方している医師にも大いに責任がある。*20

一九三八年、オリンピック・ムーブメントはドーピングに反対する姿勢を正式に打ち出した。それはアマチュアリズムの保護と深く関わっていた。この時のIOCの会長は、クーベルタンの後を継ぎ一九二五年から一九四二年まで在任したベルギーの貴族アンリ・ド・バイエ＝ラトゥールだった。彼の会長としての遺産に影を落としているのが、一九三九年春に一九四〇年の冬季オリンピックの開催をドイツに認める決定を下したことだ（その後、ドイツがポーランドに侵攻した二カ月後にこの決定は撤回された）。しかし、バイエ＝ラトゥールはアマチュアリズムを守るために力を注いだことでも知られている。一九三七年には、スポーツの価値観と薬物使用との関係について、「アマチュアスポーツは人間の魂と肉体を向上させるためのものであり、ドーピングの使用はあらゆる手段を講じて根絶すべきである」と強く意見を述べた。また、他のエリート層のIOC委員からも支持を得た——ジークフリード・エドストロームや、米国のエイブリー・ブランデージ（アマチュアスポーツの支援に熱心で、一九五二年から一九七二年までIOC会長を務めた)、イタリアの貴族アルベルト・ボナコッサ伯爵、ドイツのカール・リッター・フォン・ハルト(一九五二年から六〇年にドイツオリンピック委員会の会長を務めた高位のスポーツ官僚)らだ。エクセター侯爵の肩書を持つ英国のデビッド・バーグリー卿も熱心なアンチ・ドーピング観を持ち、それを行動で示した。自らも一九二四年、一九二八年、一九三二年のオリンピックに出場し、一九二八年大会では四〇〇メートルハードルで金メダルを、一九三二年大会では四〇〇メートルリレーで銀メダルを獲得した優れたアスリートだった。裕福な家庭に生まれ、スイスのル・ロゼ学院、英国のイートン・カレッジ、ケンブリッジ大学で教育を受け、ケンブリッジ大学陸上クラブの会長を務めた彼は、典型的なアマチュア紳士だった。スポーツ界の様々な要職を歴任し、一九四六年にはIAAFの会長になった。ここでもIOCの指導者たちの間では、社会的階級やアマチュアイズムの理想が、ドーピングの問題に対する考え方に明らかに影響していた。

一九三六年から三八年にかけて、医師からの報告や様々なスポーツでの薬物使用の証拠を受け、IOCのドーピングに対する姿勢が形成されていった。エイブリー・ブランデージは一九三七年にこの問題について意見を表明した。「種類を問わず、薬物や人工的な精神刺激薬の使用は最大限に非難されるべきであり、これらを授受するものは競技又はオリンピック」への参加から除外されるべきである」[*21]。この意見を土台にしたIOCの議論の成果は、一九三八年のIOCの会報で、若干文言を変えた形で発表されている。「種類を問わず、薬物や人工的な精神刺激薬の使用は最大限に非難されるべきであり、これらを授受するものはアマチュア競技会又はオリンピックへの参加から除外されるべきである」[*22]。

このように、大きな効果は見られなかったものの、スポーツでは薬物を使うべきでないという概念は一九二〇年代に形成され、一九三〇年代後半には国際アマチュアスポーツの最高レベルで正式に採用されるようになった。スポーツ界にはその数十年前から薬物に反対する感情はあったので、態度が劇的に変わったというわけではない。ただし、このような初期の規制が行われた時期には、ドーピングに関していくつかの社会的・文化的なパターンが見られる。

第一に、アンチ・ドーピングの方針が出てきたのは、アマチュアスポーツを指導する組織、つまりIAAFとIOCからであった。サッカー選手や自転車選手を巡るドーピングの証拠や噂はあったが、プロやチームスポーツを代表する組織からら公式な声明や方針が打ち出される動きはなかった。ドーピングは依然として、アマチュアとプロの狭間に存在する問題だったのである。

第二に、ドーピングは近代化の象徴でもあった。これは、このアマとプロとの問題とも関連している。ドーピングは、新しい知識を進歩させることに関心のある研究者や、革新的な製品を製造・販売することに熱心な製薬会社、化学的な介入を積極的に受け入れようとする医師によって推進され、個人的な栄光と金銭に動機づけられたプロのアスリートによって利用された。アンチ・ドーピングやアマチュアリズムを巡る議論の中では、純粋さや「クリーン」という言葉が、「人工的」という言葉と並列で語られた。アマチュアスポーツ側にとって、ドーピングを推進するこれらの職業的な専門家の存在は脅威だった。その根底には当然ながら、プロスポーツによってアマチュアスポーツが圧倒され、上流階級の支配が破壊され、スポーツの価値観と倫理が損なわれることへの恐れがあった。IOCがプロアスリートのオリンピックへの出場禁止規定を廃止するのは、一九七〇年代になってからである。

第三に、あまり明確ではないが、文化的な違いもあった。ロンズデール卿やバーグリー卿のような英国の上流階級のアマチュアスポーツマンの多くはドーピングに対して強い反感を持っていた。ロンズデール卿は「ドーピングは〝英国人らしくない〟」と主張したし、バイエ＝ラトゥールをはじめとする欧州の上流階級の人々も迫り来るプロアスリートの脅威に反対していた。対照的に、前述のオリンピックの公式報告書の著者チャールズ・ルーカスは、一九〇四年のマラソンにおける薬物の使用を称賛していた。同様に、多くの国の労働者階級のサッカー選手、マラソンランナー、自転車選手は薬物を道徳的な問題とはとらえていなかったようだ。

ドーピングは「階級」「権力」「アマチュア対プロスポーツ」といった概念に関連する要因によって形成されていった。つまりドーピングは何かという問題は、社会と大きく関わっている。薬物自体の特性もよく理解されていなかったが、副作用は当時、それほど大きな問題ではなかった。問題の中心は、薬物によって、アスリートの生まれ持った能力と訓練によって得られる以上にパフォーマンスが向上される可能性があることだった。ドーピングはスポーツの本質、すなわち対立する二つのイデオロギーの間の権力闘争に切り込んでいった。この二極化は明白だった——汚く、人工的で、労働者階級のプロと、清潔で、クリーンで、中流／上流階級のアマチュア。この二つの間には、メディアが位置していた。スポーツの試合や優れた成績はメディアにとって格好のネタになった。スポーツの〝暗黒面〟のゴシップやスキャンダルはさらに格好のネタになった。勝利は称賛され、不正行為による勝利は最も手厳しく非難された。

この緊張関係は、二〇世紀から二一世紀にかけてのドーピング／アンチ・ドーピングの議論の根底に存在し続けた。この間、ドーピング・ポリシーの変化は、医学的な見地とは部分的にしか関連しない社会的な文脈の中で生じたのである。

第二章　覚醒剤《スピード》とステロイド

ドーピングをめぐるジレンマが各競技連盟に少しずつ浸透し、メディアによる報道も増えていったのは、両世界大戦間の時期だった。このジレンマには、科学と階層イデオロギーが、相矛盾しつつも目に見える糸として絡み合っていた。新たな知識にはチャンスが伴う。起業家精神と運動能力向上への意欲が、精神刺激薬の使用への道を拓いた。その結果、伝統的なアマチュア競技の価値観を守り、スポーツが医学の行き過ぎた影響を受けることを恐れる人々の抵抗が起こった。対立する両陣営は一九四〇年代後半に折り合い、一九五〇年代にはスポーツにおける薬物の役割についてのオープンな議論を交わすようになった。一九六〇年代までには、〝アナボリック・アンドロジェニック・ステロイド〟と呼ばれる強力な薬物群が、アスリートの身体と能力を作り替えるようになっていた。あるいは、ステロイドがアスリートに運動能力向上の手段と機会を与えたとも言える。これによって、スポーツは次の論理的段階に移行した。アンチ・ドーピングの理想主義者はアスリートに〝純粋〟かつ〝自然〟であることを求めようとしていたが、一般社会は心と身体を薬物で強化することに抵抗がなかった。

アンフェタミン類

第二次世界大戦の終戦直後の時期には、スポーツにおける薬物使用は禁止されておらず、精神刺激薬の使用は多くの国の文化でおおむね受け入れられていた。第二次大戦の知られざる一面に、精神刺激薬の研究が進むきっかけになったこと、そして世界中の一般大衆の間で精神刺激薬のメリットの認識が高まったことが挙げられる。疲労とその軽減方法を研究する科学者は、工場労働者とアスリートの役に立つだけではなく、両陣営の戦時協力にとってきわめて重要だった。アンフェタミンとメタンフェタミンは、戦時中に広く使われるようになった。

ドイツの製薬会社テムラー社はエフェドリンからメタンフェタミンを合成する手法の開発に成功し、一九三八年にメタンフェタミン製剤の〈ペルビチン〉を生産した。中枢神経系に作用するこの強力な精神刺激薬は、戦争の結果に影響を与える可能性を秘めていた。一九三九年九月、ベルリンの軍事医学アカデミーにある一般生理学および防衛生理学研究所の所長で軍医のオットー・ランケがこの薬物に注目した。ランケは九〇人の大学生を被験者とした短期の実験を行い、ペルビチンが兵士にとって大きなメリットになりうるという結論を導いた。この臨床試験の結果は劇的で、軍での使用がほどなく一般化した。ニコラス・ラスムッセンは、アンフェタミン類の幅広い歴史を扱った著書に次のように記している。

電撃戦の開始後数カ月、ドイツ軍には大量のペルビチンが支給された。ペルビチンはヒトラーの兵士たちの間で大人気となった。ドイツ軍は電撃戦のピーク期であった一九四〇年の四月から六月にかけて、三五〇〇万個のメタンフェタミン錠を消費した。ベルリンから使い方に関する具体的な指示はなかったので、この消費量は最前線の兵士と衛生兵における需要を反映している。*1

一方、地球の裏側でも同様のパターンが現れていた。日本軍で与えられたメタンフェタミンは、主に大日本製薬〔現在の住友ファーマ〕が生産した〈ヒロポン〉である。一九三九年から四五年までに一〇億錠のヒロポンが生産されたと推定されている。この大量生産が戦後の一般大衆による消費に大きな影響を与え、ヒロポンは日本社会全体で人気の薬物となった。

英国軍も戦争目的でアンフェタミンを採用した。一九四〇年代前半に様々な学術研究が実施され、肉体的・精神的疲労に対抗するために陸海空軍がこの薬物を用いた。英国での使用状況をまとめたラスムッセンによると、使用状況はドイツとよく似ていたという。

アンフェタミン〔SKF社〔現在のグラクソ・スミスクライン社〕の〈ベンゼドリン〉〉への英国軍の需要は凄まじく、戦時中の合計消費量は七二〇〇万錠に達した。英国空軍省と中東軍がアンフェタミンを正式に採用した頃、軍人は特別な許可なく英国本土でアンフェタミンを使用できなかったため、この消費量はほぼすべて戦地における使用を表している。*2

戦時中の好意的な記事のおかげで、こうした薬物は疲労に立ち向かう方法として宣伝されることになり、戦後になるとアンフェタミン類の消費量は大幅に増加した。ほとんどの国では、一九七〇年代から一九八〇年代まで、アンフェタミンやメタンフェタミンに関する法規制はなかった。それどころか、幅広いメリットに結びつけられるようになった。長距離ドライバー、シフト制の労働者、受験対策で塾に通う生徒の疲労軽減や、減量を促すための食欲抑制剤にも用いられた。

戦時中に精神刺激薬の研究と利用が進んだことが下地となり、精神刺激薬の使用とアンチ・ドーピングをめぐる不安の歴史の中で、重要で魅惑的な時代がやってきた。社会生活で一般的に利用されている薬物は、必然的にスポーツの環境に導入された。プロのアスリートの一部は、これらの薬物の到来を受け入れた。実際、多くのアスリートは、競技パフォーマンスを向上させ、キャリアで成功するための新たなチャンスを見いだした。そうすることを禁止するルールはなかった。そして、主な商業スポーツの競技連盟は当時、これらの薬物の使用を禁じる施策の推進を特に急いではいなかった。アマチュア・アスリートにも、精神刺激薬の使用に浸った者がいた。こちらも、特に正式なルールで禁止されていたわけではなく(IOCによる一九三八年の反ドーピング声明は正式なルールではない)、スポーツ当局の上層部からの漠然とした反感以外に、薬物の使用を避ける社会的理由もなかった。しかし、一九五〇年代末から一九六〇年代初頭にかけて、スポーツ界内外の使用者、科学者、政策立案者から、この問題に関して相容れない観点が提示され、やがて各主要競技連盟による正式なアプローチにつながった。

戦後期にアンフェタミン類がスポーツに導入されたのは、多くの国で販売が継続され、その作用に現在進行形でプラスの価値が感じられた結果だった。ほどなく、この種の薬物が米国の大学スポーツ、ボクシング、アメリカン・フットボール、陸上競技、自転車競技などに使用される事例が現れた。ただし、エビデンスは不完全でまばらなものであった。戦後のオリンピックにおける精神刺激薬の使用をめぐる論争の最も早い例は、一九四八年のロンドン夏季オリンピックで起こった。英国チームのメディカルアドバイザーを務めていたクリストファー・ウッドワード医師は、〈サイクリング〉誌に次のように報告した。この報告はのちに、ニューヨーク・タイムズ紙で取り上げられ、繰り返された。

私は、一部の選手がオリンピックで人工の精神刺激薬を投与されていると疑うに至った。二、三週間後、私はアムステルダムで行われた世界自転車選手権でほとんどの時間を競技場で過ごし、よりつぶさに事態を観察することができた。英国代表チーム以外で、私の正体を知っている者はほとんどいなかった。おしゃべりな外国人が私にこそこそと、ストリキニーネ、カフェイン、ベンゼドリンからなるお気に入りの混合薬を見せてくれたときの驚きを想像してほしい。〔スポーツにおける薬物の使用は〕一般に思われているよりも蔓延している……。スウェーデンに行ったばかりだが、そこでも日常茶飯事だと教えられた。*3

「おしゃべりな外国人」が「こそこそと」振る舞うという説明から、この疑いに潜む外国人恐怖症《ゼノフォビア》に近いニュアンスに注目すると興味深い。ドーピングは「英国人らしくない」というロンズデール卿の感想も彷彿とさせる。これは、オリンピックの場で精神刺激薬への懸念が表明された、ごく初期の例である。四年後、一九五二年のヘルシンキ・オリンピックの際には、あるスポーツドクターがアスリートの更衣室で注射器を発見したと告発することになる。このような行為がどれほど蔓延していたのかを、当事者の告白ではなく観察に基づく断片的なエビデンスから解き明かすのは難しい。

しかし、米国のスポーツドクター、マックス・ノヴィッチが、さらなるエビデンスを提供している。ノヴィッチは同胞である米国人の薬物使用を隠さなかった。一九六四年に行われた会議では、次のように述べている。

退役軍人が大学に戻ると、アンフェタミン錠〝ペップ・ピル〟の使用は、プロや大学生のトップアスリートの間できわめて一般的になった。高校生アスリートとコーチもプロや大学生の影響を受けるので、中学や高校の陸上競技にまでアンフェタミン類の人気が高まった。*4

のちに英国オリンピック委員会の会長などを務めた運営幹部で、一九七〇年代にアンチ・ドーピング関係者の間で名を知られるようになったアーサー・ゴールド卿も、容赦なくこの状況を振り返る。ゴールド卿は、ドーピング扇動の責任を米国のスポーツ環境に負わせ、「スポーツにおける薬物の乱用が大規模に始まったのはここ〔米国〕であった」と記し、その理由をコーチの雇用の不安定さに強く結びつけた。

スポーツの実権はおおむね大学と高校、そしてコーチが握っている。コーチはサッカーの監督に近い立場だがさらに不安定で、通常は一年契約で雇用される。チームがうまくいけば再雇用され、うまくいかなければ失業手当の列に並ぶ〔中略〕ほとんどの競争相手は従業員と実質的に同じ立場で消耗品扱いだったので、米国のスポーツにためらいなく薬物乱用を導入した。*5

ノヴィッチとゴールドの証言を合わせると、戦争の置き土産としてアンフェタミンが許容されるようになり、それがスポーツに導入されたことが示唆される。スポーツ界の労働条件と仕事の不安定さにより、運動能力向上戦略への要求がさらに熾烈になった。そして、社会全般の需要が、世界規模でのアンフェタミン類の生産と使用の増加につながった。

ニコラス・ラスムッセンは、アンチ・ドーピングの背景として、一九五〇年代に薬物使用をめぐる不安が募ったことに言及する。「街中や軍隊における薬物問題への懸念と同時に、プロスポーツにおけるアンフェタミン使用への懸念も高まった」[*6]。しかし、使用が一般的で広く受け入れられていたことは、一九四五年に一日推定二〇〇万錠のアンフェタミン類が、うつ状態の治療やダイエットの補助として一般に販売されていた事実からも見てとれる[*7]。スポーツ界の人々が、疲労、不安、体重の悩みを克服するためにこれを使おうとすることは驚きではない。一見無害な〝ペップ・ピル〟という名前ならなおさらである。勝利と敗北の差が調子の良し悪し次第なのであれば、市場に出回っていて、実際に何百万人もが使っている薬物を服用することは完全に合理的だ。一般社会でアンフェタミン類が広く問題になりつつあるという懸念が芽生えただけでは、アスリートがこれらの薬物のメリットを求めることを阻止するには不十分だった。

この葛藤が浮き彫りになったのが、一九五七年に注目された、スポーツ界におけるアンフェタミン類の使用に関する議論である。ある科学者が、一マイル走で四分を切る記録はアンフェタミン類の力を借りている可能性がある、と主張したのだ。ハーバート・バーガーは薬物依存の権威で、米国公衆衛生局のコンサルタントでもある。バーガーは一九五七年六月に米国医師会（AMA）の会議で講演し、ノヴィッチやゴールドの論と同じように、アンフェタミン類が米国中のボクシング界とアメリカン・フットボール界の選手やコーチ、さらには高校、大学、プロレベルの競技に参加するアスリートの間に無差別に蔓延していると訴えた。バーガーによる批判には主に三つの論点があった。まず、アンフェタミン類の使用は「強欲で犯罪的な暴力的行動」につながる。次に、スポーツにおけるドーピングが、より深刻な薬物中毒を引き起こすおそれがある。最後に、一マイル走で四分を切るなど、スポーツの記録が薬物使用者によって破られている。*8 最初の二つの批判は社会的な問題に関連していたが、三番目は明らかにスポーツ固有の問題であり、のちのアンチ・ドーピング施策の前触れとなった。アンチ・ドーピングの定義と管理は、健康、犯罪性、中毒といった問題と同じくらい、〝ズル〟や〝人工的な運動能力向上〟に重点が置かれるようになっていく。

競争上の記録が破られることへの注目度によって、バーガーの主張は耳目を集めた。この時期に一マイル四分を切ったいずれのアスリートも、精神刺激薬を利用していたという証拠はない。周知のとおり、最初の達成者は英国の医学生、ロジャー・バニスターで、一九五四年五月六日のことである。バニスターはアマチュア・アスリートで、フルタイムでトレーニングをしていたわけでもなければ、記録を破るために長距離走に取り組んでいたわけでもなかった。そのトレーニングは新たなアイデアに影響されていた。たとえば、スプリントと遅めのランニングを繰り返すインターバル・トレーニングなどである。他のアスリートも同様の進歩を遂げていた。オーストラリアのランナー、ジョン・ランディは、バニスターからわずか四六日後に一マイル四分を切った。もし、薬物を使用しているという主張が本当なら、世間に劇的なショックと失望をもたらしただろう。薬物使用を正式に禁じるルールはなくとも、そのような暴露があれば、社会規範に反するという漠然とした感覚を伴ったに違いない。

バーガーの主張への反応は賛否両論だった。この時点でもまだドーピングをプロフェッショナリズムや腐敗と結びつけていた陸上選手たちからは、怒りが沸き起こった。たとえば、一九五六年のメルボルン・オリンピック一五〇〇メートル走で金メダルを獲得したロン・ディレイニーは次のように述べている。

薬物が使われているという話自体が馬鹿げていて、正気とは思えない。僕は走るのに薬物の助けを借りたことなんかないし、そうしている人間も世界中で一人も知らない。一マイル走で四分を切っている人たちもそうだ。陸上競技はアマチュアのスポーツで、クリーンなスポーツだ。競走に勝つとか、記録を達成するためだけに、そんな代償を払う者がいるとは思えないね。*9

他のアスリートの意見は違った。一九四八年と一九五二年のオリンピックに参加したオーストラリア人水泳選手、ジュディ＝ジョイ・デーヴィスは次のように語った。「うちの国のトップスイマーには、レコードを破るためにペップ・ピルの力を借りたと大胆にも認めている人も何人かいます」。ニュージーランド代表の中距離走者、ネヴィル・スコットは、一九五六年のオリンピックで「何人かのオリンピック選手が薬物を服用していたのは間違いないと思う」と語った。*10

アメリカ大陸のスポーツにおけるアンフェタミン類の使用に関する記事も明るみに出た。オクラホマ州の高校のコーチが、生徒にリン酸塩の錠剤を与えていたことを認め、他の高校のチームも使っていると主張して正当化した。二人のアメリカン・フットボール選手が、一九五五年にトロントのカナディアン・フットボール・チームでベンゼドリン錠が使用されていたことを認めた。カナディアン・フットボール・チームのオタワ・ラフライダーズでチームドクターを務めていたフレッド・デイヴィーズは、上位の四チームが試合前と試合中にペップ・ピルを与えていたと主張した。*11

バーガーの講演の後、オリンピック選手のハロルド・エイブラハムズ〔一九二四年パリ・オリンピックの英国代表金メダリストで、映画『炎のランナー』のモデル〕の兄、アドルフ・エイブラハムズは、スポーツにおける薬物使用に関する賛否両方の論点をまとめた記事を、タイムズ紙に寄稿した。米国医師会も動き、〝アンフェタミンとアスリートに関する委員会〟というグループの後援で実施する研究調査を企画した。一方、米国スポーツ医学会(ACSM)も関心を寄せ、社会調査を実施した。同会の一九五八年の報告によると、総回答数一三三通(〝スポーツ界で働くトレーナー、コーチ、医師〟が対象)のうち三五パーセントが、スポーツにおいてアンフェタミンやその誘導体が使用されていることを知っていたと述べ、この群の六三パーセントが、薬物によって運動能力が向上すると信じていた。[*12]

アーサー・ゴールド卿は米国のアスリートに的を絞って批判したが、アンフェタミン類が広く使われていることは明らかだった。そして、プロの間でしか使われていないという認識に反し、オリンピックに出場するアスリートやその他のアマチュアが人工の精神刺激薬のメリットを求めたという多くの体験談が浮かび上がった。

ゴードン・ピリーは英国の長距離走者で、一九五二年、一九五六年、一九六〇年のオリンピックにおいて五〇〇〇メートル走と一万メートル走に出場した。一九五六年には銀メダルを獲得している。また、一九五五年に英国放送協会(BBC)が選ぶ第一回スポーツ・パーソナリティ・オブ・ザ・イヤー賞に輝いている。ピリーは一九六一年に自らのスポーツ経験を振り返った回想録 *Running Wild* を著した。同書に、一九六〇年のローマ・オリンピックでの想い出を語るシーンがある。〝著名な〟英国人医師が近づいてきて、ペップ・ピルを勧めた。断ると、その場にいた別の医師に「飲まない堅物はもうほとんどいないよ」と言われた、というのだ。ピリーは他のアスリートがベンゼドリンを服用する現場を目撃し、この現象を「スポーツを毒しつつある極端なナショナリズムを中心として生まれた深刻な問題」であると表現した。それから、他国のアスリート、特に東欧とソ連出身者への非難が続いた。ピリーはまた、アンチ・ドーピング活動家の間でまもなく一般的になる、健康被害へのある種のワンパターンな恐怖も述べている。「鉄のカーテンの向こうの国では、競走前の標準的な習慣だと思います。既知のフォームに見合わない突然の信じ難いパフォーマンスは薬物の使用でしか説明できません。薬物を頻繁に使うために、一部の優れたアスリートが短い選手生命に終わるのだと確信しています*13」

この時期の自転車事故にも、アンフェタミンの乱用が原因とされているものがあり、問題は急激に拡大しているように思われた。一九四九年に、ある無名の自転車選手がイタリアの病院に入院し、〝アンフェタミン中毒〟と診断された。この選手はその後亡くなった。これが事実なら、ドーピングに関連する初めての死である可能性が高い。アーサー・リントン〔第一章参照〕に起こった悲劇は、世界初のドーピング死として挙げられることが多いが、この主張を支持するエビデンスはない。ドーピングに誤って関連づけられている戦後の不名誉な死には、一九六〇年のローマ・オリンピックに出場したデンマークの自転車選手、ヌット・エネマルク・イェンセンの件もある。この件については後述する。

このスポーツにおける最初の薬物関連死はほとんど見逃されている。不幸な自転車選手の名前すら未だに判明していないほど、歴史上の記録に欠落が多いというのも一因である。しかし、自転車選手が何の変哲もない日常生活の一部としてこれらの薬物を用いていたことはわかっている。伝説のイタリア人チャンピオン、ファウスト・コッピも、この事実を認めている。一九四九年と一九五二年にジロ・デ・イタリアとツール・ド・フランスの両方で総合優勝を果たす〝ダブルツール〟を達成したのをはじめ、数々の大レースに優勝した選手である。引退後、コッピは多くの自転車選手がアンフェタミン類を使用しており、「否定する人は自転車競技について話すに値しない」と述べた。あなたは使っていたのかと問われると、「必要に応じて」、つまり「実質的にはいつも」使っていたと認めた。似たような経験として、フランスの自転車選手ロジェ・リヴィエールも、一九五九年にアワーレコード〔一人が一時間で走れる距離を競う種目〕を更新したときに、〝大量の〟アンフェタミン類を服用したことを認めている。

この頃、影響力のあるスポーツドクターだったピエール・デュマは、薬物使用を許容する自転車選手たちの姿勢と、その潜在的なリスクに気づきつつあった。デュマは述べた。「自転車選手たちは、提供されたものをすべて服用した。何を服用しようが、本人がそれを信じていれば問題にならなかった」。一九五九年に、デュマはツール・ド・フランス参加チームの一つに宛てられたストリキニーネのパッケージを没収した。翌年、フランスのナショナル・チームのマネージャー、マルセル・ビドは次のように述べた。「選手の四分の三はドーピングをしている。ツールの期間中に毎晩部屋を回っているからわかる。部屋の巡回が終わるたびに、いつも怖くなるんだ」。同じ年に、デュマもその年のツール・ド・フランスを制覇したガストネ・ネンチーニの部屋を訪れたところ、「ベッドに横たわってホルモンを両腕に点滴しながらタバコを吸っていた」と語る。[*14]

ヨーロッパのサッカー界でも、一部の選手、監督、チームドクターはアンフェタミン類の使用をまったく問題ないと考えていた。イタリアの選手を対象とした一九六一年のアンケートでは、三六パーセントの選手が試合前の準備としてアンフェタミン類を摂取していた。[*15] イングランドでは、二つの事件がメディアで大きく取り沙汰された。一つは、一九六二年に、下部リーグのチームであるチッペナム・タウンが、監督からアンフェタミン類を与えられていた事件だ。監督はデイリー・メール紙に次のように語った。「この薬は試合終盤の二〇分間に、選手たちにさらなるエネルギーを与えるんだ。不公平だとは思わない。私がしたように、誰でも薬局で買えるのだから」*16

もう一つの重要な事件は、エヴァートンで起こった。一九六一—六二シーズンと、リーグ優勝した一九六二—六三シーズンのことだ。運動能力向上のためにドリナミル〔硫化デキストロアンフェタミンを含む複合薬で、その見た目からパープル・ハートと呼ばれ英国で乱用された〕とベンゼドリンを選手に与えていたのだという。しかも選手たちは、パーティーで同じ薬物を使って遊んでいたとされる。サンデー・ピープル紙は、次のように断言している。「（薬物は）特定のクラブ関係者が、チーム内で欲しがった人全員に惜しみなく与えていた。関係者は薬物を試合前に、さらには練習のときにまで供給して配っていた」。チームのゴールキーパーであったアルバート・ダンロップは、薬物とアルコールの中毒となった。ダンロップによると、選手は試合前に最大四錠も飲んだという。*17 それに対し、クラブ幹部は、アンフェタミンの使用がいかに普通であるかを説明した。直接の関与こそ否定したものの、錠剤については「完全に個人の選択の問題であり、服用している量であれば、どの選手にも有害な影響を与えていた可能性はあり得ないと医師からも言われている」と述べたのだ。*18

一九六二年に行われた、アンフェタミン類に関する研究の系統的レビューでは、様々な状況におけるその潜在用途を扱っている。科学者のバーナード・ワイスとヴィクター・レイティースは次のように書いている。「アンフェタミンが運動能力を大幅に向上させることができることはほぼ疑いない。持久力や疲労が重要な役割を果たす状況が見えてこない砲丸投げなどの種目でも同様である」*19。また、潜在的な負の影響に関する疑問も取り上げている。結論では、アンフェタミンは「比較的無害な薬品である」と主張し[20]、実際にカフェインよりも無害であるとした。より具体的には、アンフェタミンは気分を向上させるが、判断力を損なわず、中毒性があるとは考えられない、と示したのだ。スポーツ界にあっという間に普及したのも無理もない。

ステロイド

アナボリック・ステロイドが世界のスポーツの一部になった歴史には、慎重に扱う必要のあるいくつかの興味深い逸話が含まれる。一九世紀後半に、内分泌学のパイオニアであるシャルル＝エドゥアール・ブラウン・セカールがモルモットや犬の精巣から抽出したエキスを自分自身に注射する実験を行ったことはよく知られている。第一次世界大戦と第二次世界大戦の間に、ステロイドの研究はさらなる散発的な実験を通じて少しずつ進んだ。

一九三六年のオリンピックはベルリンで開催され、後世にはナチ・オリンピックとも呼ばれた。やがて、ドイツのアスリートが運動能力向上のためにステロイドを与えられていたという噂が立ったが、その後完全に否定されている。もちろんこれは、オリンピックの腐敗をナチス、ファシズム、ヒトラーと結びつけるという意味で、ありがちな考え方だ。どうも、ドーピングと悪を関連づけるのはたやすいようだ。

もう一つのあからさまな例としては、一九三八年に英国のサッカーチームがサルの睾丸を用いた処置を選手たちに行ったとされる件がある。タブロイド紙は、ショックとスキャンダルのニュアンスでこれを報じた。しかし、これらの記事の真実性を示すエビデンスはごく限られている。[*21]

一九四一年にピーター・カルポヴィッチが発表したエルゴジェニック〔仕事量増加、競技力向上〕物質のレビューでは、この話題に関するバランスの取れた科学的な観点が示され、ホルモン療法によって体力レベルの妥当な引き上げが可能になる可能性があるが、さらなる調査が必要である、という考えが提示された。[*22] 四年後、賛否両論の米国人科学者、ポール・ド・クライフが、この話題に関する初めての書を著した。ド・クライフは、一九二六年に出版された、微生物の科学的知識の進展を振り返る重要な書〔『微生物の狩人』秋元寿恵夫訳、岩波書店〕で最もよく知られる。その後、医師の知識と診療を匿名で批判していたことが明らかになったため、ロックフェラー医学研究所を解雇されている。一九四五年に、ド・クライフは *The Male Hormone*〔男性ホルモン〕を出版し、米国のメディアで幅広く論評された。その主張は表紙の宣伝文句にまとまっている。

男性ホルモンは、単なる性的な面を超えて、不思議な効果を示す。筋力を引き上げる。精神的疲労を消す。心臓の痛みを和らげる。さらには、身体的欠陥で苦しむ中年男性の正気を取り戻す。

ド・クライフは科学者を〝ホルモン・ハンター〟と呼び、この新たな研究分野とスポーツにおける運動能力を結びつけ、次のように述べた。

私たちはセントルイス・カーディナルズとセントルイス・ブラウンズの両方が、ビタミンで運動能力を向上させて優勝したことを知っている〔一九四四年のワールドシリーズはカーディナルズとブラウンズ（現ボルティモア・オリオールズ）の間で行われ、カーディナルズが勝利した〕。テストステロンによる体系的な強化に挑戦する業界あるいはプロのグループの生産力を観察することは、おそらく興味深いだろう——もちろん、優れたホルモン・ハンターの監督のもとに。*23

実際に、当時はホルモン療法の科学的研究が進められていた。一九四四年に、米国人研究者のグループが六人の男性に、ドイツの製薬会社シェリング社が〈オレトンM〉という製品名で供給するメチルテストステロンを、三週間から六週間投与した。*Journal of Clinical Endocrinology*（臨床内分泌科ジャーナル）で公開された結果は、クライフの仮定を裏付けた。「中枢神経系の反射時間の強化、背筋力の強化、動作時および静止時の作業パフォーマンスの向上がみられた」*24。一九四五年に、米国のビジネスウィーク誌は次のように広言した。「あらゆる性ホルモンのうち、テストステロンは最も市場可能性があると言われている」*25

ド・クライフの本と初期の実験にもかかわらず、一九五〇年代前半までスポーツ界においてステロイドが使用されている形跡はなかった。この時期に、ステロイドの起源に関するもう一つの興味深い話に行き当たる。一九五四年にウィーンで行われた世界ウエイトリフティング選手権の際に、二人のスポーツドクターが出会い、酒を酌み交わした。一人は、米国チームの医師で、のちにオリンピック・チームの医師も務めたジョン・ジーグラーである。ジーグラーは当時、医療の世界で順調なキャリアを積んでいた。神経学を専門とし、シバ社という製薬会社の非常勤研究員として働いていた。ストレングス・スポーツのアスリートとの関わりは、自身がヨーク・バーベル・クラブでボディビル競技に参加していたことから来ている。このクラブのオーナーは、ストレングス・スポーツの先進的エキスパートで実業家のボブ・ホフマンであった。

ジーグラーが医学の専門家として関わったことで、ウエイトリフティング競技がより科学的になり、人気も向上し、それに伴って競技の世界も発展した。一九四〇年代末には、米国対ソ連のライバル関係が、冷戦を背景に象徴としての重要性を増してきた。最強の男はどの国にいるのかがにわかに重大事になった。それは冷戦の代理戦争だった。一九五〇年代から六〇年代にかけて、核戦争もますます現実味を帯びてきていた。スポーツにおけるこのライバル関係は、太く力強い腕と軍備拡張をかけた〝ビッグ・アームズ・レース〟として知られるようになった。ジーグラーがウィーンで会った医師はソ連出身で、米国の力持ちが薬物を用いて体を作っているのかどうかについて若干の興味を示したようだった。ジーグラーは人工的な手段は使っていないと否定したが、相手は自身のチームがテストステロンを使っていると告白したという。

ジーグラーがこのニュースにショックを受けたかどうかはわからないが、そうだとしても倫理面で困惑した様子は示さなかった。結局のところ、ドーピングに関する議論は盛んではなく、男性にさらなる男性ホルモンを処方する行為が善意の科学以外の何かであると規定するルールもなかった。ソ連が一歩進んでいるという情報を得て、かつ追いつこうとしない理由もなかったため、ジーグラーはソ連のおしゃべりなライバルから小耳に挟んだ情報をもとに、シバ社およびホフマンと協力して、アナボリック・アンドロジェニック・ステロイドを米国市場に導入した。本人の説明によれば、その志は身体的な副作用を最小限かつ制御可能にとどめたタイプの薬物を開発することであった。しかし現実的には、高いパフォーマンスを発揮するコーチやアスリートの闘争本能と超大手製薬企業の商才をうまく満たしたようだ。ジーグラーが開発したのが、一九五五年に初めて確認された、メタンジエノンの一形態であるダイアナボルである。一九五七年にはダイアナボルに対する特許が認められ、一九五八年には販売が開始された。これは、商業的に最も成功したアナボリック・ステロイドとなった。

ダイアナボル開発の目的は、テストステロンに類似した形で筋肉と力を増強する安全な方法を実現することだった。ジーグラーとホフマンは、米国でもトップクラスのウエイトリフティング選手やボディビル選手に協力した。また、一九六〇年ローマ・オリンピックを目指して準備するアスリートも支援した。当初の結果は賛否両論だった。米国のウエイトリフティング選手には、ダイアナボルの服用を嫌がる選手やメリットを見いだせない選手もいたうえに、米国代表はまたしてもオリンピックで栄光をつかむことができなかった。[*26] しかし、製品が市場に出回るやいなや、トップレベルのストレングス・スポーツ選手だけではなく、下位の選手や他の競技にも関心が広まった。これらの薬物の使用を禁止するルールはなかったので、消費を妨げるものは何もなかった。スポーツ界限定のアンチ・ドーピング・ルールでは一九七六年までステロイドは対象となっておらず、シバ社は一九八〇年半ばまでダイアナボルを米国内で販売し続けた。その後、米国と多くのヨーロッパ諸国で麻薬取締法や刑法で規制されるようになったが、ダイアナボルの製造は今でも続いている。隠れた使用もなくなっていない。最小限の副作用で高い効果を上げるという評判があるためだ。

一九五〇年代後半になると、ボブ・ホフマンなどの実業家が、フィットネス文化に関連する新たなビジネスチャンスを最大限に活用しようとした。筋力自慢の大規模なイベントを開催し、ジムのメンバーシップ、雑誌、栄養食品を販売した。ストレングス・スポーツのアスリートはトレーニング体制に合わせた通常の食生活の管理を身につけるが、筋肉の発達に役立てるための特別な経口サプリメントを購入することも推奨された。一九六〇年のローマ・オリンピックの準備期間に、ホフマンとジーグラーはダイアナボルを注目度の高いウエイトリフティング選手のグループに紹介した。ダイアナボルは、たんぱく質合成量増加のニーズの延長としてとらえられた。テストステロンを用いると効果が上がるというわけだ。アナボリック・ステロイドは、理想的にはテストステロン注射によるアンドロゲン性〔雄性〕の過度の影響を起こさずに、この作用を模倣する。

ジーグラーはウィンスロップ・ファーマスーティカルズ社と協力して、一九六〇年代前半頃までにより優れたステロイドの剤形を模索していた。求める〝聖杯〟は、運動能力を向上させ、かつ副作用がないというものであった。一九六〇年から一九六二年にかけて、ジーグラーはルイス・リーキーを支援した。一九五五年の米国ジュニア・チャンピオンで、ニューオーリンズ出身の強豪ウエイトリフティング選手である。ウィンスロップ製の錠剤とダイアナボルの組み合わせに加え、最先端のトレーニング手法を併用することで、優れた結果が得られた。ジーグラーの指導のもと、リーキーは一九六四年にスナッチの世界記録を更新したが、けがのためオリンピックには出場できなかった。ジーグラーと協力したもう一人のストレングス・スポーツのアスリートがビル・マーチだ。一九六一年から六五年の間に米国選手権を五連覇し、クリーン&プレス〔一九七二年までオリンピックで行われていた種目で、第一動作で肩まで引き上げ、第二動作で腕の力のみを使って頭上に差し上げる〕の世界記録を樹立し、国際試合でも五位以内に入賞した。[*27] 晩年のジーグラーは、ステロイドの使用を推奨したことで一部のアスリートによる過剰服用を引き起こしたことについて若干の後悔の念を口にしているが、一九六五年の時点では自らの目標を、「現時点で超人と考えられている身体能力を実現する」ことだと語っていた。[*28]

一九六四年の東京オリンピックまでに、ステロイドの使用は大きく広がった。英国チームのコーチ、トム・マクナブは、そのとき見た光景に驚き、次のように語っている。

私は旧友の故ロン・ピッカリングと一緒にオブサーバーとして現地にいた。ある日ロンが、宿泊しているホテルで私のところに戻ってきて、米国チームが朝食のときに様々な錠剤を摂っている、ビタミン剤とアナボリック・ステロイドとかいう新しい薬らしい、と教えてくれた。私はそんなものを聞いたことがなく、特に重要だとも思わなかったが、それから六年のうちに、筋肉増強剤が使われていることが徐々にわかってきた。運動能力の大幅な変化があり、特に投擲種目と十種競技で目覚ましかったからだ。[*29]

この時期以降のステロイドの急激な普及は、オリンピックの理想と真っ向から対立し、スポーツ界に身を置く人々にジレンマをもたらした。それから一五年の間、ステロイドの使用を検出する方法はなかった。一九七五年に検査が導入されたが、捕まらない方法をほとんどの関係者がすぐに発見したため、すぐに効果はなくなった。ステロイドの使用が流行し、一大業界が生まれ、公然の秘密と化した。まもなく、ステロイドはニッチなストレングス・スポーツ界から、チームスポーツ、陸上、水泳などのメジャーなスポーツに広がった。ステロイドを禁止した競技連盟はまだなく、ＩＯＣも他の競技連盟も検査法の開発を待っている状態だった。したがって使用しない理由は単純に健康上の理由のみだったが、健康への詳しい影響はまだ判明していなかった。ステロイドの使用に対する道徳的なアプローチは、特に一部の地域では明らかに実利的なものになった。ステロイドは入手可能で、他の選手も使っている。使わなければ不利になるので、使う必要がある、というわけだ。その論理に従ってトレーニングと薬物使用の最も優れた計画を開発し、一方で健康に関する潜在的な問題は無視する国に、成功と見返りがあった。

一九六〇年代から一九七〇年代にかけては、アスリートによる多くのステロイド使用の例がある。英国のストレングス・スポーツの選手たちもステロイドを使い始め、一九六六年コモンウェルス・ゲームズのトレーニングでは〝何人かの人物〟がステロイド使用計画を立ててトレーニングをサポートしたという。[*30] ステロイドは、米国の大学スポーツとプロスポーツでは一般的になった。一九六八年には、あるアメリカン・フットボールのコーチがジャーナリストに次のように語っている。「おそらく、ここ四年の間に大学を卒業してプロ入りした選手は全員〔ステロイドを〕使っているだろう」。一九六九年に行われた新聞調査では、サンディエゴ・チャージャーズ〔現在のロサンゼルス・チャージャーズ〕、カンザスシティ・チーフス、アトランタ・ファルコンズ、クリーブランド・ブラウンズを含む強豪プロチームがステロイドを使用していることが判明している。このジャーナリストは次のようにも記している。「ホルモン信仰はあまりに蔓延していて、プロのスカウトがドラフト候補の大学生に薬物を与えたり、大学のスカウトが高校生に与えたりする事例が確認されたほどだ[*31]」

オリンピック選手たちについても、同様のコメントがなされるようになった。トム・ワデルは一九六八年のメキシコシティ・オリンピックに十種競技の選手として出場し、のちに医師になった。ワデルの観察によれば、米国代表陸上チームの三分の一超が、オリンピック前の高地トレーニング・キャンプでステロイドを使用していたという。オリンピック自体については、英国人医師のA・H・ペインが次のように述べている。

素晴らしい運動能力に関連する要素の一つは、ステロイドの使用がこの時点で広く普及していたことだと私は確信している。一五〇〇メートルまでのすべての〔陸上〕種目に出場した米国代表選手はコーチにステロイドを与えられていると噂されていた。*32

一九六〇年代の終わり頃になると、高度に組織化されたドーピング・システムが東ドイツに出現した。ただしライバルの多くもドーピングしていた可能性はかなり高いと思われる。人口一六〇〇万人前後のこの新しい小国は、第二次世界大戦後、冷戦期間中のヨーロッパ再編に伴って生まれた。はじめは東西統一ドイツ選手団として参加していたが、一九六八年のオリンピックに初めて自前の代表を送り込んだ。当初の成績は控えめで、夏季オリンピックで合計二五個、冬季オリンピックで合計五個のメダルを獲得した。しかしその頃、経口トリナボールと呼ばれる新たなアナボリック・ステロイドの研究を進めていた。

現在、経口トリナボールは、当時の東ドイツがスポーツの国大大会で躍進したことと密接に結びつけられている。研究開始からまもなく、経口トリナボールは国立製薬会社のイエナファーム社で製造されるようになった。高度に組織化されたシステムに従い、エリート選手たちはコーチとドクターのサポートにより薬物を与えられた。一九七二年までには、成功は明らかだった。東ドイツ代表選手は夏季オリンピックで六六個、冬季オリンピックで一四個のメダルを獲得した。東ドイツは、オリンピック競技において確立していたパターンの一つに挑んでいた――つまり、メダルの数は人口およびGDPと相関がある、というものだ。メダル獲得数の多い国は、一般的に規模が大きく、資金が豊富だった。しかし東ドイツは、的を絞った効率的で効果の高いメダル獲得法を発見した。東ドイツ式の重要な焦点の一つは、女子スポーツである。もう一つの独特な側面は、ドーピング薬物の服用量と結果の詳細な記録だ。その多くは、一九八九年にベルリンの壁が崩壊した後で国外に持ち出され、米国の文書保管庫に所蔵された。その結果、経口トリナボールが東ドイツのスポーツの成功にどれほど中心的な役割を果たしたか、いくつかの重要なエビデンスが記録から判明している。

女子選手はこの組織的システムの成功を世間に示した。水泳のコルネリア・エンダーは、一九七二年に三個の銀メダルを獲得したとき、わずか一三歳だった。四年後、エンダーは一回のオリンピックで四個の金メダルを獲得した初の女子選手となった。そのすべてが世界記録だ。キャリアを通じて、個人種目で三二回の世界記録更新を達成することになる。一九七三年から七六年には、東ドイツのスポーツウーマン・オブ・ザ・イヤーとして表彰されている。

一九七六年の夏季オリンピックは、能力開発への科学的アプローチとステロイド使用の成功をさらに知らしめた。東ドイツの記録を復元したものによると、各競技でエリートレベルに達したアスリートは、コーチとドクターがドーピングをサポートする〝U―M〟プログラムに登録された。服用量は綿密にモニタリングされた。当初は、トレーニング・スケジュールとパフォーマンス目標（つまり、オリンピックや世界選手権でのメダル獲得）に合わせて影響を最大化することだけが目的だった。しかし、一九七五年にステロイド検査が開発され、一九七六年のオリンピックに導入されると、モニタリングには検出逃れの戦略が含まれるようになった。経口トリナボールの痕跡は三週間以内に体内から消失することが確認されたので、服薬は適切なタイミングで行われた。選手たちは出国前に検査を受けた。陽性だった場合、辞退するための理由が作り上げられた。

人口規模と、経済強国ではないことを考え合わせると、東ドイツのエリート・スポーツのシステムは目覚ましい成績を残した。東ドイツは一九七六年夏季オリンピックのメダルランキングでソ連に次ぐ二位となった。金メダル数はソ連が四九個、東ドイツが四〇個、米国が三四個。総メダル数ではソ連が一二五個、東ドイツが九〇個、米国が九四個だった。面積も大きく、経済面では東ドイツよりもはるかに強力な西ドイツは、わずか一〇個の金メダルで四位だった。さらに、東ドイツの代表選手の数が他国を大幅に下回っていたことも注目に値する。選手団は二六七人で、一方ソ連は四一〇人、米国は三九六人だった。東ドイツが国際スポーツで自らの国力よりも優れた成績を残していることは明らかだった。同年の冬季オリンピックでも、東ドイツは二位に入った。またしてもソ連の下、米国の上である。

スポーツにおけるドーピングは、一九六〇年代から七〇年代の間に劇的な変化を遂げた。この変化は、新たなコーチングとトレーニングの手法、フルタイムのアスリートの増加、トレーニング施設と用具の改善、トレーニングと試合でのパフォーマンスを最適化させるための科学的研究、スポーツ心理学の新たな役割の発見など、スポーツにおける他の重要な進化と同時進行で進んだ。その状況を考えると、一九六〇年代の中盤から一九七〇年代の中盤までにおけるアナボリック・ステロイドは、一部のアスリートにとっては成功のための武器庫に格納された武器の一つに過ぎなかったともいえる。ドーピングは禁止行為ではなく、検査もなかった。それを抑止するのは唯一、心臓や内臓の損傷から、にきび、多毛症、性器の変化に至るまでステロイドが様々な望まぬ副作用を起こすおそれがあるという、何となく定義された脅威だけだった。

ステロイドの使用を赤裸々に告白したアスリートは少ない。これは、スポーツ界が競争社会であることも一因かもしれない。ライバルに企業秘密を明かしたい者はいない。また、薬物について回る、〝人工的に能力を向上させた〟というスティグマによっても説明できるだろう。ステロイドの使用は禁止されてこそいなかったが、メディアと競技連盟（特にアマチュアリズムの伝統がある連盟）の幹部には白い目で見られた。

米国の砲丸投げ選手、ハロルド・コノリー。1964年に撮影。一緒に写っているのは、1956年のオリンピックでチェコスロバキア代表の円盤投げ選手として金メダルを獲得したオルガ・コノリー（旧姓フィトコワ）。

一九六四年以降のオリンピックにおけるステロイド使用の話題は、様々な情報源によって語られている。ハロルド・コノリーは、米国のハンマー投げ・砲丸投げ選手で、一九五六年のオリンピックで金メダルを獲得した。一九六四年のオリンピックの準備期間からステロイドの使用を始め、一九七二年まで継続した。コノリーは一九五六年から六五年にかけてハンマー投げの世界記録を保持し、六八・五四メートルから七一・二六メートルまで記録を更新した。その後、世界記録は飛躍的に伸びた。次の世界記録保持者はハンガリーのジュラ・ジボツキーで、コノリーの記録からわずか三カ月で七三・七四メートルを叩き出

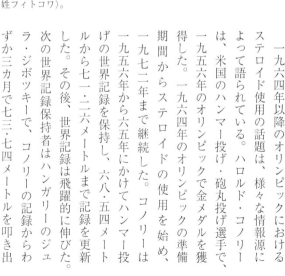

した。わずか二〇年のうちに、東ドイツ、西ドイツ、ソ連のアスリートによって記録は八六・七四メートルにもなった。もちろん、この競技記録の歴史にステロイドが果たした正確な役割を見極めるのは不可能だが、多くのトップ選手が使用していた可能性はきわめて高い。コノリーはステロイドを使い続けたにもかかわらず、一九六〇年には八位、六四年には六位にとどまり、六八年は予選で敗退し、七二年のオリンピックでは選考に残ることができなかった。

ステロイドの使用について包み隠さず話した米国のウエイトリフティング選手に、ケン・パテラがいる。一九七二年のオリンピックの準備期間中、パテラはある新聞記者に、自分と最大のライバルであるソ連選手の差は、ステロイドに使える金額だと語った。パテラはこのオリンピックに出場しなかったが、のちになって、ステロイドの使用を公にしたにもかかわらず、競技当局からは一切の連絡がなく驚いたと語った。[*33] ウエイトリフティングのキャリアを終えた後は、プロレス団体WWF〔現在のWWE〕のスター選手となり、ハルク・ホーガンなどのレジェンドと戦った。のちに、一九八〇年代から九〇年代にかけて、ステロイドの使用はWWFの文化の一部だったとも認めている。

スポーツは日常生活を映す鏡

ある時期に、明らかに医薬品の利用が一般社会で急激に進み、その自然な副作用としてスポーツ界にも浸透した。この変化は、第二次世界大戦後の数年間に起こった。一五年ほどの間、スポーツにおける薬物の使用は、何の制限もなく発展した。アンフェタミンと関連薬物は様々なスポーツでますます一般的になり、アナボリック・ステロイドはストレングス・スポーツのアスリートによって徐々に使用され、受け入れられるようになった。真っ先に人工的な運動能力強化薬物に関する懸念を初めて表明したのは各種のアマチュア競技連盟だったが、精神刺激薬の使用は、プロスポーツとアマチュアおよびエリート未満のスポーツの両方で同じくらい一般的であるように思われた。需要と、それを供給する新たな産業があるのは明白だった。このことの背景は、一般社会からスポーツに流入した様々な文化的、政策的変化によって説明できる。

社会学者ニコラス・ローズの主張によれば、二〇世紀半ばまでに西洋社会は宗教的理想と神的治療から転換したのだという。社会は、精神医学上の問題に対して、次第に化学による解決法を求めるようになった。アンフェタミン類は中枢神経系に作用して、疲労を緩和し、集中力を高め、気分を改善した。人々は、新たな薬物の力を借りて、うつ状態や不安などの病に対抗できるのではと考えるようになった。ローズはこれを〝神経化学的自己〟と呼び、製薬会社は明らかな病気に対する治療だけではなく、現在健康な個人の能力を向上させる方法としても製品を売り込んだのだと説明した。その結果、こうした薬物は特定の病気の治療だけではなく、日常生活上の目的にも一般的に利用されるようになった。*34 趣味のアスリートにとっても、真剣なアスリートにとっても、競争するための力をつけることは生き方の一部であり、自身の個性、野心、評価の反映であった。したがって、その競争力を支援するために、合法であって不健康ではない手段を試すことは理解できる。

製薬業界の変化と並行して、スポーツ業界も変化した。平和と繁栄の時代を迎え、西欧経済に占める余暇活動の割合が拡大した。オリンピックは、このスポーツ商業主義の拡大を表す最も重要な例である。一九四八年のロンドン・オリンピックは〝緊縮オリンピック〟と呼ばれ、わずか五九カ国、四〇〇〇人超の選手を迎えて行われた。一九五二年（ヘルシンキ）と一九五六年（メルボルン）が比較的成功を収めた後、一九六〇年のローマ・オリンピックは規模が拡大し、八三カ国から五三〇〇人の選手が参加した。コモンウェルス・ゲームズも同様に成長し、一九五〇年には一二カ国五九〇人の選手が参加していたが、一九六二年には三五カ国八六〇人に増加した。

競技スポーツの成長と強化に伴い、選手たちをサポートする構造も同様の経過をたどった。一九五二年に英国スポーツ医学協会（現在の英国スポーツ・運動医学協会）が設立され、一九六四年にはブリティッシュ・ジャーナル・オブ・スポーツ・メディシン（英国スポーツ医学ジャーナル）が創刊。一方、一九五四年には米国スポーツ医学会が創立された。前述のとおり、一マイル四分の壁が破られ、アスリートたちに新しい可能性が開けた。サッカーなどのチームスポーツでは、一流選手の地位が上がるとともに、スポンサー契約のチャンスも増えた。スポーツへの一般大衆の関心が商業化と相まって、キャリア成長のためにさらに多くの道ができた。

一部のアスリートは、一般社会で医薬品の使用が一般化したことと自身の野心とを密接に結びつけ、薬物の使用を単に受け入れるにとどまらず、完全に論理的なものと考えた。競技連盟が何らかの規制を導入するまでにどれほど時間がかかったかを考えると、アスリートたちがドーピングの処方計画を受け入れたのはほとんど驚くには当たらない。実のところ、大手製薬会社がアスリートにとっての製品の潜在的価値をもっと率直に喧伝しなかったことや、チームの監督がドーピング・プログラムの計画をもっと組織的に実施しなかったことのほうが驚きである。

スポーツの意味をめぐる戦いの始まり

施策と検査の源流を探る前に、ドーピングが一九五〇年代のスポーツになぜ完全に組み込まれなかったのかを考察する価値がある。アスリートはどのような理由で薬物の使用を思いとどまったのだろうか。その説明の少なくとも一端は、スポーツの本質の中にある。つまり、スポーツとは何であり、何のために行うものだと人々が考えているか、ということだ。スポーツに対する考え方は、時と場所によって変化してきた。一部の選手とコーチは、勝利にしか関心がない。極端な場合、この考え方は試合会場で勝利を得るために過剰なリスクを取ることにつながる。よく引用されるものの信頼性の疑わしい一九八〇年代の調査では、オリンピック出場選手の大部分は、金メダルを獲るために長期的な健康を犠牲にするだろうということが判明したという。しかし、一九五〇年代から今に至るまでの多くのアスリートは、良好な健康状態、友好的なライバル関係、そして自己規律、やりぬく力、フェアプレーといった倫理観を推進する文化の一員として、スポーツに深く関わっている。この例がロジャー・バニスターだ。一九五〇年代に他のアスリートが薬物を使用したときに、薬物に甘えなかった。こうしたアスリートにとっては、薬物を使用すると、趣味や仕事としてのスポーツに惹かれた理由が蝕まれてしまう。

一九六〇年代以降のアンチ・ドーピングのイデオロギーと施策は、薬物を使用する動機は外的な力に関連しているため、その力をコントロールする必要がある、という認識に基づいている――行き過ぎた個人主義、国威発揚と政治、金銭的な見返り、そして個人、機関、政府による強制的なドーピングだ。アンチ・ドーピングも単に錠剤の服用や薬液の注射だけの問題では決してなく、薬物を使用する意味が関わってくる。この意味づけはスポーツに独特なものである。だからこそ、一部の薬物はスポーツ界の外では合法でもアスリートには禁止されている。これから見ていくように、曖昧な規制対象の一つに血液ドーピングがある。薬物を使用せず、アスリート本人の血液を使うこともある手法だ。本人の血液は麻薬や犯罪的物質とは言い難い。

想像しがたいことだが、第二次世界大戦の終わりから一九六〇年代初頭までは、アンフェタミン類の使用に関する一種の黄金時代だった。アンフェタミン類は世界的な製薬企業が生産し、心と体の無害な不調から比較的深刻な病気まであらゆる病の治療法として、老若男女あらゆる層に宣伝された。さらなる〝活力《ペップ》〟、喜びと興奮、エネルギーと気力の感覚に結びつけられた。軍人、企業の労働者、芸術家、作家がこぞって称賛した。アスリートたちが使用するようになったのは無理もない。

次章で説明するように、アンフェタミンの使用に関連する重大な事件によって、一九五〇年代後半以降に、スポーツにおける反薬物の機運が高まった。スポーツドクターたちの見解に共鳴し、様々なスポーツのアスリートを、ドラッグの過剰服用による健康被害から守らなければならないという意見が現れるようになった。

クリーンなスポーツのイメージがあり、アンチ・ドーピング規制環境が整備されている二一世紀の観点からは、この時代にアンフェタミン類を使用したアスリートが何も悪いことをしていなかったと言うと議論を呼ぶだろう。しかし、ここまで示したとおり、アスリートたちは何百万人もの人々が使う日常的な精神刺激薬を使用していただけなのだ。これは、ドーピングが（アンチ・ドーピング活動などの結果として）のちにどのような行為になったかとはまったく異なる。科学の最先端にある薬物やその他の手法を探し求めるアングラな秘密手段では断じてないのだ。一九四〇年代から五〇年代にかけてのアンフェタミンの使用は、カフェインの使用に似たものと考えるとわかりやすい。社会的に受け入れられ、簡単に手に入り、適度な使用なら無害だと考えられていた。戦後のドーピング問題は、のちの様々な出来事の視点を通して見ることで、初めて問題となるのである。

第三章　ドーピング検査の始まり

アンフェタミン類の使用が多くの国でピークを迎えつつある中でも、ドーピングの影響に対する不安は一九五〇年代を通じてスポーツ界の内外で高まった。精神刺激薬への懸念は、バチカンにまでも達した。一九五六年、ローマ教皇ピウス一二世が、これらの〝重大な悪しき物質〟に対する懸念を述べた。IOCは嬉々としてこの意見を取り上げ、自身が発行する雑誌に掲載した。*1 一九六〇年二月には、IOC会長のエイブリー・ブランデージが、IOC委員の間で薬物問題を提起し、何らかの対応が必要ではないかと漠然と提案した。*2

自転車競技における精神刺激薬の使用は、一九五〇年代末から一九六〇年代初頭にかけて衰えずに続いた。本章で後述するように、伝説のフランス人自転車選手、ジャック・アンクティルは、一九六〇年代の薬物使用について隠さなかった。アンクティルは、史上初めてツール・ド・フランスの総合優勝を五回達成した（一九五七年に初制覇した後、一九六〇年から六四年にかけて四年連続で制覇）、世代最高の自転車選手だ。また、アンフェタミン類の使用が許容されていた時期にキャリアをスタートしてピークを迎え、新しいアンチ・ドーピング・ルールが確立しつつある中で引退した。

一九六〇年のローマ・オリンピックで起こったある事件によって、ドーピングへの注目が大きく高まった。一七五キロのレースで二一歳のデンマーク代表自転車選手、ヌット・エネマルク・イェンセンが亡くなったのだ。まもなく、アンフェタミン類が死の原因物質として非難されることになった。

しかし、一九六〇年代初頭以来、イェンセンの悲劇的な死は主に二つの理由によって一貫して誤解されている。一つは、プロ中心の自転車競技とアマチュア中心のオリンピックという二つの世界の衝突。もう一つは、この死をアンフェタミン類と結びつけることが、薬物の規制、検査、発見時の出場停止を目指すアンチ・ドーピング活動家の主張を後押ししたことである。しかし、ドーピングの害に対する単純な決めつけによくあるように、真実はもっと曖昧である。

イェンセンは強豪のデンマーク代表チームの一員だったが、レース中に体調が悪化した。コースをそれて、二人のチームメイトに支えてもらった。やがて自転車から転落すると、メディカルスタッフに救護テントへ連れていかれたが、残念ながら亡くなってしまった。イェンセンの死後、デンマーク代表のマネージャーは、ロニアコール〔ニコチニルアルコールの製品名〕という薬を選手に与えたと語った。血流を良くする血管拡張剤だ。イェンセンがアンフェタミン類を実際に使った証拠はなかったが、この供述が結局〝ドーピング死〟のシナリオへと拡大した。実際には、当日のコンディションが原因の一端だった。レースはイタリアの真夏の午後、摂氏四〇度の猛暑の中で行われた。救護テントはさらに暑く、摂氏五〇度近かったのではないかと推測される。おそらくイェンセンは熱中症で命を落としたのであって、適切に選手を救護しなかった大会主催者に過失責任があるといえるだろう。しかし、責任はチームのマネージャーと若いイェンセン自身に降りかかった。それ以来イェンセンの名誉は損なわれたままだったが、二〇〇〇年代前半にデンマークメディアの調査員らが当初の司法解剖の結果報告を発見した。それによれば、体内から薬物は発見されなかったという。当時、警察による捜査も行われたが、事件性があるという対応は取られなかった。それにもかかわらず、ドーピング死の記事がメディアで流布され、医学の専門家にも支持されて、その後の数十年にわたって、アンチ・ドーピ

サー・アーサー・ポリット（中央）。1961年から1967年までIOC医学委員会の初代委員長を務めた。

ングを支持しようとする著者によってしばしば言及された。世界アンチ・ドーピング機構（WADA）までもが、ウェブサイトに掲載したドーピングの略史に、イェンセンがアンフェタミン類のために亡くなったという内容の記述を掲載していた。これは二〇一七年にようやく削除された。

米国のウエイトリフティング・チームがダイアナボルを使っていたのと同じ年に、あらゆるドーピング批判がイェンセンに集中したのは皮肉なことだった。しかしながら、この死はIOCの組織内の対応を引き起こした。ブランデージはサー・アーサー・ポリットに、アンチ・ドーピングのルール作成を含む医学委員会の設立を依頼した。ポリットは、典型的な上流階級のアマチュアだった。一九二四年のパリ・オリンピックにニュージーランド代表として出場。映画『炎のランナー』に描かれ、ハロルド・エイブラハムズが優勝した有名なレースで三位に入った。

IOC会長による、アンチ・ドーピング整備を担当する委員会を設立する動きは、実のところアンチ・ドーピングの制度化に向けた最初の国際的な例であった。また、アンチ・ドーピングが曖昧模糊とした概念から影響力の高い施策へと移行する基礎を作った。他の国際競技連盟も、会議や国際委員会などで、研究者と連携してドーピングをコントロールする方法を議論した。この時期に、規制と道徳の様々な要素が具体化され、今のようなドーピングの定義が確立した。その核心に置かれたのは、すべてのアスリートが〝クリーン〟でなければならないという考え方だ。このアプローチは、二つのアイデアを前提にしていた。科学がコントロールの手段を提供することと、法的拘束力のある施策によって十分な処罰を実施し、将来のアスリートにドーピングを思いとどまらせることだ。これらの動きにより、スポーツの歴史について興味深い疑問が持ち上がる。スポーツ界はなぜ、どうやって、たいした批判もなく精神刺激薬を幅広く使っていた状況から、アスリートが厳しい薬物規制の対象になり、個人として強く批判され、公共の場で辱められ、選手生命に関わるスティグマを負わされる状況に移行したのか、ということだ。

ドーピング検査の起源、イタリア

国内を対象にしたアンチ・ドーピングの調査と検査は、アントニオ・ヴェネランドの主導でイタリアで行われた。この調査は一九五五年にイタリア国立スポーツ医学研究所（FMSI）の権限による研究プロジェクトとして始まった。なお、ヴェネランドのチームは、「アスリートは一九六一年から七〇年にかけて同研究所の所長を務めている。ヴェネランドのチームは、「アスリートから散発的に没収した解析用のカプセルを検査したところ、そのすべてがβ－プロピルイソプロピルアミンを主薬としていたことが判明した」という。[*3] つまり、アンフェタミン類を発見したということだ。フォローアップ調査では、レース終了直後の自転車選手から二五件の尿検体を採取した。そのうち五個からアンフェタミン類が見つかった。

アンフェタミン類の使用と関連づけられた自転車選手の身体的・精神的健康リスクへの懸念が高まる中、イタリア国立スポーツ医学研究所とイタリア自転車連盟は、一九五五年に史上初のアンチ・ドーピング専門会議を開催した。一九六四年の記述で、ヴェネランドは二つの具体的なケースに焦点を当てた。一つ目は一九五六年に精神病院に入院した自転車選手のケースで、原因は「アンフェタミン製品に頼りすぎ、精神が混乱したから」だという。二つ目は二年後に薬物使用を認め、レース中に「交感神経作動薬に頼りすぎて」ショック症状を発症し、競技から永久追放処分を受けた別の自転車選手である。[*4]

イタリア人グループは一九六〇年のローマ・オリンピックの際に、〝心理学―人間工学的薬理学に関する国際会議〟を催した。ただし、この会議に関する記録はない。翌年、イタリア国立スポーツ医学研究所はイタリアサッカー協会と連携して、選手たちが精神刺激薬をどの程度使っているかを評価した。調査結果では、一七パーセントが〝アミン物質〟を使っていると示された。その後、イタリア人グループは一九六二年にフィレンツェで二回の会合を行った。会合には、一九五七年度ノーベル生理学・医学賞を受賞したダニエル・ボベットをはじめとする薬理学の第一人者たちが出席していた。

こうした取り組みは、アンチ・ドーピングの指導的立場にあったと主に認識されているIOCよりも数年進んでいた。より大規模で資源の豊富な組織によって確立されたアンチ・ドーピング施策のモデルとなったのは、イタリア人たちだった。この分野における、知られざるパイオニアだったのだ。イタリア国立スポーツ医学研究所はサッカーにおけるアンチ・ドーピングの取り組みに関する規約を作成した。一九六二年七月から一九六三年六月まで、サッカーチームに的を絞ったキャンペーンは一定の効果を上げたように思われる。選手に対する一九六三年の調査では、薬物は一パーセント強しか普及していなかった。ちなみに、英国のメディアが〝パープル・ハート〟のスキャンダルを暴いたのはこの期間である。

イタリアの自転車競技でも検査が始まり、あるアマチュア・レースにおける結果では半数を超える選手がベンゼドリンを服用していた。このアンチ・ドーピングの取り組みの背後には、教育プログラムと検査によって健康へのリスクを低減するという方針があった。これらのプログラムに、オリンピックとアマチュアスポーツ界にみられる、〝クリーン〟なスポーツに関する道徳的な正当化が含まれている形跡はない。

フィレンツェのスポーツ医学試験所内にあるアンチ・ドーピング試験所は、イタリア国立スポーツ医学研究所によって検体の解析のために設立された。陽性の結果が出ると、関連のスポーツ連盟に報告され、当該スポーツ連盟が罰則を決定した。また、イタリア国立スポーツ医学研究所はドーピングの正式な定義が必要であることも認識し、一九六二年にそれを作成している。

ドーピングは、スポーツ競技に参加する際に運動能力を人工的に向上させることを目的とした物質を摂取することで、これは競技の倫理と身体的・精神的一貫性と相容れない。この定義を補うため、以下に禁止薬物の予備的な一覧を示す。(一)アンフェタミンとその誘導体。(二)アンフェタミンと同様の作業機序をもつ物質。(三)Ａｎｔｉ–ＭＡＯ。(四)カフェイン類。これらの物質が、特によく使われているだけではなく、簡単に検出できるものばかりだったことは指摘しなければならない。[*5]

ヴェネランドは、一九六三年に欧州評議会が開催した、スポーツにおける薬物使用についての初の国際会議に出席した。その場で「ドーピング問題に関するヨーロッパ規模、さらには世界規模の早期かつ完全な解決策に向けて、機は熟している」と信条を語った。[*6] これは、現代から見ると楽観的に思えるかもしれないが、精神刺激薬の使用が御しやすい問題のように見えたことは思い起こす価値がある。精神刺激薬は効果が短期的で、競技の直前または直後の尿検体から検出可能だったからだ。

イタリア国立スポーツ医学研究所の定義をつぶさに確認すると、解決策の提示とは程遠く、世界中の科学者とスポーツ界のリーダーがある困難な行動に乗り出し、それが数十年にもわたって欠陥と失敗と不均衡にまみれたアンチ・ドーピング施策の種を蒔いたのを見てとれる。おそらくこの定義に影響されたものも多いであろう、一九六〇年代におけるドーピングのあらゆる定義の中心となったのは、〝自然〟と〝人工〟の対置だった。初の国際定義は、前述の一九六三年欧州評議会の会合で合意に達した。その中で、ドーピングを「競技における個人の運動能力を人工的かつ不公平に向上させることを唯一の目的として、人体にとって異物である物質、または異常な用量の生理学的物質を、健康な個人に何らかの手段で投与すること」と記した。[*7] この〝人工〟という考え方は曖昧で、かつ大きな問題をはらんでいた。広い意味で言えば、スポーツにおける運動能力の大部分は〝人工〟的な要素で成り立っている。個人に合わせた食事と栄養管理。基本的な靴やユニフォームから、棒高跳びのような専門的なものまで、あらゆる用具。精神的、心理的なトレーニング手法。コーチングとスキル開発。アスリートは人工的につくられるのであって、自然に生まれるのではない。食事だけに注目しても、許容できるものとできないものの間に明確な線を引くところにアンチ・ドーピングの難題がある。これは当時も今も変わらない。たとえば、当時から今まで、ビタミン剤とプロテインをいくら摂ってもよく、パラセタモール〔アセトアミノフェン〕を痛み止めに使ってもよいのはなぜだろうか。これらすべてを、〝人工〟的な運動能力向上物質に分類しても構わないはずだ。

イタリアの定義の二番目も曖昧で実施が難しい。ある物質が運動能力を向上させたことをどのように判定できるのだろうか。理論的には、ドーピング物質を投与したアスリート群としていないアスリート群を調査して、運動能力が向上したかどうかを評価する対照実験が必要になる。しかし、ある状況下でアスリートの運動能力に影響を及ぼす要素は、健康状態、感情、天候などたくさんある。実際に、（様々なスポーツと国で行われた）数々の研究で、ホームでプレーしているチームにはいわゆる〝ホーム・アドバンテージ〟があることが証明されている。これもまた人工的で、アウェーチームには不公平だと考えられるかもしれない。スポーツは公平なフィールドではないのだ。

禁止物質のリストも興味深い。アンフェタミンは、そのメリットがどれほど知られていたかを考えれば理解できる。しかし〝同様の作用機序〟は曖昧である。どのような作用や効果かは記載されていないからだ。〝Ａｎｔｉ－ＭＡＯ〟という用語は混乱を呼ぶ。というのも、モノアミン酸化酵素阻害薬（ＭＡＯＩ）はうつ病の治療に使われる薬品で、興奮剤としての作用があるからだ。〝カフェイン〟が複数形になっているのは奇妙だが（〝カフェイン類〟のような意味と考えられるが、カフェインは総称ではない）、ともあれカフェインは運動能力を向上させる可能性のある精神刺激薬である。二〇世紀を通じて一部のスポーツで禁止されていたが、二〇〇〇年代初頭になってスポーツ界はようやく不問に付すことにした。実際、コーヒーを数杯飲んだだけで競技への参加を禁じられるというのは、今から考えると馬鹿げているように思われる。

総合的に、一つの重要な点が抜けている。しきい値だ。薬物の検出量がどれほど微量でも、ドーピングの罰則を受けることになるのだろうか。その場合、すべて同じ罰則が与えられるのか、それともグラデーションが設けられるのか。もう一つの全般的な論点として、競技における使用だけに焦点が当たっていて、その他の時期に精神刺激薬を使用する場合の規制は示されていない、というものがある。その後の数年間で明らかになったように、〝競技への参加〟の定義でさえも一筋縄ではいかず、アスリートが競技期間中のアンチ・ドーピング・ルールの対象になる具体的な時間枠を示す必要が生じた。たとえば、レースの一時間前は競技の一部だろうか。それが前すぎるのであれば、いつなら合理的だろうか。三〇分前？　一〇分前？　知らず知らずのうちに、また迫りくるステロイド・クライシスにはおそらく気づかないまま、一九六〇年代前半のアンチ・ドーピングの設計者は、曖昧なアイデアをもとに施策を立案しており、これを機能させるには、高度に複雑な科学的、法律的、官僚的仕組みが必要となった。寛大な解釈をすれば、近い将来の問題を事前に予期することはできなかったということだろう。もう少し意地悪な見方をすれば、〝クリーン〟なスポーツを目指すための解決策とメッセージを求めるあまり、問題を単純化しすぎてしまったのだろう。彼らは理想主義者だったのだ。

道徳と邪悪

欧州評議会が一九六三年の会議を計画したのは、ドーピングをスポーツにおける問題と認識し始めていたIOCなど各組織でアイデアを持ち寄って突き合わせるためだった。オーストリア、ベルギー、フランス、イタリア、オランダ、スペイン、スイス、スウェーデン、トルコ、英国など一四カ国から代表が集まり、二つの会議が行われた。欧州評議会自体は施策を指示できないため、これらの会議は国際的な取り組みの焦点を絞るために役立った。

公式報告書は重々しい警告であふれていた。「アスリートによる薬物の服用やその他の刺激を得る方法には、スポーツの世界を超える影響がある――医学的、道徳的、法律的、社会的、商業的影響だ」[*8]。ドーピングは、一般大衆があまり認識できていない隠れた危険性をはらむ〝社会悪〟だと考えられたのである。これらは明らかに、モラル・パニック――比較的軽微な問題に対し、道徳的価値観への脅威として過剰に反応すること――の兆候であり、想像上の悲観的シナリオに基づく反応を促進する試みであった。報告書は次のように記している。

すべての参加者は、アスリートのドーピングを撲滅するためにヨーロッパ全体で協力することを重視している。参加者はドーピングを、スポーツの領域をはるかに超える影響を与える社会悪とみなしている(中略)経験上、ドーピングが蔓延している競技では、この習慣から生じる道徳的、身体的な影響によって、すでに競技全体の構造が蝕まれつつあることが示されている。もしドーピングをチェックせずに拡大を許せば、スポーツという習慣が個人そしてコミュニティにもたらすあらゆるメリットが失われる時が来るだろう。[*9]

これらの会議に参加した少数の専門家たちは、使命感に燃えていた。欧州評議会は自らを、世界が従う方向性を決める機関と考えていた。参加者の一人が、オーストリアの医師ルードヴィヒ・プロコップだった。その後数十年にわたってアンチ・ドーピングに重要な役割を果たす人物である。会議でのプロコップの発言には、アンチ・ドーピングを推進するための共同の取り組みは、「ドーピングという反道徳的行為からの効果的な保護を実現しなければならない。それによって、全人類の幸福のためにスポーツの理想を純粋に保ち続けることができるだろう」[*10]。報告書には次のように記されている。「道徳的に責任のある側の人々の無関心は、人類に対する犯罪である」[*11]

リーダーシップの自認、集団的エゴイズム、そしてほとんど原理主義的とも思える熱意が底に流れていることを見逃すのは難しい。こうした初期の施策立案会議や報告書には、善と悪を表す言葉が全面的に注ぎ込まれている。報告書の最終節の見出しは〝邪悪との戦い〟だ。ヴェネランド自身は、ドーピングの道徳的脅威と、解決策を見つける必要性の概要を次のように記した。

ドーピングは、その他の麻薬中毒や伝染病の形態と同様に、一つの国だけで撲滅することはできない。その他すべての国で、同様の根気強さと決意で戦わなければならない。少なくともヨーロッパ、さらに具体的には共通のラテン系起源をもつ国々では、アンチ・ドーピング・キャンペーンにできるだけ早く具体的な形を与え、言葉を行動に移す必要がある。イタリアの経験は、さらなる損害のリスクと、詐欺的行為で勝ち取られる非道徳的勝利を避けるために、直近の具体的な結果を促していることで、優れた価値があると考えられる。それにより、若い人たちが道徳的に汚れのない目的をもってスポーツに復帰し、公平な手段で競争し、人生そのものへの準備手段というスポーツの主要な機能を取り戻すことができる。[*12]

この大仕事に協力し、他の連盟の取り組みとも掛け持ちした、何人かの重要な立役者がいた。アントニオ・ヴェネランドと同じイタリア国立スポーツ医学研究所に所属するジュゼッペ・ラ・カヴァは、一九六二年にIOCから連絡を受けた。IOCがドーピングを構成する行為としない行為、そしてとりうる行動を判断できるように手伝ってほしい、というものだった。[*13] 三カ月後、ラ・カヴァはIOCの広報誌でドーピングに対する自らの立場を打ち出した。ラ・カヴァはアンフェタミン類に注目し、アンフェタミン類は興奮効果が大きすぎるので、あらゆる競技結果はアスリートの能力と野心の真の反映にはならない、と述べた。したがって、これらの種類の薬物は「道徳的観点から不正」であり、疲労の自然の信号や疲労の感覚を隠してしまうので医学的にも危険であると論じた。[*14]

ドーピングの定義とコントロール方法の基礎を築いたことがイタリア人の小規模グループであったことは、アンチ・ドーピングの歴史の中で見逃されやすい側面の一つである。ただしイタリア人たちもその後すぐに、アンチ・ドーピングの取り組みの推進に目的意識を感じる他の多くの人々と同じ議論のテーブルにつくようになった。すべては、増大する不安に駆られる具体的な事例の報道と連動していた。イタリア人グループの取り組みは、アンチ・ドーピングを〝オリンピアン〟のイデオロギーに統合したIOCに組み込まれ、目立たなくなった。

IOCは、ドーピング問題に正式に対応した初めての国際競技連盟である。その幹部は、アンチ・

ドーピングの原則について結束しているように思われた。エイブリー・ブランデージ会長が行動を求めたため、一九六一年に医学委員会が設立された。ＩＯＣの施策立案と開発の重要な特徴は、ドーピング・コントロールを科学者が主導する科学的問題として定義しつつ、基礎となる理論的根拠を公平性《フェアネス》、高潔性《インテグリティ》、道徳性《モラリティ》に求めたことである。犯罪学者のキャスリン・ヘンネが注目したように、この初期のアプローチは、様々なテクノロジーの間に緊張関係を持ち込んだ。一方の側にはアスリートの身体を操作する〝悪〟のテクノロジーがあり、逆側にはアンチ・ドーピング科学者がそうした操作を規制するために展開する〝善〟のテクノロジーがある、というわけだ。[*15]

1952年から72年までIOC会長を務めたエイブリー・ブランデージ。1964年の写真。

このことはおそらく、医学専門家のＪ・フェレイラ・サントスとマリオ・デ・カルバーリョ・ピニが一九六二年六月にモスクワで行われたＩＯＣの会合で提示した報告書に最も端的に表れている。この報告書は、ＩＯＣの広報誌にも国際競技連盟向けにまとめられている。そこでは、またしてもアンフェタミン類と関連薬物に焦点を当てている。二人はＩＯＣに「ドーピングとの戦いにおいて適切な手段を講じる」ように求め、ドーピングについては「スポーツにおける道徳を避退するシンボルそのものである習慣だ。この習慣は日に日に拡大し、その悪影響を人類が感じている」としている。ここで問題の幅が広がっているのがわかる。こうして、ドーピングは単に、世界各地で一般的な（そして、わずか二〇年前に戦意高揚に貢献した）精神刺激薬の錠剤を服用するだけの行為から、人類全体の危機へと移行したのである。サントスとピニは、ドーピングの悪影響を単なる健康リスク以上のものと考えており、それを知らせる大規模な教育キャンペーンを求めた。アンチ・ドーピングを悪との戦いとして描いたのだ。

現代のスポーツは真の脅威、真の邪悪に影響されている。それがドーピングの習慣である。これはプロスポーツにもアマチュアスポーツにも蔓延している。この悪とは戦わなければならない。ドーピングは偽の多幸感を引き起こす。これによりアスリートは、自身の身体的努力の結果として自己中毒状態に陥るおそれがある。また、薬物の摂取により生理学的中毒症状を起こし、アスリートの人生と健康を損なうおそれもある。アスリートの身体的・精神的出力を増すことのできる薬物は、明らかに禁止されるべきである。[*16]

ドーピングをめぐる不安は次第に高まっていた。この高まる不安感の源流をたどると、主に、イタリアにおける早期の取り組み、イェンセンの死への反応、そして欧州評議会、ＩＯＣ、その他の競技連盟による関心に行き当たる。軸となったのは一九五七年から一九六八年である。この間に、ドーピングは初期の研究から、イタリアでの初めての議論、一九六〇年代半ばの初めての国際検査を経て、一九六八年にオリンピック規則に導入されるところまで進んだ。特に大きな影響力があったのは、医学の経歴があり、かつ（主にアマチュア・アスリートとして）スポーツに何らかの形で関わっていた人々である。

その代表的な存在が、一九六一年から一九六七年までIOC医学委員会の委員長を務めたアーサー・ポリットである。ポリットはドーピング検査制度を確立し、一九六七年に作成され一九六八年の夏季・冬季オリンピックで施行された史上初のオリンピック禁止薬物リストの作成を統括した。一九〇〇年に生まれたポリットは、一九二六年にロンドンのセント・メリーズ病院の研修外科医となり、のちの英国王エドワード八世のお抱え外科医に指名された。一九二四年のオリンピックでは銅メダルを獲得し、さらに一九二八年にはニュージーランド代表選手団の主将、一九三四年のブリティッシュ・エンパイア・ゲームズ〔現在のコモンウェルス・ゲームズ〕と一九三六年のオリンピックには監督を務めた。

華々しい軍歴を経て、ポリットはロンドンで医業に戻った。王室の外科医として、ジョージ六世とエリザベス二世に仕えた。一九三四年からニュージーランドを代表してIOC委員に任命され、一九六七年まで務めた。前述の医学委員会の設立を任されていた時期に、英国医師会とイングランド王立外科医師会の会長の職にも就いている。つまり、ドーピング問題への対応を託された人物は、医学的見地だけではなく、ドーピングがイデオロギー上の悪となっているアマチュアスポーツとオリンピック・スポーツの経験を数十年にわたって有していた経験から、ドーピングに立ち向かおうとしたのである。したがって、ポリットが一九六五年に次のように書いたのは不思議ではない。「ドーピングは邪悪である――道徳的に誤りであり、身体的な危険を伴い、社会的退廃であって、法的に擁護不可能である」[*17]

ドーピングが邪悪で非道徳的で腐敗しているという考え方は一群のスポーツドクターの間に定着し、彼らはこれを対処の必要な問題と見るようになった。このような評価をした人物は、ポリット以外にも多かった。スポーツに関心を持つ複数の医師が懸念を表明した。一九六三年には、英国スポーツ医学協会の副事務局長であったJ・G・P・ウィリアムズが、ドーピングについて次のように書いている。

（ドーピングは）アスリートが実力ではなく人工的に結果を出す道徳的詐欺行為であって、スポーツマンシップの規範に反している――早い話がズルであり、恒常的なズルは道徳的退廃への第一歩になりうる。おとがめなしに終われば、なおさらである。*18

ウィリアムズはこの後、スポーツ医学に関する研究文献に多大な貢献をすることになる。一九六三年にはイングランド王立外科医師会のフェローになり、一九八〇年には国際スポーツ医学連盟のゴールドメダルを受賞している。上流社会への貢献度はアーサー・ポリットほど目立たないが、ウィリアムズにもアンチ・ドーピング活動家の多くと共通した特徴がある。つまり、スポーツ界内外において、名声の確立した組織の一員になっているということだ。

アンフェタミン類を使用したアスリートを中傷するために使われた言葉と、他のアンフェタミン類使用者を批判するために使われた言葉が異なることは注目に値する。オーバードーズした者は病的で自滅的だと判断された。創造と芸術のために用いた者は退廃的でアナーキーだとみなされた（ただし、その芸術作品は称賛の的になった）。娯楽のために飲んだ者はジャンキーと同列に扱われた。アンフェタミン類そのものには多くの用途があるが、スポーツにおいては非常に特殊な意味を帯びた。ズル、疲労の隠蔽、人工的な手段だ。これは一般社会から単純に持ち込まれた定義ではなく、〝アンチ・ドーピング〞の発明だった。つまり、使用者（乱用者）に対処する――そして悪魔化する――独特の手法が組み込まれた、薬物の使用を定義、管理する固有の方法である。

ルールと検査の具体化

複数のスポーツからなる国際大会において初めてアンフェタミン類の検査が実験的に行われたのは、一九六四年の東京オリンピックである。一九六四年一月に、スウェーデン人のIOC委員、ボー・エケルンドは、一般大衆の懸念による影響について表明した。エケルンドは「数々のドーピング事例の報道に当惑している」と述べ、違反者を検出するための血液検査の導入を求めた。オリンピックの開催中に、ドーピングについて議論するための科学会議が開かれ、アルバート・ディリックス、ウィリアムズ、議長のプロコップなど、他の競技連盟ですでにこの議論に関わっている人々が参加した。会議で提示されたドーピングの定義は、次のようにイタリア人グループと欧州評議会の定義の焼き直しだった。

ドーピングとは、運動能力を人工的かつ不公平な方法で向上させることを唯一の目的に、導入経路を問わず生体にとって異物である薬剤、または異常な量もしくは異常な経路で導入された生理学的物質を、競技アスリートに投与するか、またはアスリート自らが服用することである。[*19]

ドーピングへのＩＯＣのアプローチには、ある二律背反性があった。ＩＯＣはポリットを任命して攻撃の先頭に立たせる一方で、ドーピングはスポーツの問題で、その対応は競技連盟に任せるべきだという考えに基づいて欧州評議会の会合への招待を辞退した。ＩＯＣが一九六四年のオリンピックで指摘目的の検査を許可したものの、ポリットによる大会後の報告は若干の抵抗に遭った。幹部たちはポリットの要望を支持することを拒否した。その要望には、アンチ・ドーピングを支持する宣言、薬物使用を推進した各国オリンピック委員会（ＮＯＣ）または個人に対する制裁措置、各ＮＯＣでいつでもアスリートに検査を受けさせること、各アスリートに、薬物を使用しておらず進んで検査を受けるという内容の宣言書に署名させることが含まれていた。[*20]

この拒否にはいくつかの説明が考えられる。一つは、エイブリー・ブランデージ自身がドーピングを重要な問題と考えていなかったということである。ブランデージにとって、ドーピングはプロフェッショナリズムによって呈される、より幅広い深刻な脅威の一部に過ぎなかった。当時のドーピングは、薬物については〝ペップ・ピル〟、競技については自転車、陸上競技、サッカーなど一部のスポーツに限定された問題に見える。しかし、プロフェッショナリズムはオリンピズムの基礎そのものと、オリンピックの意義をおびやかしている、というわけだ。またブランデージは、ＩＯＣにはアンチ・ドーピング・ルールを課す権限も、検査を実施するための金銭的リソースもないため、各国際競技連盟に責任を負わせるべきだという現実的な見方をしていた。結局のところ、オリンピックは四年に一回しか開催されず、その他の時期には参加アスリートがＩＯＣの管轄下にあるわけではない。また、今のように資金が潤沢なわけでもなかった。皮肉なことだが、一九七〇年代後半にプロフェッショナリズムを、一九八〇年代にメディア主導の商業主義を受け入れて初めて、オリンピックは経済的に成功したのである。成功どころか、一九五〇年代から六〇年代にかけてはボランティアと開催国の支払い能力に頼る緊縮期だった。そのため、ドーピングに対処するなら個々の競技連盟自身がコストを払うべきだと考えた。

それにもかかわらず、IOCは一九六四年のオリンピックでプロコップ、ピエール・デュマ、ディリックスが初の検査プログラム開始することを快諾した。デュマはツール・ド・フランスの公式ドクターで、一九六二―六三シーズン中に自転車選手のアンフェタミン使用に関する調査を実施していた。一九六二年に、デュマは自転車競技の国際競技連盟である国際自転車競技連合（UCI）に接近し、協力を求めた。UCIの返答は受け身で、選手の薬物使用を防ぐためにできることはない、というものだった。[*21] しかしプロコップ、デュマ、ディリックスは問題提起の最前線に立った。たとえば、プロコップはオーストリアで行われたレースに同行したが、その場で「複数のオーストリア人自転車選手のスウェットシャツに、大量のアンフェタミン類をはじめとする精神刺激薬が隠されているのを発見した」という。[*22]

ヌット・エネマルク・イェンセンの死をめぐる噂、プロの自転車選手の間で発生していた数々の事故と医療を伴う危機、また主要なスポーツドクターが自転車競技とオリンピックの間を行き来していたことを考え合わせると、一九六四年の検査が自転車競技に重点を置いたことは不思議ではない。また、自転車選手たちが保守派のオリンピック関係者から若干の疑いの目で見られていたことも推測できる。自転車競技にはプロフェッショナリズムと隠れた戦略の長い伝統があったからだ。東京オリンピックでの検査は三つのコントロール形態で構成されていた。レース開始前にドラッグが注射されたことを示すエビデンスの捜索、スタートラインでの自転車選手の用具と衣服のチェック、解析用尿検体の収集である。ただし、選手たちが競技の前に調査があると聞かされていたことと、ドーピングを防ぐ公式のルールがなかったことは、検査の取り組みの効果を弱めたと考えられる。また、ドーピング違反がどのような行為で構成されうるかは関係者全員にとって曖昧だった。結局、尿検体からは陽性反応は出なかった。

これらの先駆者の取り組みにもかかわらず、スポーツ・コミュニティ全体の中では、検査法が十分に正確かどうかについてある程度の懐疑論があり、多くの関係者はさらなる研究が必要だと考えていた。ロンドンのチェルシー・カレッジに勤める薬理学研究者のアーノルド・ベケットは、一九五〇年代末以来、同僚とともにアンフェタミン類および関連する代謝物質の検査の開発に取り組んでいた。その後、ベケットはアンチ・ドーピング運動を推進する有力な科学者の一人になるが、この分野に参入したきっかけはほとんど偶然だったように思われる。

一九六五年三月に、ベケットはチェルシー・カレッジで行われた国際医療化学研究シンポジウムの会議で、学科の同僚とともにある論文を発表した。すると、聴衆の中にいたポール・ヤンセンというベルギー人科学者が歩み寄った。スポーツ界における正式な役職に就いたかどうかは定かではないが、科学者としては二〇〇三年に亡くなるまで大いに評価と尊敬を集めていた人物である。ヤンセンはベケットに、各競技連盟のアンフェタミン検査の試みにはタイミングと信頼性に課題があると説明した。ベケットはのちに、一九六四年のオリンピックで実施した検査手法は感度が不十分だったと振り返った。また、チェルシー・カレッジのグループによる新たな研究をIOCなどのスポーツ関係者に提案することもヤンセンの発想であったと述べた。

その後すぐ、一九六五年に行われた自転車競技の大規模な大会、ツアー・オブ・ブリテンで、より洗練されたベケットの手法が導入された。一四日にわたるレースの間、検査担当者は一生懸命働き、ほとんどの選手が何らかのタイミングで検査を受けた。複数回の検査を受けた選手もいた。ベケットの手法では、四八時間未満に結果が判明した。これにより、科学的な検査手法に裏付けられた史上初のドーピング・スキャンダルが発覚した。レースリーダーだったスペインのルイス・ペドロ・サンタマリーナがドーピングで陽性となったのだ。サンタマリーナは二人のチームメイトと、英国人選手のケン・ヒルとともに失格となった。主催者のハリー・メレルが、当時のスペインチームの反応を次のように語っている。「四人の選手が検査で陽性となったニュースが届いたときは、非常にショックを受けました。一時は暴動が起きるのではないかと思いました」。記事は英国メディアの一面を飾った。[*23]

次に検査の対象となった大規模なスポーツ・イベントは、サッカーのワールドカップだった。ここでも、ルールの正確な内容がどのようなものであったか、また選手たちが医療用も含む薬物使用について事前にどのような説明を受けていたかについては定かではない。一九六六年のワールドカップがイングランドで開催されたことと、検査手法の最先端が英国人研究者であったことで、運命のいたずらによる機会が生まれた。サッカーの競技連盟であるＦＩＦＡはドーピングの問題について迅速な対応を求めておらず、また当時アンチ・ドーピングを推進していた医師にもサッカーと関係の深い人物はいなかった。しかし、イタリアの検査でサッカー選手がアンフェタミン類を使用していたエビデンスは出ていた。そして、言うまでもなくわずか三年前にはエヴァートンのスキャンダルが起こったばかりだった。

ワールドカップの検査では、陽性となった選手、あるいは少なくとも罰則が正当化されるほどの値が出た選手はいなかった。大会後、ベケットは自身のチームが「尿にわずかな量（の薬物）を発見した。その後、一部の選手による特定の点鼻薬の使用が原因と判明した」と記述している。[*24] ここにはいくつか注目すべき点がある。第一に、選手たちはおそらく呼吸を補助するための点鼻薬を使っており、その中にアンフェタミン類または関連物質が入っていたことだ。このことは、これらの薬物が当時いかに当たり前だったかを示している。また、医療用と運動能力向上用の禁止物質使用を見分けるのがいかに難しいか（また、その後さらに難しくなるか）も示している。第二に、選手たちがどのような情報を得て、教育を受けているのかが明確とは程遠かったことだ。禁止されるおそれのある薬物を使わないように指導を受けていたのだろうか。点鼻薬のような製品にも入っていることは知らされていただろうか。最後に、選手たちが故意にドーピングをして、捕まったときに善意の医療用途だという作り話をでっちあげている可能性はないのだろうか。こうした曖昧さの存在は最初期の検査の際にも明らかだったが、その後一九七〇年代から八〇年代にかけてドーピングが蔓延するに従いさらなる問題となった。

公平を期すために述べると、一九六六年の検査担当者たちは検体収集手法を取りまとめ、匿名性を確保する手順を確立していた。また、独立した検証システムを取り入れ、検体に手が加えられていないことを確認し、正しく解析されるようにしていた。これらの仕組みは、その後のアンチ・ドーピング手法の基礎となった。

一九六七年にＩＯＣはアンチ・ドーピングの取り組みの重点事項を決定し、一九六八年の冬季・夏季オリンピックへの検査の導入を計画した。その年の五月に、アーサー・ポリットが報告書を提出した。その後、医学委員会はベルギーの貴族、プリンス・アレクサンドル・ド・メロードを委員長に任命して再編された。メロードは二〇〇二年までこの職を務めた。当時受け入れられたドーピングの定

1967年から2000年までIOC医学委員会の委員長を務めたプリンス・アレクサンドル・ド・メロード（左）。1971年の写真。

義は、フィレンツェで一九五〇年代末にまとめられたものとあまり変わらず、「競技において運動能力の人工的または不公平な向上を得ることのみを目的として、身体にとって異物または不自然である物質または手法をあらゆる形態または量で使用すること」というものであった。[*25]

また、委員会は、詳細な〝禁止薬物リスト〟を発行した。これはポリットが主導したプロジェクトで、英国の医師で元砲丸投げ選手のマーティン・ラッキングの著した報告書を根拠としている。この報告書によると、これらの薬物は「少なくとも一九六三年から」使われていたという。妙に細かいが不正確な数字だ。挙げられた禁止薬物は〝アルコール、アンフェタミン類およびエフェドリン、コカイン、血管拡張剤、アヘン剤、大麻〟であった。また、ステロイド類にも、検出のための科学的な解析法がまだ存在しないという事実を踏まえて慎重を期しつつ、暫定的に言及した。「アナボリック・ステロイドの使用（医療用を除く）は、オリンピックの観点から〝ドーピング〟を構成する」禁止薬物リストはIOC理事会にかけられ、次回のオリンピックでの導入を承認された。[26]

アンチ・ドーピングの理論的根拠が精神刺激薬の広範な使用に基づいていたことを考えると、この禁止薬物リストは奇妙だった。アルコールがリストに掲載された経緯と理由は明らかとは言い難い。アスリート本人の健康には良いだろうし、（特に射撃、やり投げ、アーチェリーなどの）選手がアルコールによって判断力を失わないようにすることで、観客を含む一般の人の安全には役立つかもしれない。しかし、一九六七年以前のアンチ・ドーピングの正当化は、ほぼすべて運動能力の人工的な向上に焦点を当てていた。アルコールを飲んだら逆に運動能力が低下してしまう。ただし、酒で落ち着こうとすることはあるだろう。たとえば一九六八年に、不安に駆られた若い選手が、射撃種目の前にビールを何杯か飲んで落ち着こうとした。近代五種のスウェーデン代表選手、ハンス＝グンナー・リリエンウォルは、「体内に適量を超えるアルコールを摂取した」と判定され、チーム全体が失格処分を受けた。その後、スウェーデン代表は合計三個のメダルをIOCに返却した。こうして、リリエンウォルはドーピングによる制裁を受けた初のオリンピック選手として歴史に名を残す羽目になった。IOCが設定した上限は〇・四ｐｐｔｈ（一〇〇〇分の〇・四）であったようだ。[27] また、アルコールは二〇一八年まで禁止薬物リストに残っていたが、アルコール摂取のかどでオリンピックでドーピング制裁を受けたのはリリエンウォルただ一人である。

初期のアンチ・ドーピングに対する反応

ドーピングに関する議論の大半は自転車競技が焦点だったが、検査に対しては矛盾する姿勢があった。前述のとおり、一九六五年のツアー・オブ・ブリテンにおけるドーピング検出では、アンチ・ドーピングに対する支持よりも怒りが巻き起こった。同様に、一九六六年のツール・ド・フランスで検査が導入されたときに、自転車選手たちはサボタージュで抗議し、プロとしてのアイデンティティと文化の侵害に対して失望を口々に訴えた。世界有数の自転車選手であったフランス人のジャック・アンクティルは、精神刺激薬の使用について正直な声明を公にした。ドーピングは全選手が手を染めていることで、薬物なしではレースが遅く、つまらなくなるというのだ。アンクティルは人付き合いと酒が好きな陽気な性格だった。また、スポーツファンから幅広い尊敬を集め、一九六四年にはフランスの年間スポーツマン賞を受賞している。また、一九六六年にアワーレコードの世界記録を塗り替えたが、尿検査の検体提出を拒否したことで記録が取り消しになったことでも知られている。フランスの大統領シャルル・ド・ゴールは、一九六四年にアンクティルに言及し、次のように述べたという。「ドーピング？　何のドーピングだ？　彼のチームは海外で『ラ・マルセイエーズ』を演奏させたのかね、させなかったのかね」

ドーピングに関するアンクティルのあからさまな態度、さらには検査に対する自転車選手の寛容な態度は、長くは続かなかった。一九六七年の夏、ツール・ド・フランスの過酷なモン・ヴァントゥの山登りステージで、英国のトミー・シンプソンが落車し、救急搬送されたが死亡した。シンプソンの死は世界的に有名になり、アンフェタミン類を摂取していたという記事も流布した。イェンセンの死

ジャック・アンクティル、ツール・ド・フランス、1962年。

と同様に、シンプソンの死も他の要因による可能性が高い。当日は猛暑で、選手たちは水を二本しか携帯できなかったため、脱水症状を起こした可能性がある。また、現場のメディカルサポートも不足していた。アルコールに脱水効果がある知識が確立していなかったこともあり、シンプソンはブランデーを若干飲んでいた。こうした事実にもかかわらず、シンプソンは事件以来アンチ・ドーピング史のターニング・ポイントに位置づけられている。スポーツにおける精神刺激薬の使用に関連づけられた、明確でわかりやすいシンボルだ。

ドーピングの文脈は幅広く、変化に富む。ＩＯＣは四年に一度のオリンピックのみに注力し、各国際競技連盟の助力を頻繁に得ながら、教育と検査を実施する。当時のＩＯＣにはコストに関する懸念があった（実のところ、大会自体の開催にかかるコストが十分に悩ましい問題であった）。また、エリート選手の間でステロイドが普及しつつあり、その中には一九六八年のオリンピックに出場した者もいた。自転車競技では検査が徐々に導入されていたが、すでに薬物使用が行き渡っていて、当時の自転車競技のキャリアとほとんど切り離せなくなっていた。シンプソンは一九六〇年に、あるジャーナリストに次のように語っている。

僕はスター選手と一緒に上位にいるが、突然彼らは僕から離れていく。翌日の乗り方を見れば、ドーピングしているのだとわかる。僕は自分の身体に敬意を抱きすぎているので服用したくはないが、近いうちに主要大会で勝てなければ、使い始めることになるだろう。[*28]

亡くなった日にシンプソンが着用していたジャージにはアンフェタミン類が入っていた。また、検死の結果、体内にアンフェタミン類とアルコールの痕跡が見つかった。また、他のチームメイトもシンプソンの薬物使用について証言した。シンプソンは、プロの英国人自転車選手としてヨーロッパのチームに加入したパイオニアの一人である。モン・ヴァントゥにはシンプソンを称えた記念碑が残っている。しかし同じ年に、ベルギーのトップ選手、リック・ファン・ステーンベルヘンは、プロの自転車競技で本質的にドーピングが避けられない理由を次のように率直に語っている。

パリのレースが終わるやいなや車に戻り、シュトゥットガルトまで一〇時間運転して、すぐにまた自転車に乗らなければならない。どうしようもない。主催者は数々のスターを出場させたい。そのために金を出す。翌日は別の主催者が同じ連中を出したいし、観客だって金を払った分楽しみたい。その結果、スターたちはどのレースでも生き生きしていなければならない。それは精神刺激薬がなければ無理だ。超人などいない。ドーピングは自転車競技に必要なのだ。[*29]

一九六〇年代はある意味で革命的だった。薬物検査のルールと手順が一部のスポーツで確立し、実施されたからだ。その考え方と手法は、現在に至るまでアンチ・ドーピングの基礎であり続けることになった。理想主義、現実主義、失敗が奇妙に混ざり合っていた。理想主義は不寛容の文化を促進し、一九六八年のハンス＝グンナー・リリエンウォルのように一部のアスリートが軽微な違反で処罰を受けることになった。一九七二年のオリンピックでは、当時一六歳の水泳選手リック・デモントが金メダル一個と、他の種目で優勝するチャンスを失った。喘息治療用の吸入器で使われていたエフェドリンが検出されたためだった。デモントはこのことを米国五輪委員会に申告していたが、米国委員会はＩＯＣから使用許可の合意を受け取っていなかった。現実主義は、たしかにＩＯＣ内に施策として存在していた。検査法が見つかる一九七五年までステロイドを無視していたことだ。そして失敗は明らかだった。ドーピングをコントロールするのは単純に無理だったのだ。検査のための資金が不十分で、大会期間外の検査の仕組みもなく、摂取速度と排泄速度のタイミングを調整すれば簡単に検査を逃れることができた。

ＩＯＣ医学委員会の役割は、アンチ・ドーピングへの初期のアプローチと、その後の数十年間における規制の展開を理解するためにきわめて重要である。初期の検査と施策開発は、スポーツにおけるドーピングの物語で科学を中心に持ってくるように作用した。能力を向上させたいが、生まれながらの能力を〝人工的〟薬物で汚すアスリートたちが悪玉として描かれ、それを防ぐために取り組む科学者と医学研究者が善玉とみなされた。科学に基づいたアンチ・ドーピングは、ドーピングの物理的エビデンスを検出することによって不道徳を明るみにするために展開された。しかし、この〝善玉〟の科学的アプローチは、常に欠陥をはらんでいる。一九五〇年代半ばにイタリア人研究者たちが最初の検査を開発して以来、検査技術はドーピング技術と無限のいたちごっこを続けている。

しかし、最も重要なのは、アンチ・ドーピングがドーピングの症状にのみ対処し、過酷な競争環境に置かれたアスリートが直面するプレッシャーに根差す根本的な原因に目を向けていなかったことだ。アンチ・ドーピングは、スポーツはそれほど真剣なものではないという考え方に基づいていた。アスリートはアマチュアかつフェアプレーと健康のロールモデルでいられるし、いるべきである、というわけだ。しかし、プロフェッショナリズムとナショナリズムの高まりによって、まもなくあらゆる手段で運動能力を向上させることが、スポーツにおける日常の一部だと思われるようになる。

第四章　ドーピング、流行病となる

一九七〇年代から八〇年代に世間の耳目を集めたスキャンダルによって、多くのアスリートがステロイドを使用していることが明らかになったが、その使用がどのように発展してきたかという歴史はスポーツ史の中でもあまり評価されていない。正式名を〝アナボリック・アンドロジェニック・ステロイド〟というこの薬物は、オリンピックを含むエリート・スポーツの性質を全面的に変え、ボディビルとスポーツジムの文化にも変化をもたらした。ボディビルダーは、人体のかたちを場合によっては極端に変え、人類の限界の概念そのものを押し広げた。こうした身体改変は、テクノロジー、進歩、そしてトランスヒューマニズム〔科学技術によって人間の身体と認知能力を進化させ、人間の状況を向上させようという思想〕をめぐる不安をかきたてた。本章の中心は、フィットネス一般よりもスポーツにある。しかし、アンフェタミン類の使用者と同様に、ステロイドを使用するトップアスリートは、規制がなく広く蔓延する、より広い文化的パターンを反映していた。しかしここでも、アスリートは施策を立案する組織や規制当局によって、一般の人とは違う扱いを受けた。スポーツにおけるステロイド使用のルールはスポーツ界の外よりも厳しく、検査も頻繁に行われた。

アナボリック・ステロイドは、テストステロンというホルモンと、類似した効果を持つ合成物の総称である。〝アナボリック（anabolic）〟とはこの薬物の筋肉増強能力を意味し、〝アンドロジェニック（androgenic）〟とは男性の特徴を指す。アスリートが精神刺激薬を使う場合とステロイドを使う場合の主な違いは、ステロイドはトレーニング・プログラム全体にわたって使い、かつ大抵は競技の前に使用を停止することである。一方、精神刺激薬が最も効果を発揮するのは競技中である。この違いによって、アンチ・ドーピング検査は路線変更を余儀なくされた。競技中の検体を入手するだけでは不十分になったからだ。アンチ・ドーピング当局は、ステロイドを使用しそうなタイミングでアスリートに連絡を取る方法を探す必要があった。したがって、ドーピングとその検査の場は選手の自宅やトレーニング・センターに移行し、選手の休日にまで影響するようになった。ドーピングの定義も、新たな薬物の分類を含めるように変更しなければならなかった。また、しきい値レベルに関する複雑なルールもアンチ・ドーピングに導入された。検査に関する科学はますます複雑かつ高感度になり、検査を実施できる研究所の数も大幅に増やす必要があった。そのような複雑で急激に拡大するシステムを運営するためのコストは、まもなくスポーツにとって問題になった。

また、ステロイドの使用とそれに対する反応には性別の差もあった。筋肉増強剤を使用する女子アスリートは、女性らしい身体の規範に逆らっているとして、スポーツ界の内と外の両方で批判されることもあった。また、この歴史は一九六〇年代の性別検査の導入とも関連している。一部の国家政府は、スポーツによる国威発揚を目指してステロイドの使用を積極的に推進した。明白かつ非常に詳しいのは東ドイツの例だが、冷戦中の〝ビッグ・アームズ・レース〟に参加した各国も、東ドイツほど激しくなくとも似たり寄ったりのアプローチを用いていた。ソ連にも東ドイツと同じような仕組みがあったと広く考えられているが、断言するだけの歴史的資料には欠ける。一方、西側諸国は小規模なグループでの集団ドーピングを許し、また競技連盟もアスリートに厳しすぎる検査はしなかった。東ドイツでは、国家の指導部が女子スポーツをメダル増加の大きな機会と考えたことで、ジェンダーと政治が結びついた。東ドイツは女子アスリートにステロイドを投与することを厭わなかった。そのため、のちにスポーツ史でも有数の恥辱とされる、わずか一二歳の少女にステロイドを強制的に投与するような事態になった。選手の同意を取らない場合も多く、それどころか本人や家族も知らないうちに投与されることすらあった。一九六〇年代半ばから八〇年代半ばまでに、東ドイツでは約一万人のアスリートがステロイドを投与されたと推定されている。

本章では、一九七〇年代初頭から八〇年代半ばまでの期間に注目する。前述のように、アスリートたちは遅くとも一九六八年のオリンピック前後からこれらの薬物を試していた。一九七二年のオリンピックでは幅広く使われたが、ストレングス・スポーツが中心だった。ステロイド検査は一九七五年に導入された。一九七〇年代後半には、ステロイドの製造と供給に関する技術革新があり、製品の幅が大きく広がった。一九八〇年と一九八四年のオリンピックの頃には、ステロイドの使用はオリンピック運動の本質そのものと存続をおびやかす、コントロール不可能な流行になっていた。この時点までに、ステロイドの使用はプロのチームスポーツまで拡大していた。

東ドイツの水泳選手、コルネリア・エンダー。1973年。キャリアの中で32回の世界記録を達成し、オリンピックの金メダルを4個獲得。さらに、世界選手権優勝8回、ヨーロッパ選手権優勝4回を達成した。

医学的・科学的アドバイスもこの期

間中に変化し、ステロイドが運動能力を向上させるか否かの疑問が持たれていた時期から、恐怖に基づく健康被害のメッセージが広められるまでになった。このメッセージは、ステロイドには様々な身体的・精神的副作用のおそれがあり、場合によっては死に至ることもある、というものだった。一方、供給側も新たな消費者の需要に応えるべく拡大していた。同時に、最適な使用法と、検査での陽性反応を防ぐための排出速度についての詳しい知識が判明し、理解も進んだ。こうして、ステロイドは健康とフェアプレーの理想化された概念を侵し、少なくとも二〇年間はエリート・スポーツにおける〝公然の秘密〟であり続けた。そして、一九八〇年代後半から九〇年代にかけて発生したいくつかのスキャンダルの原因となったときに、各競技連盟にコントロール不能な危機をもたらした。これらの事件と、それによってIOCと各競技連盟が被ったマイナスイメージが、やがてWADA（世界アンチ・ドーピング機構）設立という形の国際的な対応につながった。

負け戦の開始

一九七二年のオリンピックに先立って、IOCはアンチ・ドーピングのルールと手順を知らせるためのパンフレットをアスリート向けに発行した。アンチ・ドーピング・ルールは参加資格規程の形で正式に定義された。その内容は、アスリートはアマチュアでなければならず、オリンピックの伝統と倫理を重んじ、いかなる薬物または人工的な精神刺激手段も使用してはならない、というものだった。この最後の項を実現する唯一の方法は検査だが、そのような検査にかかるコストは若干の懸念を生んだ。オリンピック専門の試験所を設置する費用は一五〇〇万ドルと推定された（これは現代の価値で約九〇〇〇万ドルだが、一九七〇年代のＩＯＣは資金豊富な組織ではなかった）。アスリートたちは一九七二年のオリンピックで検査を受けたが、言うまでもなくステロイドの検査はまだなかった。それでも、検査担当者は大会中に忙しく動き回り、二〇七八個の尿検体採集と六五回の血液検査の結果として七人が失格になった。[*1]

ステロイド使用への意識は高まっていた。東ドイツのスポーツ指導者らが組織的ドーピングのプログラム実施に踏み切ったのは、ライバル国の多数（あるいはほとんど）のトップアスリートがすでにステロイドを使っていると確信していたからだった。[*2] 一九七二年までには、英国のコーチや記者もこの傾向を認識していた。ジョン・ウィリアムズはガーディアン紙に次のように記している。

ここ数年の間に、パワー系大会の一部のアスリートが、非常に重いウエイトトレーニング・プログラムおよび高プロテイン食と組み合わせて筋肉増強剤を大量に摂取していることが知られてきている。結果は各種の記録に残り、誰でも見ることができる。[*3]

オリンピック・ウエイトリフティング英国代表のコーチ、ジョン・リアは、ステロイドの使用が広がることへの懸念を残酷なほど率直に語っている。

ズルがあまりに蔓延していて、もはやズルと考えられていないスポーツにどう対応していけばいいんだね。世界大会レベルのコーチとして私が今後果たすべき役割は、すでに〝注射男〟だと言われている。私は今後ともそのような役割を拒否する。[*4]

この問題は、一九七二年にBBCのドキュメンタリー『パノラマ』でオープンに取り上げられた。番組の大半は、英国におけるボディビル文化の高まりに注目していた。若い英国人アスリートたちの見た米国の動向に大きく影響されていた文化である。しかしこの番組には、ステロイドの使用がストレングス・スポーツから陸上競技の分野に広がったことに関する初期の証言も登場している。インタビューを受けた人物に、英国代表の陸上コーチ、ウィルフ・パイシュがいる。パイシュは視聴者に、アスリートは他国の選手が使っているらしいステロイドを常に探し求めていると語った。

私は厄介な状況にいますが、選手たちを責める気はまったくありません。私の立場では彼らを見逃すことは難しいのですが、とても責めることはできません。陸上競技の選手は最高の結果を出したい、世界最高になりたいと思っているからです。そして、最近はステロイドを使わない限り、世界最高になるのは非常に難しいことです。なぜなら、世界中で確立している水準が、この薬物を服用していた、あるいは未だに服用しているアスリートの影響を受けているのは間違いないからです……。今は、もし彼らに勝てないのであれば、彼らに加わらなければいけないのでは、とまで感じるのです。[*5]

一九七二年のミュンヘン・オリンピックの期間中に、当時の円盤投げの世界記録保持者でもあった米国のアスリート、ジェイ・シルベスターが非公式の調査を行った。シルベスターは四回のオリンピック（一九六四―七六）に出場し、最高成績は一九七二年の銀メダルだった。一九六一年に二回と一九六八年に四回の世界新を記録し、最後の記録は一九七五年に破られるまで保持した。シルベスターはストレングス・スポーツ種目を中心とした一〇〇人前後のアスリートに、ステロイドの使用経験について尋ねた。米国、ソ連、エジプト、ニュージーランド、カナダ、モロッコ、英国など、幅広い地域の選手から回答が得られた。それによれば、六八パーセントがステロイドの使用経験を認めたという[*6]。

その後、シルベスターは記者に次のように語った。「投擲競技やウエイトリフティングの選手、さらにオリンピックに出場するあらゆる能力の〝ヘビー級〟選手たちは、アナボリック・ステロイドの服用経験があるか、または現在も服用しています……ステロイドを飲まなければ、ヘビー級の大会ではハンデを負うことになります[*7]」。また、自主的にステロイドを摂らなければならない西側の選手と、ステロイド服用者が国家の医療サポートを受ける東側諸国との重要な比較も行った。個人による、ある程度の情報をもとにした、管理されていない西欧型ドーピングでは、管理された東ドイツのアスリート（少なくとも、服用する錠剤の正体がわかっている年長者）にはないリスクが生じた[*8]。アスリートのステロイド使用を止める規制はなかったことを考えると、使用が広がったのも無理もない。これは、その後数十年間つきまとった健康被害への恐怖、メディアに煽られたモラル・パニック、スキャンダル以前の、〝アーリー・アダプション〟（初期採用）と定義するのが最もふさわしい使用段階でもあった。楽観的な可能性が感じられる、比較的無邪気な時代だった。

同じオリンピックに参加したもう一人の米国人アスリート、ケン・パテラは、あるインタビューで、自らステロイドを使っているだけではなく、自分と最大のライバルであるソ連代表選手、ワシリー・

アレクセイエフとの差は、ステロイドの使用量の差だと語った。

昨年、僕と彼の唯一の違いは、僕が彼ほどの薬代を払えないことだった。今なら払える。来年ミュンヘンに出たら、僕は三四〇ポンドから三五〇〔ポンド、それぞれ約一五四キロと一五九キロ〕になっている。そこで彼のステロイドと僕のステロイド、どちらが優れているかわかるだろう。*9

本人が米国メディアに語っているように、パテラは、ステロイドを大量に使っていることやステロイドを通じて運動能力の向上を図っていることを、恥ずかしいとは思っていなかった。のちに、賛否両論を呼びそうなこの発言について聞かれたときに、パテラは「米国オリンピック委員会の人間からは一切連絡がなかった」と答えた。*10

カナダのアスリートとコーチ数名も、パテラと同様に、世界レベルの競技にステロイドが必要だという見解を持っていた。一九七二年と七六年のオリンピックに出場したカナダの砲丸投げ選手、ブルース・パーニーは、大会の準備期間中にステロイドを使用した。米国の大学に通っていたときに初めてステロイドを紹介され、一〇年近くも定期的に使用してきた。その後大学コーチに就任したパーニーは立場を変え、反ドラッグを公言するようになったが、現役時代にステロイドの助けを得て樹立された数々のレコードは、薬物なしでは抜けないだろうと認識していた。*11 他の多くのカナダ人アスリートとコーチも、一九七〇年代前半にステロイドの運動能力上のメリットを発見し、国内有数の知名度を誇るアスリートの間にドーピングが蔓延した。カナダの短距離選手で、将来ベン・ジョンソンのコーチを務めることになるチャーリー・フランシスがステロイドの可能性に気づいたのは、ミュン

1972年にオリンピック参加アスリートのステロイド使用について調査したジェイ・シルベスター。1970年の写真。

ヘン・オリンピックに出場したときだった。[*12]

IOCでこの急増傾向への対応が遅れたのは、ステロイドの使用を検出する科学的検査がなかったためだった。しかし、ミュンヘン・オリンピックの直後にエイブリー・ブランデージからIOC委員長の座を引き継いだキラニン卿は、ドーピングのさらなる蔓延を防ぐことを決意していた。キラニン卿は世襲貴族で、一九二七年、二一歳のときに伯父から貴族院の議席を受け継いだ。一九五〇年には、アイルランド・オリンピック評議会の会長に就任し、一九五二年にはアイルランド代表としてIOC委員に着任、一九六八年には副会長に昇格した。

一九七三年に、キラニン卿は講演でドーピングについて触れ、施策に関する問題の最前線にドーピングを据えた。「私は、ドーピングをオリンピックにおける〔プロ

米国のウエイトリフティング選手、ケン・パテラ（左）。

1972年から80年にIOC会長を務めたキラニン卿。オランダのベアトリクス王女とともに。1976年。

の〕参加資格と規模の問題全体と同じくらい深刻な問題だと考えています」[*13]。一九八三年に出版した回顧録では、自身にとってのドーピングは「スポーツの最も非難に値する側面」であり、そのような不正行為は「私たちの知る競争を破壊することになる」と述べている。またキラニン卿は、早期のアンチ・ドーピング活動家と同様に、ステロイドの使用が〝自然〟と〝人工〟との線引きを反映しているとも考えていた。

オリンピックの理想は完全な人間であって、人工的な人間ではない。残念ながら、この理想は商業化と政治化によって覆され、一部の医師の取り組みにより、身体はますます手を加えられ、害されるようになっている。[*14]

ここでキラニン卿が想定した身体が男子のものか、女子のものか、あるいはその両方かは判別しにくい。男子は大きく強くなっていった。一部の女子は肩幅が広くなり、筋肉が大きくはっきりとわかるようになり、声が低くなり、ムダ毛が伸びた。オリンピックにおける性別検査は一九六〇年代後半に正式に導入され、批判的な観察者は女子アスリートの身体の変化に注目した。一九七六年に水泳女子東ドイツ代表が「声が低い」と告発されたときに、コーチは「私たちは歌いに来たのではなく、泳ぎに来たのです」と答えたという。[*15]

検査の開発

一九七二年のオリンピックから一九七六年のオリンピックまでの期間は、ステロイド使用の検査導入にとってきわめて重要だった。一九七一年に、エイブリー・ブランデージはＩＯＣ医学委員会に対処方法の調査を促した。プリンス・アレクサンドル・ド・メロードは、アーノルド・ベケットが主導したアンフェタミン類に関する研究について承知していたが、まだこの研究はステロイドに対応していなかった。これが、英国スポーツ評議会がロンドンのセント・トーマス病院に所属するＦ・Ｔ・Ｇ・プランティにステロイド使用の検出法を発見するための研究助成金を提供した理由かもしれない（ただし、実際にそうなのかどうかは定かではない）[*16]。

プランティによる研究は、科学の発展における次の段階に直接影響を与えたようには思えない。ベケットはプランティと同じ病院に勤めていたレイモンド・ブルックスに連絡を取っているが、二人の科学者はどうも協力しなかったようだ。その代わりに、ブルックスらは独自の新たな手法を開発した。「各種のアナボリック・ステロイドの特徴に対する特異性をもつ抗血清」が、Ｎ・Ａ・サムナーによる一九七四年の論文で提示された。次にブルックスらは放射線免疫アッセイ検査の概要を示す論文を発表した。この検査は一九七五年当時としては非常に感度が高かった。一方、ウォードらはガスクロマトグラフィー質量分析法を用いて、放射線免疫アッセイ法で陽性反応が出た尿に含まれる親薬物とその代謝生成物を検出した[*17]。これらはアンチ・ドーピングの科学的知識の非常に重要な発展であり、ステロイド使用の蔓延を防止するための最初の一歩だった。ただし、検査の実施に必要な機材を揃えている試験所は世界中にも片手で数えるほどしかなかった。一〇年前と同様に、選り抜きの科学者たちの業績が、スポーツにおける運動能力と道徳の性質を変えることになった。科学者たちは本業における野心を叶え、職責を果たしつつ、副業としてこの事業に臨んだ。

これらの初期の手法が大会を通して実験的に採用されたのが、一九七四年にニュージーランドで行われたコモンウェルス・ゲームズである。検査の対象となった五五件の尿検体のうち、九件が放射線免疫アッセイ法に引っ掛かり、七件がガスクロマトグラフィー質量分析法で陽性と確認された。[18] 選手たちが検査に関する警告を事前に受けていたかどうかは不明である。しかし、五五件中七件は比較的高い確率といえる。コモンウェルス・ゲームズには超大国が参加していないことを考えるとなおさらである。薬物の使用率が高いと常に考えられている、米国、西ドイツ、東ドイツ、ソ連、その他の東側諸国は参加していない。コモンウェルス・ゲームズでの試験的運用は一九七四年二月に行われ、十分に成功したため、わずか二カ月でＩＯＣはアナボリック・ステロイドを禁止薬物リストに加えた。[19]

この新しい検査アプローチは、一九七六年のモントリオール・オリンピックを前に発表された。ＩＯＣは国際アマチュア陸上競技連盟（ＩＡＡＦ）と協力してプロトコルと手順を開発した。ただし、一部の専門家は両方の組織の関連委員を兼任している。ＩＡＡＦの医学審議委員会は一九七二年に初めて結成され、アーノルド・ベケットやルードヴィヒ・プロコップなどが参加した。皮肉なことに、委員会にはその時点で東ドイツのドーピング・プログラムの中心人物となっていたマンフレッド・ホップナーもいた。他にも、ヨーロッパの重要な科学者がこの取り組みを支援していた。西ドイツのマンフレッド・ドニケは、のちにケルンの試験所でアンチ・ドーピングにおける中心的役割を果たすことになる。また、スウェーデンのアルネ・リュングヴィストも、アンチ・ドーピングの科学と施策を長期間にわたって提案してきた。ＩＡＡＦは一九七四年、ローマで行われたヨーロッパ選手権でステロイド検査を試験運用したが、検査プロセスの正確性には自信がなかった。重要な問題の一つで、急激な進歩の妨げとなったのが、必要となる複雑な機材である。一九七〇年代中盤に両方の検査を実施できた試験所はわずか三つで、片方だけ実行できた試験所まで含めてもあと二つしかなかった。[20]

検査のコストと実用性に加え、もう一つ問題があった。それは、ほとんどのスポーツ医学団体が、ステロイドが実際には力強さや持久力を向上させないという立場を取っていたことである。ステロイドがボディビルと競技スポーツに大きく貢献すると米国スポーツ医学会（ＡＣＳＭ）が認めたのは、一九八〇年代前半になってからである。同じころ、様々な医学書や一般向け書籍が、ステロイドの副作用を取り上げ、使用者にその危険性を警告した。

ＩＡＡＦとＩＯＣの科学専門家は、ステロイド使用の爆発的な伸びを予測し、使用者の健康被害とスポーツのイメージダウンを未然に防ごうとした。ステロイドは、すでに確立したアンチ・ドーピングの枠組みにぴったり収まった。運動能力を人工的に向上させ、ズルの一種で、健康リスクがある、というわけだ。しかし、〝自分たちは善の側にいる〟という道徳面の根拠なき確信が、アンチ・ドーピング開拓の責任者たちに、ある種の独善的な満足感を与えた。この医師と薬理学者の小さな一団はスポーツの世界を変えていた――彼らの目から見ると、良い方に。アスリートがズルをしたら、報いを受けなければならない。誰が反論できるだろうか。開拓者たちは、自らの中心軸を、薬物のないスポーツは可能であるという理想化された信念と、当局に使用者を捕まえる能力と権限があるという思い込みに置いていた。しかし、知らず知らずのうちに彼らは、スポーツ史の中でも有数の現在進行形の失敗となる現象の口火を切っていた。その失敗は、〝対ドーピング戦争〟が発展し、より多くのアスリートによる、より無害な違反を取り締まる権限が生まれるにつれ、意図しない害にもつながることなった。

一九七六年のオリンピックにおける検査は、新たなアンチ・ドーピングの取り組みにもめげずドーピングが続いていることを証明しただけだった。ステロイド検査に引っ掛かったアスリートはわずか八人。他の利用者は、〝ウォッシュアウト〟（排出）期間を注意深く管理すれば陽性反応を十分に防げることを知っている程度には賢かった。陽性になったアスリートはスウェーデン代表とチェコスロバキア代表が一人ずつ、米国、ポーランド、ブルガリアの各代表が二人ずつだった。ポーランドの女子円盤投げ選手、ダヌータ・ロサーニを除く全員が男子ウエイトリフティング選手だった。アスリートの間でウォッシュアウト期間を管理する習慣が広く知られていたことを考えると、これらのアスリートが正しくウォッシュアウト期間を計画していなかったのは驚きである。ブルガリア代表の一人がブルガイ・ブラゴエフで、検査陽性で失格になり銀メダルを失った。ブラゴエフは国内・国外で大きな成功を収め、世界記録を二三回樹立している。一九八〇年のオリンピックで銀メダル、二回の世界選手権で銀メダル（一九七九年、八〇年）、三回の欧州選手権で金メダル（一九七九、一九八一、一九八二）、さらに世界選手権で三年連続金メダル（一九八一―八三）を獲得している。[*21] キャリア全体でステロイドを使っていたか否かは定かではないが、使用が蔓延していたこととこれほどの成功とを考え合わせると、疑う根拠は十分にある。

東ドイツのドーピング・プログラムが、一九七四年に出された〈国家計画一四・二五〉という正式な政策によって急増したことは知られている。一九七六年の冬季オリンピックのメダルランキングで、東ドイツはソ連からは大きく遅れたものの、米国とは差をつけて二位に入った。夏季オリンピックではもう少し差が詰まったものの、やはり二位だった。ソ連は一二五個のメダル（金―四九個、銀―四一個、銅―三五個）で一位となったが、東ドイツも九〇個のメダルを獲得した（金―四〇個、銀―二五個、銅―二五個）。米国は総メダル数では上回ったが、金メダルが少なかったため三位に甘んじた（合計九四個、うち金―三四個、銀―三五個、銅―二五個）。

検査技術の前線に立つアンチ・ドーピング科学者は陽性者の少なさには騙されず、多数のアスリートが捕まらずにドーピングしたことを把握していた。実のところ、アーノルド・ベケットはステロイド検査の限界を十分に承知しており、一九七六年のオリンピック・レビュー誌（ＩＯＣの公式雑誌）に次のように書いている。

選手はトレーニング中にアナボリック・ステロイドを服用してから、競技会の二、三週間前に使用を中止することができる。選手が薬物の悪用により少なくとも体重面での利益を得ていても、競技会で採集された尿検体が陽性を示さないことはある。[*22]

多くのオリンピック大会とプロのチームスポーツでは、ステロイドは必要なものだと広く認識されていた。精霊は瓶から解き放たれてしまったのだ。念のため確認しておくと、スポーツやドーピングに関して東側諸国が一枚岩だったわけではない。個々の国は他国に対して機密を保持しており、東ドイツ政府関係者は、自国が単なるソ連の傀儡国家ではなく、自ら米国資本主義者の打倒を目指しているのだと示そうとしていた。[*23] 国家の最高レベルでドーピングを組織化していたのが東ドイツだけであったとは考えにくい。ソ連にも同じような仕組みがあったと考えている者は多いが、前述のとおりそれを主張するにはエビデンスが不十分だ。北米とヨーロッパでは、相反する様々な反応があった。

スポーツ・コミュニティの中には、教育、道徳的な説明、科学研究などを通じてアンチ・ドーピングの課題への取り組みを推進している部門もあった。政府やスポーツ界のリーダーは、一般大衆が〝クリーンなスポーツ〟を期待していることを受け入れていたため、表面上はアンチ・ドーピングの試みを支持していた。

しかし、舞台裏はもっと複雑だ。これは、一九七七年に作成された米国の大統領諮問委員会報告書にも示されている。分析の核心には、共産主義諸国が、オリンピックでの成功とステロイドの理解と知識の両面において米国を上回っているという観念と、それに伴う不安があった。報告書の課題は、オリンピックにおける米国の成績が他国と比較して下り坂になっている理由を調査することだった。内容の中心は、小学校から大学までのスポーツの組織化手法である。しかし、ステロイドの使用についても、隠すところなく率直に議論している。まず、ステロイドについての知識が限られていて、副作用の懸念はあるものの使用を停止すると回復するのではないか、と考えられていた。これは、当時の東ドイツ指導部の見解とあまり変わりない。報告書の大まかな文脈は、次のようにまとめることができる。

現在、アスリートによるアナボリック・ステロイドの使用に関しては非常に多くの議論が渦巻いている。これらの薬物が運動能力に与える影響を調査するため、世界中で非常に多くの研究が行われている。しかし、研究は管理不十分で、結果は十分に知られておらず、これらの物質が人体に及ぼす影響は十分にわかっていない。

状況の比較として、報告書は米国における状況を「米国のスポーツ・コミュニティには、この〔ドーピングに関する〕情報のうちわずかしか普及していない（中略）アスリート向けプログラムに対する医学研究の重要性が認識されていない」とし、「何百万ドルも投資して、比較となるプログラムや、人間の運動能力に関する研究を取りまとめているカナダや東ドイツといった他国と比較して、米国は遅れている」と論じた。[*24]

ここでカナダに言及しているのは注目に値する。というのも、一九七六年のモントリオール・オリンピックは、開催国が初めて金メダルを獲得できなかった事例として知られているからだ。カナダのアスリートとコーチは、一九七六年までにステロイドの使用、助言、供給に関するネットワークの開発に着手していた。砲丸投げと円盤投げの選手、ビショップ・ドレジェウィッチは、一九七六年と一九八四年の夏季オリンピックにカナダ代表として出場したが、ステロイド・プログラムを模索するアスリートに情報と薬物を供給した人物として知られるようになった。特に、一九八〇年代前半にカナダ代表の短距離選手、チャーリー・フランシスにステロイドを最初に提供した責任者として有名である。フランシスは、一九八八年にベン・ジョンソンのコーチとして世界中に悪名を知られるようになった。[*25] フランシスは現役時代からステロイドの使用について認識してはいたが、短距離競技界で薬物使用がどれほどまで普及しているかを知るようになったのは、一九七九年にあるカナダ人アスリートから、一〇〇メートル走選手でもある英国人の妻がステロイド投与計画に参加していると聞いたときだった。また、米国での幅広い使用も徐々に認識し、このままでは米国代表に後れを取るのではないかと恐れるようになった。[*26]

報告書の著者らは、一九七六年のオリンピックで陽性となった米国代表のウエイトリフティング選手の一人にインタビューしている（レポートでは匿名となっている）。当然ながら失格にはがっかりしていたが、話題を変え、米国選手へのサポート不足と、孤立して自分自身で決断しなければならない心境を語っている。著者らは次のように記している。

薬物による失格は、我々のシステムの欠陥とみなすことができる。医学的にも政治学的にも世間知らずであるため、米国のウエイトリフティング選手は、ある有力な医学専門家から、「錠剤の種類も、量も、服用する期間も、服用を休む期間も」把握していないのが特徴だと言われている。

このように報告書は続く。ＩＯＣのようなアンチ・ドーピングとクリーンなスポーツという立場は取らず、状況を現実的に分析している。

多くのアスリートは、運動能力向上の一環として〔アナボリック・ステロイドを〕服用している。（中略）多くのウエイトリフティング選手は、人生のどこかでステロイドを摂取したことのない上位選手など一人も知らないという。

特に東ヨーロッパの選手は、競技で失格になることなく、管理下のトレーニング・プログラムで各種のステロイドを大量に服用していることが知られている。ステロイド・レースのエスカレートにより、多くの米国人アスリートは効果的に戦うにはステロイドを摂らなければならないという気に駆られている。（中略）これらの薬物の使用に関して十分な情報に基づく指導を受けているアスリートは国際競技で卓越した成績を残し続けるが、米国のほとんどのアスリートは自分で自分の面倒を見なければならない。[*27]

これらの発言がスポーツ政策に直接の影響を及ぼしたかどうかはわからない。米国がドーピングへの組織的なアプローチに向けて動いたというエビデンスはない。ただし、オリンピックでの成功を目的とする新たなトレーニング・センターは設立している。しかし、ステロイド使用のサブカルチャーが国内の各地で、幅広いスポーツにわたって花開いたというエビデンスは十分にある。

わずか数年のうちに、ステロイド使用に関する薬理学全体が変化し、ブラック・マーケットも急成長を遂げ、レベルの高いスポーツにおける使用は公然の秘密となった。しかし、一九七〇年代のアンチ・ドーピングの取り組みにおける最大の落とし穴は、一九七八年のサッカー・ワールドカップの際に起こった。スコットランドのウィリー・ジョンストン選手が、花粉症の症状緩和用に薬局で買って飲んだ薬に含まれていた精神刺激薬、フェンカンファミンで陽性になり、帰国させられたのだ。一九七二年にリック・デモントに起こったことを考えれば、批判的な観察者にとっては、組織的なズルを阻止するために設計された施策が、その高い目標に達しないばかりか、うっかり薬物を使用したことへの罰則につながるのは明らかだっただろう。

一九七九年にソ連軍がアフガニスタンに侵攻すると、一九八〇年のモスクワ・オリンピックは政治的論争の焦点となった。米国をはじめとする六六カ国がオリンピックをボイコットした。英国など一部の国は選手団を縮小した。代表を派遣した国が少なかったため、メダルランキングは金メダル八〇個、銀メダル六九個、銅メダル四六個を獲得したソ連の圧勝となった。東ドイツが金メダル四七個、銀メダル三七個、銅メダル四二個で二位につけ、ブルガリアが金メダル八個、銀メダル一六個、銅メダル一七個で離れた三位に入った。ボイコットに加え、ステロイド検査が少し前から導入されたにもかかわらず、三六個の世界記録、三九個のヨーロッパ記録、七四個のオリンピック記録が生まれた。

ドーピングに関する状況は、この時点における検出を防ぐように十分管理されていた。東ドイツは国際競技会に出場する選手が出国する前に検査を実施していた。おそらくソ連も同様だっただろう。多くの選手とそのサポートスタッフは、ステロイド服用の開始と終了のサイクルを十分に理解していた。それにしても、一九八〇年のオリンピックで一人の陽性者もいなかったという事実は、ソ連と東ドイツが大変な好成績を残したことを考えても非常に疑わしい。陽性者を避けるためにどれほどの組織的な陰謀が存在したかは、今もなお残る疑問となっている。英国の調査報道ジャーナリスト、アンドリュー・ジェニングスは、ＩＯＣ役員になりすましたＫＧＢ幹部がオリンピックにおけるアンチ・ドーピングの取り組みを妨害していたと、あるＫＧＢ大佐が後になって認めたと報じた（この戦略は、二〇一四年のソチ冬季五輪でも繰り返された）。これにより、多くのソ連代表アスリートが「この途方もなく大きな取り組みで救済された」ように思われる。*28

二〇一六年に、旧ソ連の医師で代表陸上チームの最高医療責任者を務めたグリゴリー・ヴォロビエフがニューヨーク・タイムズ紙に対し、ステロイドの使用が非常に一般的だったことを証言した。

> 一九七〇年代までには、担当した数百人のアスリートのほとんどが運動能力向上薬について問い合わせてきた、と彼〔ヴォロビエフ氏〕は語った。特に、国際大会から帰ってきた後には顕著だったという。アスリートたちが個人的な相談として助言を求めてきたときは、できるだけ〝低

用量で服用するように〟指導し、やりすぎを防ぐために痙攣や声の変化に気をつけるように警告した。また、薬物は厳しいトレーニングの代わりにはならないことを強調した。ヴォロビエフ氏は、全員が禁止薬物の服用を選択したわけではないと語り、旧ソ連のスポーツ全体が汚染されていたわけではないと弁護した。全部で何名のアスリートが薬物を使用していたかを推測することはできないとし、また、劇的な身体的変化を遂げた選手の一部は、個人的な相談の場ではドーピングを否定したとも付け加えた。しかし、低用量の経口ステロイドはトップクラスの陸上選手の間では一般的であり、もし薬物使用を思いとどまらせようとしたら、成績低迷の責任で解任されていただろう、とも語った。[*29]

ヴォロビエフ氏は一九八三年の公式文書も記者に見せている。この文書は、ソ連が一九八四年のロサンゼルス・オリンピックに備えてステロイドの用量の引き上げを希望したことを示している。ただし、政治的ボイコットのため、ソ連は最終的にはこの大会に出場していない。

また、一九八〇年のモスクワ・オリンピックの準備期間に多くのアスリートがドーピングを行ったという科学的エビデンスが若干残っている。モスクワの試験所の科学的装置類と手順はIOCによって注意深く観察されていたが、ドイツ人のアンチ・ドーピング科学者、マンフレッド・ドニケはオリンピックの終了後にすべての検体の確認を許可された。奇妙なことにその許可は、まるで問題が起こりうるとIOCが予想していたかのように、大会前に下りていた。ドニケは、自ら開発した外因性テストステロン・レベルの検査を適用し、テストステロンとエピテストステロンの比を6対1とゆるくした。この検査では検体の二〇パーセントが陽性となり、そこには一六人の金メダリストが含まれていた。スポーツ歴史家のヨルグ・クリーガーは次のように述べている。

この結果は、ドーピング・コントロール・システムが決して、当時のアンチ・ドーピング試験所における多くの専門家が幅広く信じているほど効率的に機能していたわけではないことを証明している。取り組みが進んでいるにもかかわらず、アスリートにとっては多くの抜け穴が残っていた。運動能力向上薬の使用は、分析手法と比較してかなり進んでいた。[*30]

一六人の金メダリストの出身国は不明だが、大半の金メダルはソ連と東ドイツが獲得している。また、二〇パーセントのテストステロン陽性反応は氷山の一角である可能性が高い。他の多くのアスリートもステロイドを使用し、検査前にウォッシュアウトしていただろう。ソ連はアンチ・ドーピングにまじめに取り組んでいるという印象を与えており、プロセスを故意に腐敗させたことを示すのは、前述したアンドリュー・ジェニングスによる秘話だけだ。しかし、検査の実行方法についての詳しい知識によって、大会前に服用量と排出量を十分管理できていたとは推測できる。

とはいえ、大局的に見て避けられない結論がある。アンチ・ドーピングの施策と検査は完全な失敗だったということだ。大会中だけではなく、アスリートが年間を通じて頻繁に検査を受ける、完全に包括的なシステムがなければ、ステロイドの使用は防げない。スポーツの競争的な本質は、ドーピング行為の雪だるま式増大をもたらした。選手とそのコーチは、最大のライバルがドーピングをしていると思えば、自分も試して追いつく以外の選択肢はないと考えた。一九八三年のパンアメリカン・ゲームズは、共産主義国だけがドーピングをしているわけではないことを世界に示した。

このパンアメリカン・ゲームズはベネズエラのカラカスで開催された。合計三六カ国が出場し、米国、キューバ、カナダがメダルランキング上位に入った。ステロイド検査が大会直前に発表されたため、一四人が失格となった。そのうち一一人が、様々な国を代表するウエイトリフティング選手だった。キューバ代表が三人、カナダ代表が二人、米国、ベネズエラ、アルゼンチン、プエルトリコ、チリ、ニカラグアの代表が一人ずつだ。その他には自転車競技（チリ）、陸上競技（ドミニカ共和国）の選手が違反となった。さらに、検査が行われるとの情報を受けて、米国代表の陸上競技選手が一二人、出場を辞退したと報告されている。アンチ・ドーピングの取り組みの成功は、ある程度はドニケが開発した新たな合成テストステロン検出手法の導入に負っている。[*31] しかし、一九七七年に行われた米国の大統領諮問委員会の報告でも示唆されているように、ドーピングの組織化と、服用量と排出量の管理方法の伝達に関しては、あまり進んでいなかったように思われる。検出を逃れられることは、ドーピング・プロセスの他の部分と同様に重要だった。

失格になった選手に、カナダのウエイトリフティング・チャンピオンで、金メダル二つと銀メダル一つを獲得するはずだったガイ・グリーベットがいた。グリーベットはのちに、率直かつ公然と、スポーツにおけるステロイド文化について述べた。カナダ放送協会（CBC）には次のように語っている。

私は一九八〇年にステロイドを初めて服用し（中略）一九八一年には常用するようになった。それほど多くない量を、短期間服用した。（中略）リスクがあることは理解している。（中略）薬物を乱用すれば悪しき副作用があるのはわかるが、乱用したとは思っていない。使用はしたが、乱用はしていない。[*32]

コーチのアルド・ロイにも同様に自責の念はなかった。「コーチとして、私たちはすべてこの組織のボランティアです。他の組織と同様、私たちの任務はアスリートに対して利点と欠点を明らかにすることです。（中略）人々を教育する必要があると思います」[*33]。劇的な危機のイメージから、二一世紀にはドーピングに関するあらゆる話題がタブーになったが、それと比較するとグリーベットもロイも胸のすくくらい正直だ。カナダのスポーツ社会学者、イアン・リッチーとグレッグ・ジャクソンは次のように説明する。

グリーベットはステロイドの〝相対的な〟害に関する認識を示した。現代のアンチ・ドーピング施策における、薬物の危険性に関する〝オール・オア・ナッシング〟の見解とは大きな隔たりがある。健康被害の懸念に関してすら、〝中庸〟の立場を取る余地はほとんどない。最後に、コーチの仕事は運動能力向上薬の使用に関する〝利点と欠点〟についてアスリートを〝教育〟することだというロイの意見は、アンチ・ドーピングをめぐる現在の風潮ではめったに聞かれない。一般大衆の非難、さらには正式な懲戒に直面することなく、担当アスリートに対してそのような〝玉虫色の〟助言をしていると認めるコーチはほとんどいないだろう。[*34]

この時期は、ステロイド文化が世界的に拡大していた。使用による健康リスク、特に過剰服用と多剤服用に関しては、疑われていたものの完全にわかっていたわけではなかった。非難のレベルが上がったのは、ベルリンの壁が崩壊した後、東ドイツのアスリートたちの逸話が伝わってからのことである。グリーベットとロイは、ステロイドについて現実的な見方をしていた。スポーツの能力を補助する機会と認識し、適切に管理すればアスリートに実質的な害を及ぼすこともないと考えていた。また、カナダでドーピング文化が勃興しつつあったことを示してもいる。一九八〇年代初頭以降、カナダでは多くのストレングス・スポーツと陸上競技の選手がドーピングをしていたことが知られている。この文化は、一九八八年に起こったベン・ジョンソンのスキャンダル以降に露わになる。グリーベットは一九八八年のオリンピックにも出場した。二〇〇二年のインタビューでは、ロイは自分のグループのウエイトリフティング選手たちがステロイドを使用していることを疑っていたものの、確信していなかったという印象を受ける。「私たちはトレーニング・キャンプにいたすべての選手に、ステロイドを服用している者がいたら大会の何カ月も前に中止すべきだ、捕まったやつは馬鹿だ、と伝えました」[*35]

グリーベットも二〇〇二年にインタビューを受け、ステロイドを使用するかどうかを二年以上にわたって迷ったと語った。そして、ステロイドがなければウエイトリフティング選手として成功するのは不可能だったと結論づけた。チームメイトのラリー・バークも同じ見解だった。「僕はステロイドを使っていた。多量ではないが使っていた。そしてステロイドなしでこのレベルに達することができたとは思わない」[*36]

様々な欠陥にもかかわらず、アンチ・ドーピングは影響力を持ち始めていた。検査によって選手たちは薬物の使用、服用量、リスクについて注意深く考えざるを得なくなった。しかし、ステロイドの使用がスキャンダルとなり、記事がカナダのメディアの一面を飾ったのは、一九八三年のパンアメリカン・ゲームズが初めてだった。これは、アンチ・ドーピングの成立と発展の基盤となっている単純な考え方を裏付ける、新たな〝スポーツの暗部〟を暴くスキャンダルとなった。

〝ドーパー〟（ドーピング違反者）になることのスティグマは明らかだった。グリーベットは友人、チームメイト、競技連盟から〝見捨てられた〟と感じた。二年間の出場停止処分を受け、金メダル候補だった一九八四年のオリンピックにも出場できなくなった。バークの言葉を借りれば、彼は当局によって〝カラカラに干された〟のだ。[*37] 米国ではジェフ・ミケルズが同じように苦しんだ。パンアメリカン・ゲームズで金メダル三個を剥奪され、一九八四年のオリンピックは出場停止処分を受けた。これが厳重な取り締まりの始まりであり、ドーピングとドーパーに対する見方が徐々に厳しくなっていく先駆けだった。まだ包括的なアンチ・ドーピング施策はなく、罰則はその場ごとに決定され、検査は散発的かつ限定的だった。しかし、一九八四年のオリンピックを前にして、潮目は反ステロイドに変わりつつあった。

ステロイドをめぐるモラル・パニックとその影響

一九七七年に米国スポーツ医学会（ACSM）は、ステロイドは運動能力に影響がなかったと断言した。一九八四年の会議で、同学会の幹部はこの立場を改めることを決定し、ステロイドはウエイトトレーニング計画および高プロテイン食と併用すれば運動能力を向上させる場合があると認めた。その間に、アレン・ライアンはステロイド使用の利点と欠点をまとめた二一本の記事を（一九七八年と一九八一年に）公開した。ライアンはＡＣＳＭの創立メンバーで、一九六三年から六四年にわたって会長を務めている。この頃から、運動能力への影響に対する疑問と、健康リスクが検査と教育への介入を正当化するほど重大なのか否かという疑問に対して、科学的批判が見られるようになった。

一九六五年から一九七七年にかけて、アナボリック・アンドロジェニック・ステロイドを人間の成人男性に投与して力強さの変化を評価する臨床研究が二五件公開された。そのうち一〇件の研究では、最大酸素消費量の変化も測定された。研究のうち一二件では、これらのステロイドの使用による改善が主張された。残りの一三件では、改善は観測されなかった。他の研究では、これらのステロイドにより健康な成人男性のテストステロンおよびゴナドトロピンの産生量が減少し、それにより精子発生が減少する効果があることが示された。ｃ17アルキレート・テストステロン誘導体による処置を受けた人の八〇パーセントで、正常な肝機能が変化していることも発見された。肝機能低下や死につながる肝臓紫斑病や、命に関わる肝臓がんも、処置を受けた大人の中で報告された。尿中のアナボリック・ステロイドを検出する信頼性の高い方法が、特定の国際大会で使用されるようになっていた。検査、追放処分の発表、失格は、薬物使用をコントロールする効果はなかった。それを実現するための最大の希望は、アスリートとその監督者の教育を続けることにある。[*38]

ボブ・ゴールドマン、パトリシア・ブッシュ、ロナルド・クラッツは、一九八四年に *Death in the Locker Room: Steroids in Sports*（ロッカールーム内の死：スポーツにおけるステロイド）という本を出版した。

その中には、ステロイドの使用に関する影響力の高い批判が含まれていた。同書には、過剰服用や多剤服用が重大な病気や死につながったいくつかのケースについて詳しく記述されている。一部のメディアはスキャンダル的な話題としてのドーピングへの関心を高めていた。もちろん、一九六三年に起こったエヴァートンのアンフェタミン類服用に関する話題のように、以前にもスキャンダル扱いされたドーピング事件はあった。しかし、トミー・シンプソンとヌット・エネマルク・イェンセンのときは、比較的バランスの取れた論調で、ドーピングへの非難よりも死の悲劇にスポットが当てられていた。一方、パンアメリカン・ゲームズの記事は、ドーピングは本質的に間違っているという構図で書かれていた。薬物を服用する量が多くても少なくても、競技に勝っても負けても、健康への影響が出ても出なくても関係がなかった。決定的な点として、記事は選手たちを直接取り上げ、ズルをした人間とみなした。この形のズルは、他の形のズルよりも感情的な批判の度合いが強かった。

ステロイドの使用は、一九八一年に*Underground Steroid Handbook*（アンダーグラウンド・ステロイド・ハンドブック）を出版したダン・デュシェインなどの導師《グル》などから情報を得て、様々な集団を通じて広がっていた。デュシェインは、米国西海岸がチャンスの温床だと気づいた。米国のジャーナリスト兼作家、ショーン・アセールは次のように説明する。

一九八四年にはオリンピックがロサンゼルスに来る。それとともに、最新の筋肉増強剤を模索する大勢のアスリートがやってくる。〔一九七七年のドキュメンタリー映画〕『パンピング・アイアン（鋼鉄の男）』の公開から五年経ち、ロサンゼルスの誰もがシュワルツェネッガーのような見た目になりたいと思っていた。さらに不気味なことに、サンフランシスコで男性同性愛者の死者を出していた新たな病気が、西海岸を南下しながら死を広げ始めていた。男性同性愛者たちは、体力を消耗させるこの病気の症状を防ぐために、ステロイドに頼るようになった。[*39]

デュシェインはマイク・ザンパノと協力して、ステロイド使用に関するガイドブックを執筆した。同書は二九種類の異なる薬物を扱い、詳しい効果と使い方を説明していた。さらに、薬物を購入できる場所と価格情報まで読者に提供していた。デュシェインとザンパノは一〇日間で一八ページのハンドブックをまとめ、友人のガレージで印刷してもらった。それをマッスル・ビルディング・アンド・パワーという雑誌に六ドルで宣伝した。一週間以内に五〇〇ドル分の注文が集まった。まもなく同書は世界に進出し、フランスから五〇〇〇冊、ドイツから三〇〇〇冊の注文が届いた。数カ月のうちに八万部を売り上げ、二人は五〇万ドル近くの金を手にした。[*40]

ステロイド取引の供給側にはイノベーションと創造力があり、売り手は利用者を支え、今後の顧客を意識していた。カナダの砲丸投げと円盤投げの選手でステロイド供給者のビショップ・ドレジェウィッチは、進んでステロイドを提供し、使い方のアドバイスをする人物として、一九七〇年代から八〇年代の陸上競技界で有名だった。選手たち、特に若手に対し、適切に服用してサイクルを守り、副作用を最小限に抑える方法を助言していた。また、注射などの技術についても選手に手を貸していた。[*41] こうした知識の拡散によって、スポーツ界全体でステロイドの使用が一般化し、闇市場が急激に成長した。選手たちは検査の陽性を簡単に回避することができるうえに、競技外検査もなかった。一方、アンチ・ドーピングの運動家と科学者は、健康リスクを警告しつつ、検査システムの向上にも取り組んでいた。ロサンゼルス・オリンピックが証明するように、彼らは対ドーピング戦争に敗北しつつあった。単純にデュシェインとザンパノのようなステロイド導師たちに大きく後れを取っていたうえに、ステロイドを〝患者〟に売る医師すらコントロールできない状況で、アングラの生産者やジムで薬物を売るディーラーを管理するなど絶望的だった。さらに悪いことに、適切な検査を行うための資金もなかった。こうして、ステロイドの使用は流行病となったのだった。

第五章　無邪気な時代の終わり

一九八三年のパンアメリカン・ゲームズは、アンチ・ドーピング革命の到来を告げたわけではなかった。化学者で検査開発者のマンフレッド・ドニケなど、ドーピングの厳しい取り締まりとドーパーへの過酷な罰則を求めるＩＯＣ幹部に勇気を与えたかもしれない。また、一部の薬物使用者が、服用量の管理やその他の回避法の使用などに慎重になったかもしれない。しかし、一九八三年までには米国、カナダ、英国、そしておそらく他国でも、運動能力向上物質を求める顧客の要望に積極的に応えるスポーツドクターはいた。東ドイツとソ連のドーピング・システムは引き続き快調に進行していたが、一九八四年のオリンピックをボイコットしたため、この時期のアンチ・ドーピングの取り組みの大部分は北米と西ヨーロッパに集中することになった。

一九八四年のオリンピックは、表面的には驚くほどクリーンだった。陽性は一二件のみ（ステロイド一一件、エフェドリン一件）で、失格となったメダリストは二人だけだった。一人はスウェーデン代表のレスリング選手で銀メダルを剥奪されたトマス・ヨハンソンで、彼はこの挫折にもかかわらず選手生活を続け、一九八六年の世界選手権で優勝し、一九九二年のオリンピックでは銀メダルを獲得した。もう一人失格になったメダリストは、フィンランド代表の一万メートル走選手、マルッティ・ヴァイニオで、やはり銀メダルを剥奪された。しかし、のちにヴァイニオは、ビタミン剤だと思ってステロイドをうっかり摂ってしまった結果として陽性になったと抗弁した。当初の永久追放処分が一八カ月に短縮され、その後は競走に復帰した。アイスランド代表の円盤投げ選手、ヴェスティン・ハフステインソンも失格となったが、一九八七年の世界選手権までに復帰し、その後三度のオリンピック（一九八八、一九九二、一九九六）、三度の世界選手権（一九九一、一九九三、一九九五）、二度のヨーロッパ選手権（一九九〇、一九九四）で戦った。引退後はコーチとなり、世界選手権とオリンピックで優勝したゲルド・カンテルなどを担当した。ギリシャのやり投げ選手アンナ・ベルーリも失格から復帰し、二度のヨーロッパ選手権（一九八六、一九九〇）、二度のオリンピック（一九八八、一九九二）、二度の世界選手権（一九八七、一九九一）に出場した。

国際的に整備されたアンチ・ドーピング規則がなかったということは、罰則がケースバイケースで決められていたということだ。一九八四年に起きたこれらのケースは、わずか四年後にベン・ジョンソンが永久追放処分を受けたときと比較して、スポーツ・コミュニティがまだドーピングを悪魔化していなかったことを示している。この点は、ロサンゼルス・オリンピックで陽性になったアスリートの中に超一流選手がいなかったことにも関係があるかもしれない。みな、ギリシャ、アイスランド、スウェーデン、日本、イタリア、オーストリア、アルジェリア、レバノンなど、比較的小さな国の出身だった。米国の伝説的スプリンターで、一九七六年と一九八四年のオリンピックで金メダルを獲得し、のちにアンチ・ドーピング活動家となったエドウィン・モーゼスは、二〇〇九年に次のように振り返っている。「［一九八四年には］私たちにはどんな状況が進行しているのかわかっていた。だが、現在のような……世界的な懐疑論に至っていたとは思わない」[*1]

やがて、一九八四年当時には一般の目から隠れていた、ドーピングがより幅広く受け入れられているエビデンスが持ち上がってきた。ロサンゼルス五輪における不名誉な話題として、九件のドーピング検体が悪評を避けるために故意に破棄されていたというものがある。この件の詳細については諸説ある。調査報道ジャーナリストのショーン・アセールの説明によれば、IOC医学委員会のプリンス・アレクサンドル・ド・メロード委員長が金庫に文書と検査結果を保管したが、その金庫が持ち去られ、倉庫に移動されたという。[*2] スポーツ歴史家のトーマス・ハントは一九九四年に書かれたプリンス・ド・メロードの書簡を発見しているが、そこにはロサンゼルス・オリンピック組織委員会のトニー・デイリー委員が記録を破棄したと書かれていたという。[*3] 一方、一九九九年に世界アンチ・ドーピング機構（WADA）の初代会長を務め、一九八七年にはIOCの副委員長に任命されているカナダ人弁護士のディック・パウンドは、IOCとIAAFの会長が関わる組織的隠蔽に責任を負わせている。[*4]

どの説が真実かにかかわらず、IOCの指導部は常にアンチ・ドーピングの検査と結果を肯定的に評価してきた。これはある意味でたやすい。陽性が少なければ事前の抑止が有効だったと言えるし、多ければ現地検査が機能していると主張することができるからだ。一九八三年のパンアメリカン・ゲームズとそれに続く一般的議論は、ドーピングを完全に暴露することがオリンピックのブランド・イメージに良いかどうかについて、若干の疑義につながっただろう。一九八四年のオリンピックは、成功したとの評価が高い。多国籍企業のスポンサーシップや、（返済に三〇年かかる赤字となった一九七六年のモントリオール・オリンピックとは異なる）効率的なコスト管理などの新たな商業化手法を導入した。しかし、もし超一流の米国人選手がドーピングで捕まっていたら、これらの実績は霞んでしまったに違いない。

一九八四年のオリンピックでドーピングがどれほど拡大していたかは不明で、エビデンスも少ない。

カリフォルニア州の医師、ロバート・カーは、一九八二年に *The Practical Use of Anabolic Steroids with Athletes*（アスリートにおけるアナボリック・ステロイドの実践的使用）という書籍を出版した。カーは有名な専門家で多くのアスリートに助言を与えていたが、のちに一九八四年のオリンピックで二〇人近いメダリストにステロイドを供給していたと語った。[*5] ベン・ジョンソンのステロイド・プログラムが一九八一年前後に始まったことを私たちは知っているが、二つの銅メダルを獲得した一九八四年のオリンピックの前からドーピングしていた可能性が高い。同じカナダ代表のアンジェラ・テイラー・イサジェンコは、カーとジョンソンの担当医師、ジェイミー・アスタファンの指導を受けていた。一九八四年のオリンピックでは銀メダルを獲得している。一九八二年のコモンウェルス・ゲームズでは、金メダル二個、銀メダル一個、銅メダル一個を持ち帰った。のちにテイラー・イサジェンコは、当時のステロイド使用と金メダル獲得の重要さを、次のように振り返った。

私と同じレベルの人たちはやっている可能性がある、そして私より下のレベルの人たちはやらないと私に勝てないと、いつも思っていました。虹の果てには巨万の富があります。それはとても魅惑的です。米国では、ウィーティーズ〔アスリートを宣伝に使うことで有名なシリアル〕の箱に採用されます。お金には驚くほどの誘惑があります。銀メダリストは見向きもされません。オリンピックで金メダルを取れば、即座に大金持ちになれるのです。[*6]

他のカナダ代表オリンピック選手は、一九八四年のオリンピックの準備期間にドーピングした。パンアメリカン・ゲームズの結果があっても、ストレングス・スポーツ代表選手たちのステロイド服用の習慣が頓挫することはなかった。ジャック・デマーズはウエイトリフティングで銀メダルを獲得したが、のちにステロイドを常用していたと認めた。今から考えると驚くべき話だが、デマーズはチームメイトのテレンス・ハドロー、ミシェル・ピエトラクーパ、マリオ・パレンテとともに、大量のステロイドをカナダに密輸した罪で捕まった。彼らは一九八三年一〇月、モスクワの世界ウエイトリフティング選手権からの帰国中にモントリオールのミラベル空港で引き留められた。そのバッグには二万二五一五カプセルのステロイドと、四一四個のテストステロンのバイアルが入っていた。選手たちが、モスクワでは一〇〇カプセルあたり一ドルで買えるステロイドがカナダでは三五ドルすると説明したことで、カナダの警察はこれを金儲けのスキームと推定した。ガイ・グリーベットはカナダのメディアに、これは日常茶飯事だと語った。「残念ですが、今に始まったことではありません。長年にわたって起こっていることです。そうした薬物は向こうではずっと安く入手もしやすいので、ただ求めるわけです。役に立つことはわかっているので、とても魅力的です」[*7]

今から考えると、運び屋たちが麻薬取引で懲役刑にもならず、デマーズが一九八四年のオリンピックに出場できる程度の出場停止で済んだことは注目に値する。カナダのスポーツ当局は、明らかな大問題を封じ込めるのに苦労していた。これは、東欧諸国がステロイドの購入と使用のチャンスを提供しているという認識の高まりとともに、国際的な問題になりつつあった。カナダのチームは競技会に出場するために東欧に出かけるうえに、毎年のトレーニング・キャンプをチェコスロバキアで開いていた。これらすべてによって、選手たちは幅広いステロイド類を楽に入手できた。東ドイツのドーピング・プログラムは衰えることなく続いていた。その管理は非常に行き届いていて、国家が承認していない薬物の輸出入は行われていないほどだった。

ドーピングは、英国スポーツ界でも汚れた秘密だった。一九七〇年代後半から一九八〇年代前半にかけて、短距離走者のデイヴィッド・ジェンキンズとドルー・マクマスターは、運動能力向上のためにドーピングに頼った。[*8] ジェンキンズについては後で再び取り上げるが、ダン・デュシェインとともにステロイド輸入ビジネスで成功した。ジェンキンズは一九七二年、一九七六年、一九八〇年のオリンピックに出場し、マクマスターは一九八〇年のオリンピックと一九八二年のコモンウェルス・ゲームズに出場した。走り高跳びの選手、デイヴ・エイブラハムズは、これらのオリンピックはドーピングまみれだったと言う。「帰国便の飛行機で、英国代表チームのほとんどは薬物の話をしていた。おそらく八割くらいは過去または現在に薬物を使用していると思う」[*9]

国際的に有名な英国人選手たちも、ドーピングのさらなるエビデンスを提供した。一九八四年のオリンピックのやり投げで金メダルを獲得したテッサ・サンダーソンは、一九八六年に次のように記している。「一、二年前のことだが、国際試合で活躍していた著名な元投擲選手が、英国チームの六〇パーセントはいずれかの時点で薬物、特にステロイドを使用していると確信していると述べた……私の観測からも、彼はそれほど外していているとは思えない」[*10]。一九八〇年と一九八四年のオリンピックの十種競技で二回連続の優勝を飾ったデイリー・トンプソンも、英国のトップアスリートの八割近くがドーピングをしていると推測した。[*11]

他国と同様、英国のスポーツ界の指導者たちからの反応は賛否両論だった。一部のアスリート、コーチ、当局職員は、ドーピングを公然と批判した。しかし、スポーツ社会学者のアイヴァン・ウォディングトンは、ドーピングに対する共犯と消極的な支持の要素があることを示した。一つの例は、重要な大会の前または開催中に特定の選手を選出することを避けるように検査を運営できる、ということだ。チャーリー・フランシスは、これは英国でも起こっていると主張していた。ウォディングトンは、スポーツドクターとコーチの役割にも焦点を当て、英国人選手のチームドクターは選手にステロイドを与えてから薬物の影響を記録し、ドーピング検査に打ち勝つ戦略を提案していたと報告した。検査で陽性になるのを防ぐことも同じように重要だった。ドーピングに背を向けた著名なコーチや職員でさえも、英国人アスリートが検査で陽性になった場合のスキャンダルを避けることはできないからだ。*12

ドーピングへの特定個人の関与、あるいは英国スポーツの頂点におけるドーピングの広がり具合を検証することはできない。複数の英国人スポーツ当局職員や科学者がドーピングを阻止する取り組みを主導し、IOC、IAAF、欧州評議会でも推進したことは事実である。一方で、一部の同胞は選手のドーピングについて見て見ぬふりをしていたようである。それでも、一流の英国人アスリートの中で、一九八〇年代に検査で陽性になった者はいなかった。

ステロイドの製造と供給のビジネスは急速に拡大していた。選手時代の晩年にステロイドを用いた後、引退したデイヴィッド・ジェンキンズは供給側に手を染めた。彼の会社はメキシコから米国へのステロイド輸入に関与した。一九八〇年代半ばまでに、闇市場のステロイド供給の七割ほどを担っていたといわれる。一九八七年に、ジェンキンズは米国へ一億ドル以上の薬物を密輸したかどで、その他三三人とともに有罪判決を受けた。一九八五年には一〇〇万人以上の米国人がステロイドを使用し、そのうちの四〇パーセント前後がロバート・カーのような有資格の医師から入手していたと推定されている。*13 つまり、六〇パーセントの使用者はアングラの闇市場の供給者から入手し、交差汚染、偽装表示、不適切な用量などあらゆる問題に対するリスクを負い、他の使用者の助言に頼るしかなかったということだ。一九八八年のある報告書は、アスリートと一般大衆におけるドーピング製品の入手しやすさにも焦点を当てている。

薬物乱用の形態の高度化に伴い、あらゆる真剣なアスリートがすぐに入手できるようである。ただし、アナボリック・ステロイドや精神刺激薬のように地元で購入できるわけでは決してない。ヒト成長ホルモンの深刻な闇市場があることが認められる。また、マーケットとしてアスリートを念頭に置いて計画しているとしか考えられない、それらの物質の大量盗難事件も実際に起こっている。[*14]

ステロイドの使用はスポーツのあらゆる部門に広がった。ジャーナル・オブ・ジ・アメリカン・メディカル・アソシエーション誌に掲載された一九八八年の調査では、米国の高校生の六・六パーセントが服用を認めたという。[*15] さらに、ヒト成長ホルモンをはじめとする新たな薬物の使用も一般的になってきていた。これらの情報の大半は、一九八四年のオリンピックの後にカリフォルニア州で行われた調査から得られた。ゲイリー・コンディットは、ステロイド使用への対策強化を訴えていた州議会議員である。コンディットの事務所は、一九八五年に次のように記している。「ワールドクラスのアスリートによる薬物乱用だけでも十分に恐ろしいが、そのような乱用が高校生、さらには十代前半までの子どもにまで行き渡っていることを示すエビデンスがある」。[*16] ステロイド使用は政治問題となり、多くの上級政治家の関心を引き、多くの国で国家レベルの法規制が成立した。驚くには当たらないだろうが、米国におけるステロイドの闇市場の性質と範囲をめぐっては懸念があった。ジェンキンズと売人集団が一九八七年に有罪になったことは市場の成長を示している。一九九〇年には米国だけで年間三億ドル以上の市場と推定されるようになった。[*17]

ドーピング革命と、それに伴うスポーツ当局の課題を示すもう一つの兆候は、一九八四年のオリンピックにおける米国選手団の大成功にある。一九八五年一月号でスポーツ・イラストレイテッド誌が取り上げたが、同年二月にローリング・ストーン誌の巻頭を飾ったことで、はるかに多くの人々に伝わった。見出しには「オリンピック・スキャンダル――米国のメダリストたちはいかにして勝つためにドーピングしたか」とあり、記事本文は「オリンピックにおける不正行為――不正ドーピングと米国代表自転車チームの内幕」と題されていた。記事が暴露したのは、自転車競技のコーチが輸血を用いた仕組みを構築していたということだった。別名を血液ドーピングという。四人のメダル獲得者を含む七人の自転車選手が関与していた。

血液ドーピングはごく少数のケースで知られており、ほとんどが陸上競技と自転車競技の選手だったが、一九八五年まではこの手法に対する強い批判はあまりなかった。これは、科学者のコミュニティで、血液ドーピングが運動能力向上に役立つか否かの確信が得られていなかったからという可能性がある。自分の血液を抜き取り、凍結し、体内に戻すと、赤血球の量が増え、回復能力とパフォーマンスが向上する。他人の血液を使う方法もある。当時ＩＯＣはこの手法にあまり注目しておらず、検査方法もなかった。一九八二年に、ド・メロードは次のように述べた。「我々〔ＩＯＣ医学委員会〕としては、〔輸血は〕あってはならないという立場だ。防ぐことはできないが、危険だと指摘することはできる」。[*18]しかし事件が有名になった後、ＩＯＣは輸血を禁止した。輸血行為の検査がまだなかった（そして、確立まであと一五年もかかった）にもかかわらず、である。スポーツ歴史家、ジョン・グリーブスの主張によれば、一九八五年の米国自転車競技における血液ドーピング事件は、関係した選手、さらに血液ドーピングを禁止したＩＯＣの決定をも超える影響があったという。ドーパーを特定して制裁を加えるための新たな決意が生まれたというのだ。

一九八四年のオリンピック後に、これまでドーピング論議から生まれる反発を恐れて慎重な姿勢を崩さなかったＩＯＣ医学委員会が、強気な考え方に転じた。〝まず禁止して、検査は後から考える〟アプローチと、曖昧で範囲の大きな言葉の選び方は、怒りに燃える医学委員会が、スポーツにおけるあらゆるドーピングを撲滅することを目指すようになったことを示していた。医学委員会は、台頭しつつあるハイレベルなオリンピック・スポーツにおいて、選手たちは〝より速く、より高く、より強く〟を求めるためにあらゆる境界を進んで押し広げることになるだろうと解釈した。この新たな姿勢から、医学委員会はほどなく実力行使に出る。次のオリンピックは一九八八年に韓国のソウルで行われたが、ＩＯＣは注目の一〇〇メートル走で優勝したカナダの選手、ベン・ジョンソンの金メダルを剥奪した。トップアスリートのメダルを大会中に剥奪するという予想外の動きは、ドーピングに対する新たなアプローチを示した。それは、米国の自転車競技チームが一九八四年のオリンピックで輸血を採用した結果として整備されたものだった。一九八四年のロサンゼルス・オリンピックの末永く残るレガシーとなったこのアプローチは、ローリング・ストーン誌が米国の自転車チームで輸血が行われていることをスキャンダルとして報道して以来、三〇年間維持されている。[*19]

ベン・ジョンソン——一般大衆の認識を変えたオリンピック・スキャンダル

〝ベン・ジョンソン〟という名前は、ドーピングの歴史と同じ意味がある。ジョンソンは、当時のスポーツ界で史上最大のスキャンダルの渦中にいた。ランス・アームストロング事件のエビデンスが二〇一二年に公にされ、二〇一六年のオリンピックの準備期間に長年ロシアが運用していたドーピング・システムが暴かれるまでは、この事件はオリンピックにおける最大のスキャンダルだった。ジョンソンは多くのドキュメンタリーや本に取り上げられ、その物語は広く知られている。ジャマイカ生まれのカナダ人短距離走者で、コーチのチャーリー・フランシスから一九八一年にステロイドを紹介された。ジョンソンは米国代表カール・ルイスの最大のライバルとなり、一九八八年のオリンピックで二人の対決は山場を迎えた。一〇〇メートル走の決勝に大きな期待がかかっていたのは、少なからずは二人のライバル関係のおかげであった。ジョンソンは人気があり、アスリート仲間やファンに尊敬されていた。

これまでに論じてきたように、この時点でステロイドは二〇年以上にわたってスポーツに組み込まれていた。最初にストレングス・スポーツで出現してから、陸上競技に広がった。フランシスは陸上競技におけるステロイドについて一九七〇年代初頭から知っており、自ら使用していた。担当医師のジェイミー・アスタファンとマッサージ療法士のヴァルデマール・マトゥセフスキの助力を得て、効果的な使い方に関する高度な理解を培った。カナダではステロイドは入手しやすかった。常に提供していた人物の一人が、砲丸投げ選手のビショップ・ドレジェウィッチである。のちに、ジョンソンは一九八八年二月から同年九月に陽性になるまで検査を受けていなかったことが判明している。

一九八六年から一九八八年にかけて一九回の検査を受けたが、競技外では一度も受けていなかった。[20]オリンピックの数年前から、カナダのアスリートと当局職員は、フランシスのもとで緊密に結びついた短距離走者のグループがステロイドを使用しているのではないかと疑っていた。男子、女子のどちらも、グループに参加してから運動能力と体格が大幅に向上していた。薬物を使いたくないためにグループへの参加を拒んだアスリートもいた。しかし、推測と、内部告発者の提出したエビデンスにもかかわらず、調査や追加の検査にはつながらなかった。フランシスはのちに、スポーツの最高レベルで戦うにはステロイドが必須だと考えていたと認めた。

ジョンソンが検査で陽性になったことは、カナダでの小規模な捜査の結果ではない。問題に向き合うことができていなかった国内・国際競技連盟の組織的失敗の結果であった。競技外検査は存在せず、競技中の検査も回数が少なく、捕まったときの制裁も使用者を思いとどまらせるほどではなかった。より幅広い使用パターンが開発され、検査を避ける手法が知られるようになると、フランシスの言葉を借りれば〝この運動能力向上文化に加わる〟ことが論理的な対応となった。

ジョンソンの陽性結果に関する興味深い側面は、陽性になった理由である。ジョンソンとフランシスは当初、ステロイドの使用を完全に否定した。ジョンソンは競技の後で見知らぬ人物が更衣室に入って、飲み物に細工をしたのではないかと述べた。IOCの科学者が、検体中に発見された禁止薬物のスタノゾロールはより長期的な使用を示していると述べたため、ジョンソンとフランシスはこの説明を諦めた。のちに、フランシスはジョンソンが数種類のステロイドを使用していたことを認めたが、スタノゾロールはその一つではなかったという。ジョンソンがフランシスの助言を無視して、排出率を理解せずに自ら薬物を使ったことも考えられる。しかし、注意深い観察と高度な処方計画を受けていたことを考えると、その可能性は低いように思われる。検体の収集プロセスまたは科学的分析にミスがあった可能性も検討された。しかし、この点についてはカナダで行われた調査で適切だったことが確認された。ジョンソンとチームメイトはソウル・オリンピックの一カ月前に短期の処方計画を受けていたが、関係者によるとそこにスタノゾロールは含まれていなかった。また、ステロイドを隠蔽するための利尿剤も処方されていた。[*21] 後日、処方計画の全参加者に対する調査が行われ、アスタファンが参加者に知らせずにスタノゾロールを処方していたという結論が出た。

本人は異議を申し立てているものの、一九八五年にアスタファン医師がアスリートの患者に〝エストラゴル〟を処方すると称して実際にはスタノゾロールを処方していたことを確信している。さらに気がかりなことに、処方していたスタノゾロールはスターリング・ドラッグ社から購入していた注射用のウィンストロールVだったようである。また、自らが供給しているステロイドが実は獣医師向けの製品だったことをアスタファン医師がアスリートに伝えていなかったことも確信している。[*22]

これによれば、どうやらオリンピックの直前に短期間の薬物処方計画を実施し、しかもその中にスタノゾロールが含まれていることをアスリートに伝えていなかったことが敗着だったようだ。ただし、フランシスはスタノゾロールが使われていることを把握していたと考えられている。同じカナダ代表短距離選手のアンジェラ・テイラー・イサジェンコは、ジョンソンの陽性結果について、チームメイトのデサイー・ウィリアムズと次のような会話を交わしている。「サボタージュだとは信じていない、とデサイーは私に話してくれました。自分〔ウィリアムズ〕は国内大会の二八日前に検査に合格した、二八日開けていたので、ベンとジェイミーは日程が近すぎただけだろう、と言っていました」。この観点からは、ミスはタイミングのみで、それもおそらく一、二日のことだろうと思われる。あるいは、事前スクリーニングのプロセスを整備しないままわずか一カ月前に薬物を処方するような自信過剰が問題だったのかもしれない。

原因となったミスが何であったかにかかわらず、ジョンソンの陽性反応は、ＩＯＣが一般の人に向けてドーピングに関する大規模な声明を行うチャンスとなった。ＩＯＣは、経験豊富な科学者のアドバイザーを定期的に集めて会合を行い、禁止薬物リストを明確に定義するなど、この分野の指導的立場を確保していた。アンチ・ドーピングの責任者たちが、一九八八年のオリンピックをめぐる嫌疑によって勢いづいたのは疑いない。さらに、彼らはＩＯＣ理事会の支持を得て意思決定を行うことができた。また、主要大会でステロイド検査の陽性反応が出ることはめったになく、超一流選手や、広く宣伝される大会の場合はなおさら珍しい。オリンピックに現実よりはるかに高い道徳的意図を見てとり、ドーピングによってその価値が損なわれていると感じ、アスリートの〝健康〟を守りたいと考えている科学者、当局職員、アンチ・ドーピング活動家にとっては、大義名分を宣伝する絶好の機会だった。こうして、定期的な競技外検査や認定試験所の増設などの需要が生まれることになる。評判が作られつつあり、帝国が構築されつつあった。

もちろん、一九八八年のオリンピックでは本番に備えて多くの選手がドーピングを行っていた。ソ連が金メダル五五個、銀メダル三一個、銅メダル四六個でメダルランキングの首位に立った。東ドイツが金メダル三七個、銀メダル三五個、銅メダル三〇個を獲得し、統一前の最後のオリンピックで二位に入った金メダル三六個、銀メダル三一個、銅メダル二七個を稼いだ米国が三位となった。ステロイドを使用していた選手数の推定は諸説あり、大ざっぱな推測しかできない。ほとんどの東ドイツ選手はドーピング・プログラムに参加していた可能性が高いが、東ドイツ勢が使っていた薬物は一種類、経口トリナボールのみで、知識が十分でない成長ホルモンなどの薬物には移行しなかった。北米とヨーロッパのアスリートは、はるかに幅広い種類の薬物を入手できた。一九八九年に、米国人コーチのパット・コノリーは、一九八四年のオリンピックに参加した陸上競技選手五〇人のうち少なくとも一五人がステロイドを使っていたと述べた。また、一九八八年のオリンピックに向けて米国の女子陸上選手の四〇パーセント前後が使っていたとも語った。[*23]

ドーピングは、どこにでもあるとも、どこにもないとも言えた。噂話、運動能力の向上、体型の変化を見る限り、ステロイドは多くのスポーツに欠かせなくなっていたが、検査の陽性反応から来る決定的な証拠はほとんどなかった。この断絶が、真実とも間違いとも証明できない大ざっぱな一般化を行うメディア記事をはじめとする、根拠のない憶測につながった。政府と公衆衛生当局は、若手やアマチュアのアスリートに影響を与えるロールモデルとしてのエリート・アスリートに対する懸念を深めていた。なぜなら、若手やアマチュアはルールや検査、大会出場停止を通じて薬物使用をコントロールできるわけではなく、しかもドーピング専門医のアドバイスを受けられるエリート選手よりもはるかに高い健康リスクを負うからである。調査担当者や政策アナリストはこの不確かで移り変わりの激しい世界に踏み込み、問題への理解を深めようとしたのである。

ジョンソン・スキャンダルへの反応

一九八八年のベン・ジョンソンのスキャンダルを受けて、カナダ政府は自国におけるドーピングを詳しく調べる〝ドゥビン調査〟を立ち上げた。聴取の際に、四六人のアスリートがステロイドの使用を認めた。調査を主導して最終報告書を著したチャールズ・ドゥビンは、より広い文脈を忘れていなかった。

エビデンスを聞き、カナダ、米国、英国、オーストラリア、ニュージーランド、その他各地の有識者と会合したことで、この問題がカナダ国内だけではなく世界中で広がっていると確信した。エビデンスは、禁止されている運動能力向上薬物、特にアナボリック・ステロイドがほとんど全競技のアスリートによって使用され、特にウエイトリフティングと陸上競技で著しいことを示している。*24

ステロイド使用のエビデンスは他国からも上がりつつあった。当時上院議員だったジョー・バイデンは、一九八九年四月に、ステロイドの乱用に関する米国上院司法委員会公聴会を主導した。ステロイドの健康リスクは一般に知られつつあった。ダイアン・ウィリアムズ選手はすすり泣きながら司法委員会に次のように訴えた。ステロイドの使用時にはヒゲが伸びて生理が止まり、さらにクリトリスも「恥ずかしいほどの大きさになってしまいました……普通の子どもを身ごもることができるかどうかとても心配です……強いかゆみ、口の渇き、性欲の強まり、うつ状態、膣からの出血などの症状を経験しましたが、なかでも一番心配なのが下腹部の痛みです」[*25]。米国議会は一九九〇年にステロイドを禁止薬物に分類して密輸を禁止するアナボリック・ステロイド・コントロール法を可決した。このときまでにダン・デュシェインは刑務所に収監され、懲役五年のうち一〇カ月を務めたのちに釈放されていた。一九九一年に、執行猶予中だったデュシェインはGNB（γ－ヒドロキシ酪酸）を筋肉増強目的で販売したとして逮捕された。顧客の一人が米国食品医薬品局（FDA）の覆面エージェントだったため、再び有罪になり懲役三六カ月の判決を受けた[*26]。

オーストラリア政府は一九八八年に、ジョン・ブラック上院議員の主導で、ステロイド使用を調査するための上院常任委員会を設立した。この委員会の聴取によれば、国際大会に出場するオーストラリア人アスリートの約七〇パーセントはステロイドを使用したことがあり、またソウル・オリンピックに出場したオーストラリア代表の陸上競技チームの約二五パーセントも同様だった[*27]。同時に、オーストラリアにおけるステロイドの闇市場は、年間売上が一五〇〇万ドルから一億五〇〇〇万ドルまでにのぼると推定された。

スポーツ・コミュニティの中に、検査を整備する決然とした意志が生まれていた。皮肉なことに、スポーツにおける第一回恒久的アンチ・ドーピング世界会議は一九八八年七月、オリンピックが始まる直前にカナダで開催された。会議では国際的な専門家が一堂に会し、考えられる解決法について議論した。ソ連、東ドイツ、中国、韓国を含む、二七カ国八五人の代表が参加した。会合の結果、二〇ページの国際アンチ・ドーピング憲章を作成し、九月のソウル・オリンピックで承認を受けられるようにIOCに提示した[*28]。

ベン・ジョンソンのスキャンダルによって、カナダで、そして世界中で、問題への認識が高まった。

帰国したジョンソンは空港で待ち構えていた報道陣に取り囲まれ、大規模な批判を受けた。スポーツ相のジャン・シャレーには〝国の恥〟とまで呼ばれた。同時に、エドウィン・モーゼスは次のように述べた。「これはオリンピックの歴史を変えます……。多くの人々の生活を変えます」[*29]。モーゼスが厳格な検査のことを言っているのであれば正しかったことになるが、制度が確立するまでさらに数年を要した。ジョンソンは競技からの永久追放に直面し、正式な事情聴取を要求した。これにより、ジョンソンの陽性反応はドーピング防止の世界的失敗という文脈の中に置かれることになった。これがドゥビン調査である。正式名を〝運動能力向上を目的とした薬物使用および禁止行為について聴取するための王立委員会〟といい、一九九〇年六月二六日に報告書が発行された。しかし、その中で行われた様々な証言はすでに公表されていた――チャーリー・フランシスやジョンソンやその他の人々による告白は、一九八九年初頭から新聞記事になっていた。

一九六三年に初期の施策立案に影響力を発揮した欧州評議会も再び対応し、今度は正式なアンチ・ドーピング条約を作成した。この条約では特定の政策実施は義務付けられなかったが、ドーピングに対する世界的な対応への要求が高まったことを明らかに示していた。一九八九年一一月一六日に発行されたこの条約は、オーストラリア、カナダ、チュニジアなどヨーロッパ域外の参加国を含む、四八の政府によって署名された。この条約は、アスリートの健康と競技の公正を守るという総合目的をもち、調印国に責任を負うことを促す詳細な文書であった。こうした目的は、アンチ・ドーピング条約の本文にも「これらの手段に含まれる道徳的価値観と実践的手段に基づき、スポーツにおけるドーピングの削減と将来的な排除を目的とし、さらに踏み込んだ強力な協調行動を取ること」とまとめられている[*30]。要するに、調印国に教育、供給規制、検査、認定研究所との連携を含む総合的なアプローチを採用することを促したわけだ。ある意味でこれは、アンチ・ドーピングの官僚化の始まりともいえた。全一九条は堅苦しく、法律に近い言葉で綴られていて、これによりアンチ・ドーピングは、大量の規則、推奨事項、役割、責任、手続きが関わる、規制された政策プロセスとなった。問題の核心にはアスリートがいて、彼らの動機、経験、価値観によってドーピングとアンチ・ドーピング双方のパターンが説明され、決定される。それを忘れることで、アンチ・ドーピング施策は人間性を失ってしまうリスクを常にはらんでいた。

スポーツ界はまだ完全に足並みを揃えたアプローチからはやや遠く、各国の政府が自国の競技連盟と連携してアンチ・ドーピングを実施できるという考え方から、制裁措置の標準化という問題を解決するための手はあまり打たれていなかった。しかし、オリンピック前にカナダで開催された会議と併せて、グローバル化への動きを見てとることはできる。IOCとオリンピックを超えてその上位で、すべての国のあらゆるスポーツに適用できる枠組みの開発を目指す動きだ。また、この条約には競技外検査を整備する必要があることが初めて明記された。

当事者は、自国の競技連盟に対し次を奨励するものとする（中略）効果的な規模で、大会の際だけではなく、事前の警告なく競技外の任意のタイミングで、ドーピング・コントロールを導入する。そのようなコントロール、すべてのスポーツマンとスポーツウーマンに対して公正で、必要に応じて無作為に選ばれた人物の検査と再検査を含む方法で実施するものとする。*31

これは、チャールズ・ドゥビンが一九九〇年に発表した報告書における推奨事項の一つに類似している。

ドーピングは競技外の抜き打ち検査を中心にすべきである。カナダのような大国で通告なく検査を実施することは難しいため、カナダ・スポーツ医学評議会が、無予告検査、短期閣予告検査、対象指定検査を含む各種手法の組み合わせを確立することが推奨される。また、競技外検査は高リスク競技に重点を置くべきである。[*32]

このように、一九九〇年までには、多くの利害関係団体、政府、調査で、以前と比較してドーピング物質の供給をコントロールするための、より厳格なアプローチが推奨されるようになってきたことがわかる。これには、検査の量を増やして頻度を上げ、国際的に合意された戦略を持つことが含まれる。こうした考えを推進するための単一の組織が設立されるまでには、あと一〇年かかることになる。一九九〇年代の間は、ルールはやや曖昧で、現実性と一貫性に欠け、断片的なままだった。実際、後から考えると、アンチ・ドーピング活動には、スキャンダルのない期間にはスキャンダルへの対応ができないかのような傾向があった。ショックとパニックが、長期的ではなく短期的な行動につながり、施策はマスコミの記事と大衆の関心に合わせて導入された。

東ドイツのシステムが明らかに

しかし、次の世界的な事件が、ドーピングへの見方とアンチ・ドーピング・コントロール強化の必要性に著しい影響を与えた。一九八九年一一月に起きたベルリンの壁の崩壊によって東ドイツが消滅し、ドーピング・プログラムに関する事実が徐々に明らかになったのだ。このプログラムに関するニュースの兆しは、政治革命よりも数カ月早くメディアに現れた。一九八九年の六月と七月に、西ドイツのビルド・アム・ゾンターク紙は東ドイツから亡命した二人の人物、ハンス＝ゲオルク・アッシェンバッハとハンス＝ユルゲン・ノクツェンスキーへのインタビューに基づく全八回の記事を連載した。アッシェンバッハは世界チャンピオンに四回輝いたスキージャンプ選手で、一九七六年の冬季オリンピックで金メダルを獲得した後、エリート・スポーツ・アカデミーの一つでスポーツ医学を修めて医師になった。ノクツェンスキーは東ドイツ柔道連盟の会長を務めた。

インタビューでは、広範にわたる、虐待的な制度が描かれていた。見出しは「オリンピック優勝者が最大のスポーツ・スキャンダルを暴く——東ドイツの選手は皆ドーピングしていた、カタリナ・ビットも」。主張の内容はロサンゼルス・タイムズ紙にまとめられている。

東ドイツのすべてのアスリートは、アナボリック・ステロイドなどの運動能力向上薬を無理やり投与されていた。フィギュアスケート、体操、水泳など一部のスポーツでは、わずか一三歳から投与が始まっていた。アッシェンバッハによれば、若いアスリートは最初のうち、薬物をビタミン剤だと説明されていたという。やがて真実を知ったときに尻込みする者は、国際大会に出場することはできず、スポーツクラブの会員権を失い、私生活でもハラスメントを受けるという……。アスリートは国家警察によって厳重に見張られていた。警察はアスリートの電話と手紙を監視し、私生活に関するファイルを管理していた。*33

これら初期の報告に続いて、さらなるエビデンスも明らかになった。クリスティアン・クナッケは、オーストリアに亡命した一〇〇メートルバタフライのスペシャリストである。一九七七年ヨーロッパ選手権では銀メダル、一九八〇年のオリンピックでは銅メダルを獲得している。世界記録を更新し、一〇〇メートルバタフライで一分を切った初めての女子選手となった。クナッケはある新聞に、ステロイドを強制的に投与されていたと語った。また、のちに生まれた娘の健康問題にも薬物が影響していると考えた。

ドーピング・プログラムの全貌が判明したのは一九九一年、プログラムの文書が一般に公開されたときである。発掘の先頭に立った人物の一人に、ブリジット・ベレンドンクがいる。ベレンドンクは一九九一年に、スポーツ・トレーニング機関で発見された記録、〈ドーピング・ドキュメント〉を再現した書籍をドイツで出版した。ベレンドンクは十代のときに両親と一緒に東ドイツから亡命し、一九六八年と一九七二年のオリンピックで円盤投げに出場した。東ドイツのドーピング・システムの本質と影響範囲を暴くために、当初は夫で科学者のヴェルナー・フランケとともに、そしてのちに他の研究者とも連携して活動した。フランケは一九九〇年に統一ドイツ政府によってドーピング・システムの調査を任命された。

ニュースが世界に少しずつ知れるにつれ、フランケは東ドイツという国家で進行していた状況について驚くべき証言を始めた。たとえば、ワシントン・ポスト紙には一九九一年に次のように話している。「政府は自らの所有物であるかのように子どもたちの身体を管理していました」。続いて、若いアスリートたちは薬の中身を知らされていなかったとも指摘する。「〔若い選手は〕青いのを一つ、黄色いのを一つ飲みなさい、などと説明されていました」。さらに、家族にも内緒にしておくように指示していたという。中にはわずか一三歳の選手もおり、コーチや医師は問題のある副作用を無視していたという。*34

ドーピングの悪影響に苦しむアスリートたち、特に女子選手の経験談が、一九九〇年代の半ばに次々と明らかになった。ドーピング・システムの指導者らは、統一ドイツの裁判で訴追され、二〇〇人以上のアスリートが不利な証言をした。このエビデンスにより、ドーピングに対する懸念が不正よりも健康被害に移行した。意図的にドーピングしたアスリートと比較して、アスリートが受けた虐待には批判がさらに高まった。チャールズ・ドゥビンは、ベン・ジョンソンらのアスリートがステロイド・プログラムに参加している認識があったことを証明したが、東ドイツに関する議論では、アスリート本人が何を認識していなかったかが中心になった。

また、このスキャンダルは、強力な秘密警察を備えた閉鎖的な共産主義国、自国民を虐待した国家への非難としても作用した。ドーピング批判は、共産主義国崩壊後の情報公開《グラスノスチ》の時代にぴったりと符合した。〝悪の帝国〟を変える必要があるもう一つの証拠というわけだ。こうした記事は一九九〇年代を通じて少しずつ一般に知らされたが、裁判は長引き、二〇〇〇年に結審した。生理的、心理的な健康問題に関する個々の記事が、批判全体の裏付けとして働いた。それ以来、東ドイツはドーピングをコントロールせずに放置した末路を示す例としてたびたび言及されている。

東ドイツのシステムは、個人を中心とした西側のドーピング文化とは明らかに異なっていた。ドーピング・システムは国家の最高レベルで整備されていた。一九六〇年代に薬物の正式な研究が行われ、服用量の情報源に使われた。薬物は国立の製薬会社から入手し、システムに組み込まれた医師やコーチを通じて配られた。各選手にはトレーニング内容と目標の大会に合わせたプログラムが用意された。一方、副作用は短期間に留まると考えられた。アスリートは服用する薬物の正体を伏せられたか、あるいは服用を拒否できなかった。国際大会の前には、陽性者を絶対に出さないように検体の検査が行われた。〝うっかり〟陽性になった場合は速やかに辞退させられ、内部調査が行われた。しかし、当時他の国で起こっていたような、選手自身による試行錯誤、多剤使用、信頼できない供給元への依存、リスクのある技術革新といった問題はなかった。また、東ドイツの高校生、非エリート選手、趣味のボディビルダーがこれらの薬物を入手できたというエビデンスはなかった。

ドーピングの蔓延に関するこれまでの調査とは異なり、東ドイツのドーピング・システムの調査では、アスリートたちが幅広い副作用に悩まされていることも明らかになった。これらは、フランケとベレンドンクによる一九九七年の研究論文に、次のようにまとめられている。

筋肉の緊張、体重増加、無月経を含む生理不順、にきび、性欲・性的能力・妊娠能力の変化、浮腫、下痢、便秘、死亡事故（三件）、男性の乳房肥大、入院を必要とする重篤な肝機能障害、男性型多毛症、多嚢胞性卵巣症候群、声変わり、女性の性欲増加、男性の性欲喪失、身体発育の停止（思春期）。[*35]

これらの副作用は、いくつかの西側のケースにも現れているように思われる。特筆すべきは、一九八七年に二六歳で亡くなった西ドイツの七種競技選手、ビルギット・ドレッセルである。ドレッセルは、ステロイドなどの禁止薬物を含む一〇〇種類以上の薬物を摂取していた。中毒性ショックを発症し、病院に収容されてから三日後に亡くなった。[*36] ヴェルナー・フランケなど多くの専門家は、死因をステロイドの過剰服用と考えた。臓器障害や心理的トラウマを患い、奇形児を産んだことを旧東ドイツの選手たちが裁判所やメディアに訴えたとき、そのような虐待を二度と起こさないことが何よりも重要な問題であるように思われた。しかし、一九九二年と一九九六年のオリンピックは、さらなるスキャンダルが起こることなく終わった。ただし、一九九六年にはＩＯＣによる隠蔽があったという告発があった。次の章で見ていくように、英国と米国で起こったいくつかの複雑な訴訟事例が、アスリートの検査と懲罰を一貫したアプローチで実施するためのニーズを示している。

運動能力向上の文化

一九八四年のオリンピックから東ドイツにおけるドーピングの全容判明までの期間は、スポーツはクリーンだと思っていた人々の無邪気さに終止符を打った。その後の調査で、西ドイツにもドーピングへの高度に組織化されたアプローチがあったことが明らかになる。また、一九八〇年代末から一九九〇年代初頭にかけての中国のドーピングに関しては、内部告白者のエビデンスがある。また、同じ時期に新たな商業化のチャンスが到来し、アスリートはお茶の間の顔になり、大金持ちへの可能性も生まれた。スポーツ・イベントの報道が拡大し、各放送局がオリンピックを放送するためにＩＯＣに支払う放映権料も四年ごとにますます巨額になっていった。プロのスポーツチームも同じように規模を拡大し、視聴者は世界中に広がった。

しかし、ドーピングの習慣をコントロールする新しい手法の開発を急ぐあまり、ドーピングの原因を顧みることがおろそかになってしまった。一九七〇年代から八〇年代にかけては、冷戦に基づくライバル関係があり、どちらの側もアスリートのメダル獲得の邪魔をしたくなかった。しかし、冷戦が終わって新たな時代が到来し、また、オリンピック選手がプロであり、様々な運動能力向上手段を用いることができるという見方が広く受け入れられると、アンチ・ドーピング活動では、フェアで健康な手段とそうでない手段の線引きを試みることになった。

ベン・ジョンソンのスキャンダルと、東ドイツで少女たちが男性ホルモンのステロイドを強制的に投与されていたという報道により、スポーツ界は衝撃を受け、アンチ・ドーピング・コントロールの強化を支持することになった。ドーピングの害について、単純化された教育的メッセージが広まった。監視の改善と厳罰化の手段を模索するため、専門家が定期的に集まった。イベント主催者、各国のスポーツ担当大臣、ジャーナリストは、こぞってアンチ・ドーピング運動を支持した。それにもかかわらず、エリート・スポーツとボディビルの世界でも、より低いレベルの競技スポーツでも、ドーピングは続いた。血液ドーピングや、ＥＰＯなどの発見不可能な薬物が、様々なスポーツで幅広く使われるようになった。また、法的手続きの不透明さによって、いくつかの異議申し立てが長引くことになった。これらについては次章で扱う。こうしたことすべてが重なって、モラル・パニック的な反応が起こった。アンチ・ドーピングを主導する任務を負った役員たちは、〝対薬物戦争〟という立場を取り、それによって悪意のないアスリートが厳罰に処された。この反応は、力を増す官僚組織によって支えられ、数多くの意図しない影響を引き起こすことになる。一九八〇年代前半から、国際的かつ体系的で一貫性のある施策に取り組むための機運が高まった。これは二〇〇〇年代初頭に実現することになるが、一九九〇年代の様々な出来事があったからこそ、過酷で妥協のないトップダウン型アプローチを採らざるを得なくなったのである。

第六章　スキャンダルに立ち向かう

一九九〇年代は、ドーピングに関する報道が拡大し複雑さを増す一方で、アンチ・ドーピング施策の枠組みによって問題に蓋をすることができなくなってきた時期だった。

さらに状況を深刻にしたのが、スポーツ界の外で起こったいくつかの世界的問題である。第一に、旧共産主義国の国境が開かれるようになったことだ。スポーツにおいては、これは諸刃の剣だった。これまで閉ざされていた国にアンチ・ドーピング組織が影響を与えることができるようになった一方で、旧東ドイツ、旧ソ連、その他の東欧諸国出身のコーチが、運動能力向上の専門知識を携えて他国に移動できるようになった。東ドイツのドーピング・システムの一員だったアスリートは、統一ドイツの代表として出場できるようになった。第二に、自由市場が政治的な重要性を増すとともに、運動能力向上薬の供給元が、正規、非正規を問わず新たなチャンスを活用したことだ。この一〇年間に、医師の管理下でホルモン治療を行う合法のアンチエイジング業界の勢いが高まっていった。これらの合法的手段の急激な成長にもかかわらず、米国のステロイドの闇市場は一九九〇年までに三億ドル規模と推測された。[*1] 第三に、メディアとスポンサーの資金が大量に流れ込み、スポーツにおける成功の見返りが次第に大きくなったことだ。オリンピックにおける競争を牽引していた冷戦時代の敵対関係は、キャリアの成功を目指す個人主義的なアプローチに置き換わり、発展途上国は自国のアスリートに、報酬を目指しつつ国に栄光をもたらすように奨励した。スポーツのグローバル化と商業化によってドーピング取引は大きな影響を受け、アスリートの運動能力向上の支援を目指す供給元にとってチャンスとなった。しかしグローバル化は、ドーピングをコントロール下に置こうとする政府と国際競技組織にとっての難題ももたらした。一九八〇年代のスキャンダルは、波乱の一九九〇年代の前兆となった。

一九九〇年代は、世界一有名なサッカー選手、ディエゴ・マラドーナが二度もドーピング違反で処分された。二回目の違反で、実質的に選手生活を引退することになった。また、東ドイツ国家が西ドイツと統合されて消滅した結果、新たな統一ドイツの裁判所で、旧共産主義国時代の犯罪者の訴追が試みられた。ドーピング・プログラムの構築に携わったマンフレッド・エヴァルトとマンフレッド・ホップナーの裁判は、元アスリートたちが若い頃に投与された薬物とその結果として被った健康被害について証言する場となった。世界中のメディアが報道し、元アスリートたちにさらなるインタビューを実施した。東ドイツのスポーツの驚くほど虐待的な性質によって、ドーピングは邪悪で許されないという認識が広まった。他国でも、エリート・スポーツにおけるドーピングに関する記事が続いた。九〇年代後半になると、国際競技連盟は、スポーツにおける組織的ドーピング文化のエビデンスによって提起される難題に対して、これまでより優れた答えを見つけなければならないことが明らかになった。

他にも相矛盾する状況があった。ボディビルでは過去数十年のうちにステロイドの使用が一般的になっていたが、フィットネス文化が商業化して拡大し、より多様な集団が含まれるようになるとともに、ボディビルはマイナー文化として次第に周縁化されていった。また、ステロイドの使用はまだ蔓延してはいたが、薬物を使用しないナチュラル・ボディビルもこの時代に出現した。スポーツ界のアンチ・ドーピングに関する判断は、必ずしも最適なターゲットに命中したわけではなかった。ルールが厳しくなるとともに、試験所のミス、サプリメントへの不純物混入、さらには医薬品の不適切使用などで、競技から追放される選手が増えた。こうした事例の多くは、裁判の管轄がはっきりしないために、スポーツ裁決機関と刑事裁判所を行き来した。一九九〇年代の最後を飾ったのが、一九九八年に起こったツール・ド・フランスの大スキャンダルである。この事件は、他の要素とともに、IOCが一九九九年一一月の会議を取りまとめるきっかけとなった。この会議で、各国政府と競技連盟が世界アンチ・ドーピング機構（WADA）の設立に合意した。

これらのスキャンダルに対して生まれた危機感から、九〇年代末に、より厳格なシステムが世界規模で要求されるようになった。皮肉なことにこの動きは、スポーツ界の外の薬物政策が有害な〝対薬物戦争〟のアプローチから徐々に脱却しはじめ、ハーム・リダクション〔薬物使用を取り締まるのではなく、安全な使用を広めることによって被害を低減する取り組み〕や、場所によっては薬物使用の非犯罪化などの政策が導入されるようになった時期に起こった。一方、スポーツ界はその後一貫して、懲罰的な薬物規制に向かっている。〝クリーンなスポーツ〟のメッセージにこだわり、あらゆるルール違反に対して、競技人生、さらに引退後まで続くスティグマとなるような懲罰を課す。妥協を許さないWADAのアプローチの基礎は一九九〇年代に、広範で虐待的なドーピング文化への恐怖感が議論の枠組みとなって成立した。こうした議論は、健康被害の経験談や、アンチ・ドーピング施策の立案環境内部における対応すべき問題によって深まった。

スポーツ界と一般社会で認識されているステロイドのリスク

ドーピングに対する一般の認識は絶えず変化している。スキャンダルが発生すると、ドーピングはニュースとなりドラマを生む。腐敗と態度の悪さをほのめかす煽情的な見出しは、興味をかきたて、魅力的な記事になる。しかし、より陳腐な現実として、一九八〇年代から九〇年代に多くの国で運動能力向上薬が日常生活にますます浸透していた。メディアに大きく取り上げられることはめったになかったが、公衆衛生の研究者はこのパターンを新たな問題として認識していた。この期間に行われたいくつかの調査では、薬物使用の規模、そして範囲に着目した。

初期の研究の一つが、ライズ・ターニーとラリー・マクレインが一九九〇年に実施した、米国の高校生におけるステロイド使用の調査である。[*2] 二一一三件の回答を得て、そのうち四・四パーセントがステロイドの使用を認めた。この数字は、男性（六・五パーセント）、アスリート（五・五パーセント）でそれぞれ多かった。ジャーナル・オブ・ディズィージズ・イン・チルドレン誌で公開されたこの調査は、ステロイド使用を、子どもが抱えるその他の健康上の懸念とともに、議論すべき潜在的な脅威に位置づけた。著者は次のように記している。「これらのデータが示唆するのは、思春期の子どもにはさらにもう一つの、まだ広く認知されていない薬物問題が存在するということだ」。[*3] これは、ステロイドの密輸が非合法になったのと同じ年である。また、保健政策研究家のチャールズ・イェサリスらは、一九九一年に行われた薬物乱用に関する全国世帯調査を用いて、米国内におけるステロイド使用のパターンを論じた。報告によれば、一〇〇万人以上が現在または過去にステロイドを使用しており、前年に使用した者だけでも三〇万人前後にのぼったという。この論文では、ステロイドの使用を他の社会的な害と関連づけた。著者らは、ステロイドの使用が他の非合法薬物、タバコ、アルコール、攻撃的な態度、器物破損と関連していると論じた。[*4] この論文は、注目度と影響力の高いジャーナル・オブ・ジ・アメリカン・メディカル・アソシエーション誌に掲載された。

英国の三件の調査は、ステロイド使用に関する知識と理解がどのように培われ、構成されるかを示した。一九九二年にウェールズのプライベート・ジムの個人会員を対象として行われた研究では、調査対象となった三〇〇人のうち、三九パーセントがステロイドを使用したことがあると判明した。特に一般的なステロイドは、ダイアナボル（メタンジエノン）、デカデュラボリン（ナンドロロン）、テストステロン、スタノゾロールだった。データの収集時に健康についての質問は特になかったにもかかわらず、著者らは健康リスクについて論じた。記事のタイトルも、さらなる厳しい結果を暗示するかのように、*Dying to Be Big: A Review of Anabolic Steroid Use*（死ぬほど大きくなりたい――アナボリック・ステロイドの使用に関する調査）という。[*5] 一九九三年の調査で、ウィリアムソンはある専門学校を対象とし、六八七人の学生のうち二・八パーセントが過去または現在にステロイドを使用しているとの回答を得た。またしても男性の割合が高かった（四・四パーセント）。[*6] 回答者数が多くないにもかかわらず、著者はより広範囲な影響を指摘している。

現在または過去にアナボリック・ステロイドを使用している率は二・八パーセントであった（男性では四・四パーセント、女性では一・〇パーセント）。このうち五六パーセントは一五歳未満で初めてアナボリック・ステロイドを使用していた。アナボリック・ステロイドの使用者は一七歳未満の男性で、ボディビル、ウエイトリフティング、ラグビーをやっている割合が高い。本調査の結果が他の若い人々の間で確認されるようなら、アナボリック・ステロイドの使用が英国で広がっていることが示唆される。[*7]

英国でのステロイドの使用は、一九九〇年代半ばには政府の関心事になり、イングランド、スコットランド、ウェールズの保健省の依頼で全国調査が行われた。一六六七人のサンプルから、著者らは男性の九・一パーセント、女性の二・三パーセントが過去にステロイドを使用した経験があり、男性の六パーセント、女性の一・四パーセントが現在も使用していると報じた。副作用は回答者のごくわずかからしか報告されなかったが、精巣萎縮、腎機能および肝機能障害、男性の乳房肥大、血圧上昇、体液貯留、腱損傷、鼻出血、頻繁な風邪、睡眠障害、女性の生理不順、クリトリス肥大、乳房の縮小など、幅広い不調が含まれていた。このように、問題の規模こそ不明な部分が多いが、ステロイドの使用が様々な健康問題と絡み合っていることがわかる。副作用について論じるため、著者らは九七人のステロイド使用者に聞き取り調査を行ったが、一部の問題はごくわずかな使用者にのみ現れていた。[*8]それでもこの調査は、政治や医学研究の場で高まりつつあった、ステロイドは厄介な問題であり使用をコントロールすべきであるという風潮を後押しした。

新たな脅威が起こりつつあるという認識は、ステロイドに対するより広い社会的不安をかきたてた。不安はエリート・スポーツから青少年スポーツ、さらにスポーツ以外の場にまで広がった。一九四〇年代から五〇年代にかけてホルモン療法の先駆者たちが抱いていた楽観的な見通しは、薬物乱用、健康上の副作用、女性の過度な男性化（ただし、女性のステロイド使用率は男性と比較して著しく低い）などの恐れに取って代わった。

アンケート調査や経験談から得られた知識は断片的かつ不完全で、局所的な調査ときわめて少ない臨床試験に基づいていた。エビデンスの根拠が本質的に不明確なため、ステロイド使用のリスクを、重いウエイトを使ったオーバートレーニング、食事の問題、他の薬物の使用、ステロイドの過剰服用や多剤使用、不衛生な習慣（針の使い回し、交差汚染、無菌でない環境など）といった関連リスクと切り分けることはほぼ不可能だった。ステロイド使用の現実を受け入れて使用者を支援し、薬物の害を最小にする戦略を提案する機会は、東ドイツからの報告によって失われた。低年齢でステロイドを投与された女性の恐ろしい話が徐々に明るみに出たことで、ステロイドへの批判的な見方を支持するもう一本の柱が生まれ、スポーツにおける薬物禁止政策の要求が再び盛り上がった。

難しい事例

一九九二年のオリンピックは、大きなドーピング・スキャンダルなしで終わったと言えるだろう。一九八八年のベン・ジョンソンのスキャンダルを経たＩＯＣがほっとしたのは間違いないが、この時期には各種の新たな薬物が市場に登場し、アスリートが使用するようになっていた。

この薬理学の発展の一例が、クレンブテロール（喘息の治療などに用いる気管支拡張薬）である。禁止されていなかったので、一九八〇年代末からアスリートが使用するようになった。しかし、一九九二年のオリンピック期間中におけるクレンブテロール使用事例は、運動能力向上の最先端に追いつこうとするＩＯＣが直面する苦労を浮き彫りにした。実のところ、クレンブテロールに対するルールは不明確だった。最初は精神刺激薬のカテゴリーに入っていて、その後アナボリック・ステロイドのカテゴリーに移動された。IOCは一九九二年のオリンピックの数カ月前からクレンブテロールの禁止を発表した。しかし、その時点まで、クレンブテロールの扱いは明確ではなかった。

クレンブテロールは筋肉増強効果が期待される精神刺激薬であるため、競技連盟当局との関係は複雑である。クレンブテロールは陸上競技の国際競技連盟である世界アマチュア陸上競技連盟（IAAF）の禁止薬物には挙げられていなかったが、使用を禁止されている〝関連〟薬物に暗黙的に含まれていた。*9

クレンブテロールの使用を発見されたアスリートに、米国代表の砲丸投げ選手、ボニー・ダスがいる。友人の助言によって、大会の三日前に服用を始めたと認めた。このことは、アスリートの間で、禁止薬物に関するIOCの施策、薬物の使用法、検査方法への知識が不足していたことを示している。ダスは失格となり、そのまま引退した。米国代表のハンマー投げ選手、ジュド・ローガンも、バルセロナ・オリンピックで四位に入賞した後で陽性反応が出た。ステロイドよりも安全な代替薬物として五カ月間使用していたことを認めたが、IOCが禁止を発表した後、オリンピックの本番の四カ月前に服用を停止したと述べた。また、服用していた喘息薬をめぐっても行き違いがあった。最終的に、IOCはローガンを失格にすることを決定して、帰国させた。IOCはこれ以上の罰則に関する権限を持たない。その責任は、当該競技連盟当局に任されているからだ。しかし、制裁を加えられたエビデンスはない。*10 英国選手団も、大会開始前にクレンブテロールの使用を発見したため、二人のウエイトリフティング選手を帰国させた。薬物を使用したタイミングとルールが不明確だったこともあり、英国オリンピック委員会に二選手を帰国させる権限があるのかどうか、激しい議論が起こった。のちに、英国ウエイトリフティング連盟は二選手の違反を取り消し、罰則を与えないことを決定した。一人は二〇〇八年の北京オリンピックで代表選手のコーチとなった。[*11] IOCのルールに一貫性がなかったことは、よりはっきりとした形でクレンブテロールに対して陽性となったカトリン・クラッベのケースでさらに明確になった。このドイツ〔旧東ドイツ〕代表のランナーは一九九二年のオリンピックの直前に検査で陽性となり、出場しなかった。その後、ドイツ陸上競技連盟から一年間の出場停止処分を受け、さらにIAAFが二年間の出場停止を追加した。これらの制裁の後、クラッベが国際試合に出場することはなかった。この〝二重の危険〟〔同じ犯罪について被告を二度裁判にかけること〕に対する長い法的訴訟の末、クラッベは二〇〇二年に一二〇万ドイツマルクの金銭的補償に、一九九四年一二月以降の利子をつけて受け取ることになった。[*12]

バルセロナ・オリンピックの二年後に、アルゼンチン代表で史上最高のサッカー選手と称されることも多いディエゴ・マラドーナが、ドーピング検査でエフェドリンの陽性反応が出たことで国際大会を追放された。マラドーナはナポリでプレーしていた時代にも、コカインの使用で一五カ月の出場停止処分を受けている。コカインの使用による検査陽性と出場停止は、今に至るまで議論の的になっている。というのも、コカインは一般的にスポーツにおける運動能力向上のために服用するものではないからだ。多くのアスリートが娯楽目的で服用しており、検査の状況は競技によってかなり異なる。一九七〇年代から一九九〇年代頃まで、一部のスポーツではコカインの使用を禁じる規定はなく、したがって検査もしていなかった。次章で論じるように、世界アンチ・ドーピング機構〔WADA〕は

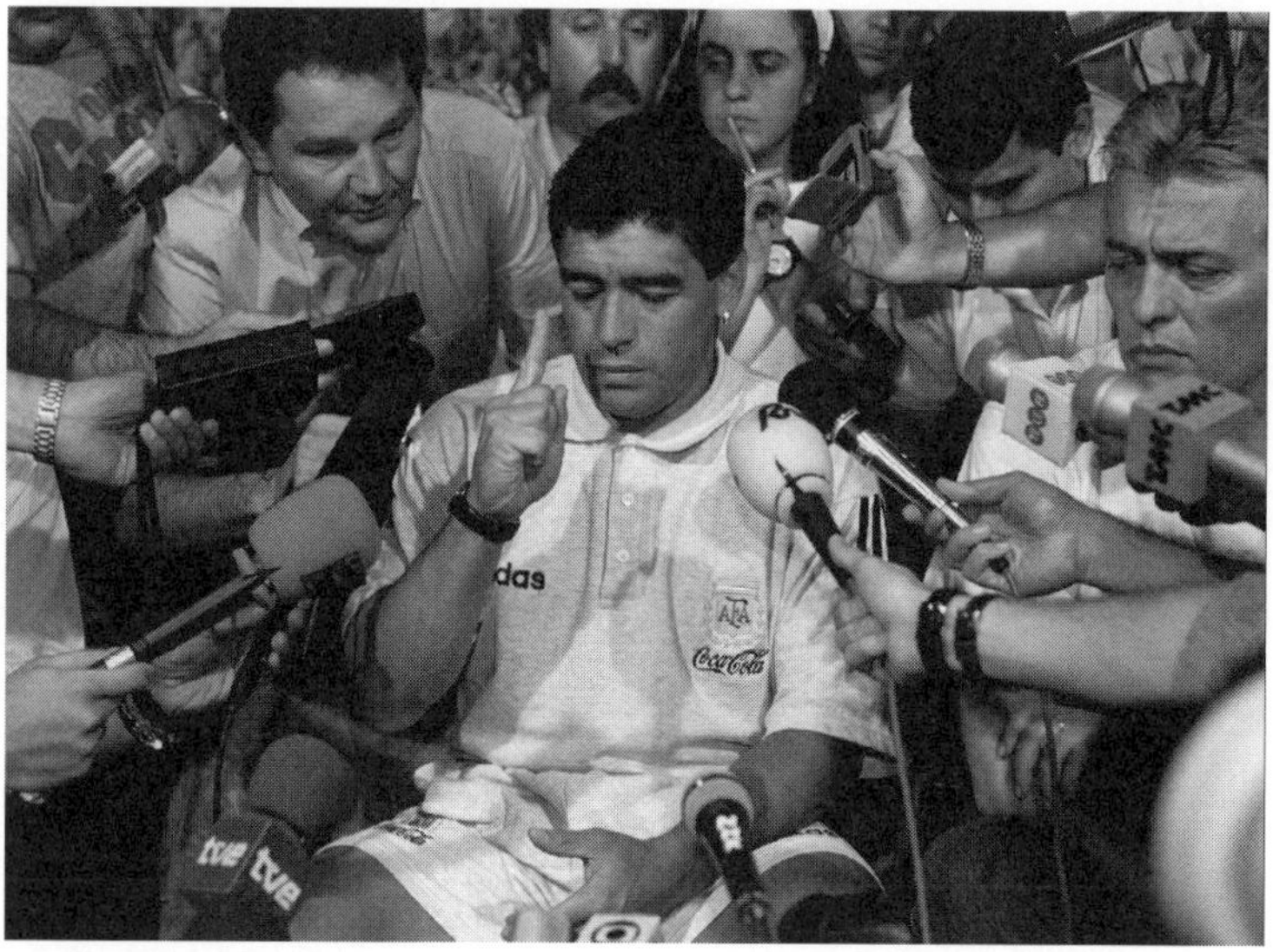

ディエゴ・マラドーナ。1994年ワールドカップにおける検査で陽性となった後。

のちに、より一貫性のあるアプローチを導入しようとしたが、それでもアスリートに科される制裁内容は、初犯でも単なる警告から四年間の出場停止まで差があった。マラドーナはコカインの陽性反応以外に、税金の滞納などの問題も起こしたため、一九九二年にはナポリを去ることになった。一九八四年からナポリでプレーしていたマラドーナは、セリエA優勝二回に加えカップ戦などのタイトルも獲得してイタリア国内で揺るぎない地位を確立し、国際試合でも一九八六年、一九九〇年のワールドカップで活躍した。言うまでもなく、一九八六年のワールドカップはマラドーナがイングランド戦でいわゆる〝神の手〟ゴールと二番目の素晴らしいゴールを決め、キャプテンとしてアルゼンチンを優勝に導いたことで有名である。マラドーナは一九九〇年にもアルゼンチン代表のキャプテンを務めたが、決勝で西ドイツに一対〇で敗れた。

一九九四年のワールドカップで、マラドーナはギリシャ戦でゴールした。ゴールパフォーマンスで、興奮したテレビカメラの前に駆け込み、目を血走らせ、顔をゆがめて喜びを爆発させた。しかし、大会後のドーピング検査で陽性になり、FIFAによって帰国させられた。エフェドリンは精神刺激薬として禁止されているが、風邪薬や、さらにはサプリメントにも含まれていることがある。マラドーナはのちに、コーチに〝リップ・フューエル〟という栄養サプリメントを勧められたと主張した。このサプリメントの米国版にはエフェドリンが入っているが、アルゼンチン版には入っていなかったため、誤って摂取してしまったのだという。また、このサプリメントをダイエット用に摂取する許可をFIFAから得ているとも主張した。本人とコーチに隙がなかったとは言えないが、議論の余地のあるこれら二つのアンチ・ドーピング事件は、マラドーナのキャリアに悲劇の影を投げかけた。スキャンダルによって、まずヨーロッパのサッカークラブから、次いでアルゼンチン代表チームからの引退を余儀なくされた。

マラドーナの凋落の結末を、スコットランド人ジャーナリストのヒュー・マッキルヴァニーは次のように的確にまとめている。

木曜日の夜にダラスで行われた臨時記者会見の下劣な大騒ぎが、ディエゴ・マラドーナのみじめなワールドカップ追放からにじみ出る悲しみを最もよく伝えていた。マイクを持ったたくさんの手が食虫植物のように押し寄せる中で、口から出た予想どおりの否認と文句よりも、スペイン人と先住民の血を引く表情に浮かぶ、やつれた、少しおびえた表情のほうが、彼の苦悩の本質と原点をより雄弁に語っていた。*13

一方、報道ははるかに少ないが、同じ年には無実のアスリートがドーピングの嫌疑をかけられる、トラウマになりそうな事例が起こっている。ダイアン・モダール（旧姓エドワーズ）は英国のトップクラスの中距離走者で、一九九〇年のコモンウェルス・ゲームズの八〇〇メートル走で金メダルを獲得している。モダールはアンチ・ドーピング検査の不適切な基準の犠牲となった。一九九〇年のコモンウェルス・ゲームズでの金メダル獲得に続き、一九九三年の世界選手権では四位に入賞し、充実したシーズンを過ごしていた。しかし、一九九四年にリスボンで行われた競技会で検体が陽性となり、その年のコモンウェルス・ゲームズ出場から除外された。長引く裁判を戦い、マンチェスター大学の科学者たちの助力を得て、モダールは自分の尿検体が室温三五度を超える部屋のテーブルに三日間放置されたために劣化したことを証明した。科学者たちは、この条件が偽陽性につながる可能性があると示した。さらに、検査を担当した試験所は管理の連鎖（chain-of-custody）文書を捏造しようとしたうえ、誤ってpH値8．85の検体を処理していた。尿検体のもともとのpH値は5で、IOCは7．5を超えるpHの検体は処理してはならないと規定していた。こうした根拠により、モダールの異議申し立ては認められ、一九九五年に出場停止処分が解除された。しかし、モダールの話はそこで終わらなかった。訴訟費用を取り返すべく、さらに訴訟を起こした。裁判は六年間続き、敗訴が決まるまでに自身が破産しただけではなく英国陸上競技連盟までも破産させた。モダールはスポーツ界に戻り、二〇〇〇年には四回連続となるオリンピック出場を果たしたが、若い頃の期待に届くことはなかった。そして自伝で、ドーピング問題による感情の動揺とストレスを語った。一番ひどいときには自殺も考えたという。モダールは自分が受けたショック、喪失感、不公平感、絶望を次のように綴っている。

「一一カ月にわたる試練の間、私は一度ならず自殺を考えました。不利な判決が出たら、生きる目的も意志も残りません」*14

複雑なアンチ・ドーピングの嫌疑をかけられたもう一人の世界的アスリートに、米国の中距離走者メアリー・デッカーがいる。デッカーは一九八〇年代に南アフリカのゾーラ・バッドとのライバル関係で有名だった。一九八三年の世界選手権では二個の金メダル（一五〇〇メートル、三〇〇〇メートル）を獲得し、輝かしいキャリアの中で世界記録を一七回も更新した。一マイル走で四分二〇秒を切った初めての女子選手でもある。一九八四年のオリンピックの三〇〇〇メートル走では有力候補だったが、他の走者ともつれて転倒し、ゴールできなかった。それから一〇年以上後の一九九六年、アトランタ・オリンピックの直前にドーピング検査で陽性となった。テストステロンとエピテストステロンの比が許容される六対一を超えていたというのだが、長期間にわたって避妊用ピルを飲んでいる年齢の高い女性では結果を正しく判定できないと弁護士が主張した。しかし、異議申し立てのプロセスは骨が折れるもので、長く続いた。一九九七年六月にはIAAFから出場禁止を言い渡されたが、全米陸上競技連盟によって一九九九年九月に競技に復帰した。IAAFは諦めずに調停を申し立て、そこではデッカーに不利な結果が出た。デッカーはのちに、一九九七年世界選手権で獲得した一五〇〇メートル走の銀メダルを剥奪された。一九九九年四月にはこれに対し、IAAF、および検査を実施した米国五輪委員会を相手に訴訟を起こした。合衆国控訴裁判所は、管轄権がなく出場停止を覆すことはできないという判決を下した。*15 この判断は、スポーツのドーピング問題における出場停止処分をどの司法主体が決定すべきかという現在進行形のジレンマを反映していた。また、数年後にWADAが対応することになるジレンマの前触れともなった。

批判のエスカレート――命も奪うEPO

これまでにも述べたように、自転車競技には精神刺激薬を使用してきた長い伝統があった。アンフェタミン類などの薬物によってエネルギーを急激に高めることで、選手は長距離レースの疲労を乗り切ったり、必要に応じて瞬発力を発揮したりすることができる。このことのさらなるエビデンスを一九九〇年の著書『ラフ・ライド』〔日本語訳は一九九九年に発売、大坪眞子訳〕で公にしたのが、プロのアイルランド人自転車選手でのちに調査報道ジャーナリストになったポール・キメイジである。同書は、プロの自転車選手が精神刺激薬を日常的に使用していた現実を示す、数少ない経験談である。当時はまだ検査と制裁がやや限られていた。たとえば、キメイジの本が出版される二年前にツール・ド・フランスで総合優勝を飾ったペドロ・デルガドは、検査でプロベネシドの陽性反応が出た。ステロイドの使用を隠蔽することができる薬物である。デルガドは医療目的で使用していたと主張した。レースを棄権するように主催者が伝えても選手が拒否すれば競技を続行できるような状況が、アンチ・ドーピングとその執行体制の無秩序な性質を表していた。また、違反を発見された選手が出場停止ではなくタイムペナルティを受けたドーピング事例もあった。

自転車競技におけるドーピングの科学は一九九〇年代に、血液の操作に重点を置いた専門の科学者たちによって劇的な変化を遂げた。一九八四年のオリンピックにおける血液ドーピング・スキャンダルの結末によっても、この手法への関心は衰えておらず、相変わらず検出方法もなかった。血液ドーピングの複雑さは、アスリートが健康なときに血液を抜き取って貯蔵し、急激な回復が必要なときに血液を体内に戻すところにある。レース時にこれを行うのは、物流面で難しく、リスクも伴う。血液バッグをチームバスにこっそり保存し、輸血用具とともにホテルの部屋に配達する必要がある。バッグを受け取る選手は、医療従事者の補助なしで輸血を実行できるだけの技術と慎重さがなければならない。

赤血球の産生を促進するはるかに簡単な方法は、合成ＥＰＯ（エリスロポエチン）を使うことである。この物質は、一九九〇年代から二〇〇〇年代にかけて、自転車のみならず様々な競技の持久系アスリートによって広く使用された。ＥＰＯは一九七七年に初めて精製された。合成ＥＰＯが開発され、一九八九年には貧血の治療薬として〈エポゲン〉という製品名で米国食品医薬品局（ＦＤＡ）の認可を受けた。一九九一年以降にはヨーロッパでも、〈アラネスプ〉、〈エプレックス〉、〈ネオレコーモン〉といった名称で販売された。[*16] ＥＰＯは自然界にも産生する物質だが、外因性のＥＰＯは遺伝子組み換えエリスロポエチン（ｒｈＥＰＯ）として知られる。しかし、ｒｈＥＰＯは天然のＥＰＯと区別がつかなかったため、科学的な解決法で使用を検出するのは非常に難しく、信頼性の高いｒｈＥＰＯ検出検査が開発されたのは二〇〇〇年代初頭のことだった。

高度化と複雑化を遂げたこのドーピング・アプローチには、専門家の支援が必要だった。代表的なドーピング医師の一人が、イタリア人のフランチェスコ・コンコーニだった。コンコーニは職業生活の大半でイタリア・オリンピック委員会の公的な業務に従事しつつ、ひそかに自らの研究を自転車競技のドーピング推進に利用していた。実のところ、コンコーニはＥＰＯの使用を検出する検査を発見するためにイタリア・オリンピック委員会とＩＯＣ（コンコーニはＩＯＣ医学委員会の委員でもあった）から資金を得ていたが、その資金でプロの自転車チーム向けにドーピング薬物の一連の実験をしていた。コンコーニはドーピングをしながら検査をごまかすため、ＥＰＯを抗凝固剤およびヒト成長ホルモンと組み合わせる方法を発見した。
アンチ・ドーピング専門家のアレッサンドロ・ドナーティによると、主力自転車チームの最大八〇パーセントほどが、一九九〇年代中頃までにコンコーニのカクテル〔薬物の組み合わせ〕を服用していたという。コンコーニは記者に次のように語った。「運動能力向上物質を使わずに世界レベルの競争力を発揮するのは完全に不可能です」。フランスの元プロ選手、ジル・デリオンは次のように語った。「EPOを摂らなければベスト五〇のライダーには入れない。ここしばらくはそんな状態だ」[*17]。もちろん動かぬ証拠を見つけるのは難しいが、一九九六年にツール・ド・フランスで総合優勝したビャルヌ・リースも疑われた一人だ。

ヨーロッパの広範囲な調査で、スキーからサッカーまで想像可能なあらゆるスポーツにおいて選手のEPO使用が発覚した。イタリアの警察は、一九九四年と一九九五年にフェラーラ大学でフランチェスコ・コンコーニの指揮下の医学研究者によってEPOを投与された自転車選手の中にリースがいた可能性を示す証拠を発見した。警察が押収したファイルの中に、これらの期間中におけるリースの血液検査の結果があったのだ。赤血球の割合が基準レベルの四一パーセントから、驚異の五六・三パーセントに上昇していた。消耗性の疾患があると赤血球数の増加を説明できる場合があるが、リースは並外れた身体回復能力を必要とするレースに優勝している、最も健康的な人間の一人である[*18]。

EPOは自転車選手と自転車競技のパフォーマンスに新たな可能性を開いたと言えるかもしれない

が、この薬物が原因とされる死亡事故が出ていることから当局にとって悩みの種となった。誤用による健康リスクに関しては多くの主張がある。臨床専門家はＥＰＯのリスクを深刻なものととらえた。ある科学者のグループは次のように記している。「ステロイドやｈＧＨ〔ヒト成長ホルモン〕と同様に、ＥＰＯによるドーピングも異常な用量で注射され、それにより血液粘度の上昇、深部動脈および冠状動脈血栓症、脳血栓症、肺血栓症、不整脈、脳卒中、死などを引き起こすことがある」[19]。ＥＰＯの過剰摂取は命に関わるという考え方は、一九八〇年代から九〇年代に起こった何人かの自転車選手の死がＥＰＯと関連している可能性が噂されるとともに、短期間で膨れ上がった。のちにスポーツ精神医学者のデイヴィッド・バロンらがＥＰＯを「最も命に関わるドーピング薬物の一つ」と書いた頃には、この主張をめぐる合意ができあがっていた[20]。

ＥＰＯに関連づけられて認識されているリスクは、ＥＰＯの生産と普及のサイクルのごく初期に出現し、一九八七年には最も早い死亡例とみられる事故が起こっている。スペインの社会科学者、ベルナット・ロペスは、この主張がどのように出現したか、また事件が正確な評価なのかどうかを詳しく論じた。アンチ・ドーピングに関わるジャーナリストと科学者は、悲劇の死とＥＰＯの間のつながりをしきりに見いだしたがっていた。メディアから臨床科学者まで幅広いコメンテーターが、一九八〇年代末から一九九〇年代初頭までの間に二〇人近くの自転車選手が亡くなったという主張を繰り返していた。ロペスは、様々な理由により、これらの悲劇的な死のうち論理的にＥＰＯが原因と考えられるものがほとんどないことを示し、こうした主張を、アンチ・ドーピング運動を安直に支える〝旗艦の神話〟と呼んだ。

加えてロペスは、こうした主張がすぐに取り上げられ、繰り返され、エビデンスや情報源のさらなる調査が必要とは考えられないことに驚きを示している。学会ですら、一般的な価値観を単純におうむ返しに述べるだけだったという。そしてさらにドラマチックさと切迫感を高めるために重要なのが、スキャンダルを受け入れて増幅するメディアの傾向であると語る。

〔研究用データベースの〕レクシス・ネクシスと、一部新聞のオンライン・アーカイブへのアクセスにより、これらの事実を報じる記事のテキスト検索を実施した。二四件のニュース記事が見つかった。これにポール・キメイジの調査報道の書からの一章を加える。これらのテキストを分析したところ、さらなるばらつきと不正確さが判明した。犠牲者の数は〝六人〟から〝四〇人前後〟まで幅があった（他の数字は七、一四、一五、一六、一七、一八、二四、三四であった）。引用されたのが最も多かった国はまたもオランダとベルギーだったが、スペイン、ドイツ、ポーランドについても言及され、多くのテキストは単純に〝ヨーロッパの〟自転車選手に言及していた。さらに、時間についてもずれが大きく、広くは一九七〇年代から一九九〇年、狭くは一九八八年から一九九〇年まで幅広かった。[*21]

しかし、専門家の証言を取り上げたメディア報道の例から、EPOがこれらの死と結びつけられるようになることは明らかだった。ニューヨーク・タイムズ紙は一九九一年五月に、エビデンスは〝伝聞に基づく〟ものの、EPOは自転車競技における一八件の死亡事故に結びついていると報じた。この記事では、ランディ・アイヒナーの言葉を次のように引用している。「絶対的な証拠はないが、火のないところに煙は立たないので、ほとんどの人は確信しているだろう。何もなしに四年間で一八人

（うち一〇人が循環器の問題）が謎の死を遂げるはずがない」。引用された別の専門家はエドマンド・バークだ。一九八四年のオリンピックで血液ドーピングを用いた自転車米国代表のスタッフだった人物である。「彼らに話さなければならない。『ＥＰＯは有酸素容量に驚くほど効果がある。ただし、命に関わるかもしれない』と」しかも、一連の死をＥＰＯの使用と関連づけるとなると、かなりの不安が生じる。「医師らは、一九八六年に臨床試験が始まった直後からアスリートがこの薬物（ＥＰＯ）の使用を開始したと考えているという。それから死亡事例が始まった。一九八七年に、オランダ人選手が五人亡くなった。一九八八年にはベルギー人選手が一人とオランダ人選手がさらに二人他界した。一九八九年にはさらに五人のオランダ人選手、昨年（一九九〇年）にはベルギー人選手が三人とオランダ人選手が二人命を落とした*22」

明確な科学的エビデンスを欠くにもかかわらず、ＥＰＯが入手可能になったことと自転車選手たちの悲劇的な死の関連性は、メディアの中でも、政策立案の上でも、学問の世界でも繰り返された。このことはある意味で頷ける。赤血球の割合が低い患者のために開発された薬物を、血中濃度の正常な人間に投与すべきではない、と考えられたわけだ。また、ドーピングが競技上当たり前になっている、血液ドーピングが何年にもわたって行われている、自転車選手は運動能力向上のために手段を選ばないといった、エリート自転車選手に対する他の非難とも符合した。さらに、自転車チームがコンコーニやミケーレ・フェラーリのような悪徳医師の助言を求めていることに対する意識の高まりとも一致した。

外部の人間は自転車競技界の腐敗を嘆いたが、内部は一致団結し、一種の〝沈黙の掟〟を打ち立てた。否認と秘密保持からなる自警の文化だ。この沈黙を破ってドーピングを暴露した自転車選手はほとんどおらず、そうした者（ポール・キメイジなど）は、自転車競技界の他のメンバーから無視された。しかし、外因性ＥＰＯの使用を検出する信頼性の高い検査がない状況では、たとえ命に関わる薬物だと広く認識されていても、自転車をはじめとする持久系競技の選手へのＥＰＯの普及は止まらなかった。一九六〇年のヌット・エネマルク・イェンセン事件と同様に、アンチ・ドーピング運動家が検査の増加と違反時の厳罰化の主張の裏付けとするための便利な神話が生まれた。これもイェンセンの件と同様だが、二〇名前後の自転車選手が、本人——そして家族——への共感と敬意をもって遇される代わりに、ドーピングで自ら死を選んだ人間として永久に扱われることになった。

根拠の薄い恐怖を煽る風潮によって、政策・施策の立案をめぐる議論は、完全な断薬という絶対主義的な発想を中心とするようになってきた。ドーピングのイメージが、東ドイツによる薬物乱用、ステロイドの一般への普及、血液操作の手法と死亡を伴う薬物、そしてアスリートとメディカルサポートスタッフへの全般的な不信などと結びつくようになるにつれ、恐怖の声は膨れ上がった。規制の範囲内で多少の運動能力向上薬を許容するといった、より寛容なハーム・リダクション的アプローチは、熱狂的な強硬論者によって押しのけられた。恐怖に基づくストーリーを吸収してひたすら吐き出すメディア報道が、アスリートの権利、不公平な懲罰、無実のアスリートの揚げ足を取るおそれのある複雑な禁止事項、あるいは一部のアスリートが自らの選択ではなく結果的にドーピングさせられることになっている事実など、様々な懸念をすっかり覆い隠してしまった。対ドーピング戦争は、政策面で進むのはまだ先のことだったが、文化面ではすっかり勢いをつけていた。これは大まかに、アスリートは勝利に取りつかれており、ドーピングはまさにそのチャンスであるから、スポーツは他の薬物問題と異なるのだという感覚に支持されていた。

スポーツに対するこのゆがんだ見方は、一九九七年にスポーツ・イラストレイテッド誌に掲載された記事に表れている。記事の冒頭は次のように綴られている。

一九九五年に行われたアンケートのシナリオを紹介しよう。短距離走、水泳、パワーリフティング、その他の種目のアスリート一九八人を対象とし、そのほとんどが米国代表のオリンピック選手か、オリンピックを目指している選手である。「あなたは禁止されている運動能力向上薬を、①捕まらない、②競技に勝てる、という二つの保証付きで提示されました。この薬物を摂取しますか？」

一九五人がイエスと答え、ノーと言ったのは三人だった。

シナリオはもう一つ提示された。「あなたは禁止されている運動能力向上薬を、①捕まらない、②この後五年間競技に勝てるが、五年経ったら副作用で亡くなる、という二つの保証付きで提示されました。この薬物を摂取しますか？」

それでも半分以上のアスリートがイエスと答えた。[*23]

この記事によれば、このアンケートは一九八二年以降毎年実施され、ほぼ同じような結果になっているという。このアンケートを推進したのは内部の専門家の意見だった。この専門家は、野心のあるアスリートなら運動能力向上薬に頼らざるを得ないくらいドーピングが蔓延しているという説を支持していた。

驚くべきは、オリンピック参加選手に対する厳格なはずの検査が導入されてから二五年も経つにもかかわらず、禁止されている運動能力向上薬の使用はこれまでになく広まり、効果を発揮しているということである。「薬物を服用しないで金メダルを獲得できるスポーツマンはいるかもしれないが、きわめて少ない」。オランダ人医師のミシェル・カーステンは語る。過去二五年にわたり、水泳、陸上競技、またオリンピック競技ではないがパワーリフティングのワールドクラスの選手たち数百名にアナボリック・ステロイドを処方したと述べている人物だ。「傑出した才能があれば一回勝てるかもしれないが、私の経験から言うと薬物なしでは勝ち続けることはできない。フィールドは薬物使用者で埋め尽くされすぎているのだ」*24

このような考え方が支配的になったとしたらどうだろう。これらの意見は、個人の意見に基づいており、ピアレビューや批判的分析などを用いた厳密な科学的手法で行われていないアンケートを参考にしている。アスリートを、危険を冒す者、ズルをする者と十把一絡げにみなしているが、それはすべてのアスリートに一般化できることではない。しかし、地下に潜伏した悪事、ブラック・マーケットの供給者、腐敗したスポーツ指導者についてのスキャンダラスな記事は読者を魅了し、アンチ・ドーピングの効果と価値に関する議論を促した。社会科学の枠組みの中でさえも、この議論は様々な面から検討する十分な余地があるように思われた。一九九六年に、デイヴィッド・ブラックはインターナショナル・レビュー・フォア・ソシオロジー・オブ・スポーツ誌に、「スポーツにおける薬物禁止は社会福祉の向上になるか」という問いに関する記事を書き、「禁止をやめることは、競技大会を公平にし、アスリートが直面する健康リスクを緩和することにより、社会福祉の向上につながる」と提案した。一九九七年には、テリー・ブラックとアメリア・ペイプがジャーナル・オブ・スポーツ・アンド・ソーシャル・イシューズ誌に「スポーツにおける薬物禁止——解決法なのか、問題なのか」という記事を発表した。さらに二年後、ヴェルナー・メラーは大きな議論を呼ぶことになる書をデンマーク語で出版した。英語では二〇〇七年に *The Doping Devil*（ドーピング・デビル）という題で翻訳されている。同書でメラーは、アンチ・ドーピングを支える根拠には欠陥があり、ドーピング問題は誇張されていると主張した。そして、ドーピングをコントロールするための施策の根本を見直すべきだと論じた。これは、〝モラル・パニック〟の概念を用いてドーピングを分析する、数年後のいくつかの批判的研究とも通底している。たしかに、一九九〇年代末には、ドーピングの定義、アンチ・ドーピングの価値、アンチ・ドーピング施策の実用性、そしてアスリートにこうした問いに関する有意義な議論に参加してもらうことに関して、自由な議論を行うための機運があった。

しかし、このような議論はほとんど起こらなかった。その代わりに、ＥＰＯと血液ドーピングのリスクへの恐怖と密接に関連した、自転車競技界の最高峰におけるスキャンダルによって、政策立案者にとっての潮目が変わった。それによって学術的な議論の幅が狭まるとともに、規制緩和やハーム・リダクション・モデルの提案がほぼ不可能になったのである。

一九九八年のツール・ド・フランスのスキャンダル

トップクラスの自転車競技の世界における、血液ドーピング、EPO、テストステロン、鎮痛剤、睡眠薬、精神刺激薬——さらにはパーティー・ドラッグ——の使用は、二〇〇八年に明らかになった。米国でも有力チームのいくつかが分裂し、元チームメイトらがドーピングを非難し、組織的ドーピングにおける自らの役割を告白した。しかしながら、一九九〇年代には、〝沈黙の掟〟に飲み込まれ、固い絆で結ばれたインナー・サークルの外に情報が洩れることはほとんどなかった。このすべてが変わったのが一九九八年である。その年のツール・ド・フランス直前に、あるスキャンダルが勃発した。当初の中心人物は、フェスティナの理学療法士、ウィリー・フートだった。

フェスティナは一九九〇年代に最も活躍したプロ自転車チームの一つである。一九九四年のツール・ド・フランスでチーム賞を受賞したほか、一九九六年にもチーム賞三位、一九九七年には二位に入賞している。契約選手は世界でもトップクラスだった。チームにおけるフートの仕事の一つは、ドーピング在庫の管理だった。一九九八年七月八日、フートはチームの車を運転中にフランスとベルギーの国境で検問を受けた。警察の捜索により、大量のドーピング用薬物と器具一式が発見された。注射器とともにEPO、ステロイド、精神刺激薬が発見された。当時の新聞記事によれば「二三五回分のエリスロポエチン（EPO）が含まれていた。これは、赤血球数を押し上げ（それによって持久力を高め）ることのできる人工ホルモンだが、適切にコントロールしていないと血液が濃くなりすぎて命に関わるものである。さらに、サウラトロピン（筋肉増強ホルモン）、六〇回分のパンテストン（テストステロン誘導体。身体を強くするが発がん性がある）、痛み止め用の各種コルチコイド、エネルギー補給用のアンフェタミン類なども発見された」[*25]

フートは逮捕され、警察はフェスティナをはじめとする有力チームの捜査を開始した。ツール・ド・フランスは七月一一日に開始する予定だった。レースは一部の選手やチームが辞退し、他のチームが警察の捜査を受けるなど混乱を極めた。ホテルの家宅捜索、選手の逮捕などをめぐるドラマが発生した。フェスティナ・チームのメンバーは拘留されながらインタビューに応じた。フェスティナ・チームは大会主催者によって排除され、ほぼすべての選手がドーピングを認めた。

スキャンダルとドラマが大会を覆っていた。フェスティナや他のチームからレース中に次々と事実が発覚したのだからなおさらだ。あるメディアはこの危機を次のように報じた。

> 金曜日には、選手の反乱が起き、二時間遅れた。炎上のきっかけは、テレビチャンネル〈フランス2〉が一部選手の用いた薬物の入ったゴミ箱を報道したことだった。選手らは、これはリンチであり、自分たちは犯罪者のように扱われていると主張した。そして、メディアはレースよりもドーピングのことばかり考えていると述べた。しかし、レースは本質的にドーピングと切っても切り離せないのではないだろうか。
>
> 金曜日にツール・ド・フランスの中止を呼び掛けた、影響力の高いフランスの日刊紙ル・モンドは今日、ある匿名のプロ選手の告白を公表した。この選手は、自分の薬物代だけで医療費が一二万五〇〇〇オーストラリア・ドル（約一〇万米ドル）かかっていると宣言した。約六〇万フランに相当する額である。個人のドーピングは選手によって計画されていた。同選手は述べた。
>
> 「チームマネージャー、チームドクター、マッサー、レース主催者でドーピングのことを知らな

い人は一人もいません」。この主張を裏付けるため、同選手は医師による日次計画を記載した文書を提出した。

薬物服用のスキームは、大まかには毎朝三錠のステロイドを服用し、週に一回テストステロンの注射を受けるというものだったという。また、定期的にＥＰＯを注射し、最大の四〇〇〇単位になるまで服用量を増やしていくという。さらに、ヒト成長ホルモンなど他の禁止薬物も摂取していた。これら薬物服用の計画はプライベート・ドクターが管理していた。[*26]

世界的な知名度の高さが、一九九八年の大会を非常に重大なものにした。フェスティナと、同じくドーピング薬物の所持で捕まったＴＶＭの二チームに対する捜査は、さらに三年間続いた。フランスの政治家はドーピングについて忌憚なく意見を述べ、ツールの運営側も自転車競技から薬物使用を撲滅する強い圧力にさらされた。個々の選手ではなくチームがドーピングを集中的に管理していたことが明らかになった。すべてのチームはドクターと契約していた。また、ほとんどのチームは賞金の数パーセントを裏金としてプールしながら、ドーピングの製品や手法、安全かつ検出されずに使用する専門知識などに投資していた。また、競技連盟である国際自転車競技連合（ＵＣＩ）には――ＩＯＣがオリンピックでのドーピングを防げないのと同じように――ドーピングを防ぐ能力がないことも明白だった。これらのスキャンダルではっきりしたのは、競技や国の既得権の外にある組織がアンチ・ドーピングを運営する必要があることだった。ＩＯＣとスポーツ全般に対する国際的なプレッシャーを受け、ＩＯＣは本部のあるスイスのローザンヌで、世界のアンチ・ドーピングの未来に関する選択肢を検討する会議を主催した。

世界アンチ・ドーピング機構(WADA)

一九九九年一月に開催されたこの会議は、独立した国際アンチ・ドーピング組織の枠組みを打ち出す〈スポーツにおけるドーピングに関するローザンヌ宣言〉につながった。しかし、これはIOCの当初の計画にはなかった。IOCは自身が指導的団体になるつもりでおり、〈オリンピック・アンチ・ドーピング機構〉という名前まで提案した。しかし、会議に参加した各代表はIOCへの批判を口にし、この新しいアプローチを指導する主体としては信用できないと述べた。特に政府の大臣は、アンチ・ドーピングと利益の相反がある可能性がある組織がスポーツを監督することに懸念を示し、競技管理団体や大会主催者から完全に独立した団体の設立を求めた。IOC会長のファン・アントニオ・サマランチは、IOCと一体化した組織であれば新団体の設立を受け入れると提案した。この妥協によって、IOCはWADAに運営資金を提供し、IOCの副委員長の一人であったディック・パウンドをWADAの初代会長に送り込んだ。会議の後、IOCは新たな構想を発表した。

独立した国際アンチ・ドーピング機構を設立し、二〇〇〇年にシドニーで開催される第二七回オリンピックまでに完全な形で運営できるようにする。この機関に付託するのは、特に、すべての当事者の合議制で定義する目標を達成するために必要な各種のプログラムを調整することだ。これらのプログラムにおいては、競技外検査の拡大、研究の取りまとめ、予防および教育活動の推進、分析や装置の科学的・技術的基準と手順の整合性確保について、特に考慮する必要がある。アスリートおよび関連する政府と国際機関が含まれる、オリンピック・ムーブメントを代表する

WADAの初代会長ディック・パウンド（右）と、*Faust's Gold*（『ファウストの金』、未訳。2001年）の著者スティーブ・アンジェレイダー（左）。2010年撮影。

ワーキング・グループは、IOCの主導により三カ月以内に会合を行い、同機構の構造、ミッション、財務を定義する。オリンピック・ムーブメントは資本金として二五〇〇万米ドルを同機構向けに出資することを宣言する。[*27]

次章で説明するように、WADAによって開発された戦略は、アンチ・ドーピングとそのアスリートへの影響に変革をもたらした。WADAは、各国政府や、欧州評議会や国際連合教育科学文化機関（UNESCO）を含む国際機関の全面的な支援を得ていた。薬物使用のハーム・リダクション型モデル、競技ごとの施策、あるいは運動能力向上のための薬剤使用ロジックの実用的な承認といった、代わりのアプローチを真剣に検討できるチャンスは潰えた。その代わりに、スポーツ界はスキャンダル、健康不安、水面下で起きる可能性のある乱用、そして競技やアスリートをロールモデルとして一般に支持してもらうためのイメージアップの必要性を重視するようになった。この方向性を、社会会社のロス・クーンバーがきっちりとまとめている。

いくつかの重要な薬物神話と、様々な立ち位置が……スポーツの世界に生まれた。たとえば、効果のある運動能力向上は単純な問題であるとか、健康リスクはロシアン・ルーレットのようなものであるとか、ドーピングが他の不正にはないレベルでスポーツや道徳を毀損するとか、ドーピング施策は合理的であるとかいったものである。薬物政策への恐怖に基づくアプローチは、保護するべき人を保護せず、不均衡で十分な情報に基づかない対応につながる。[*28]

WADAに与えられた新たな権力は、その後数十年の間にこのような結果をもたらした。しかし一九九〇年代は、アンチ・ドーピング制度が断片的で、ばらばらで、まとまりのないシステムから、集中化、標準化、官僚主義化のますます進むシステムへの移行を始めた一〇年間だった。しかし、多くの官僚組織と同様に、まもなく手段自体が目的と化し、時折、より大きな利益が、ルールを守るという仕事の中で忘れられるようになった。

第七章　新たなアプローチ

一九九九年七月の様々な出来事は、スポーツ政策・施策の革命の先触れとなった。史上初めて、国境も競技の枠も超えた組織ができたのだ。もちろん、これは道理にかなっている。アスリートが、国やスポーツによるルールのばらつき、政策・施策の変更や伝達不足、異議申し立て先に関する混乱、罰則の不均衡などの悪影響を受けることを防ぐ。競技連盟にアンチ・ドーピングを優先事項とすることを義務づけ、ドーピングを蔓延させるモチベーションや文化を弱める。最も重要な点として、かつて東ドイツに間違いなく存在し、他の国にも存在した可能性のある、高度に体系的なドーピング体制を防ぐ目的がある。アスリートの健康、クリーンなアスリートの保護、スポーツにおける高潔性《インテグリティ》の確保のために、スポーツからドーピングをなくし、その状態を維持することが、新組織のビジョンだった。

しかし、二〇〇〇年代前半には、これらの高い目標を達成するための仕組みは議論の余地があり、問題をはらんでいることがわかった。世界アンチ・ドーピング規程（WADC）が二〇〇三年に初めて導入されると、ソフトパワー（形のない〝スポーツの精神〟の理想）とハードパワー（ルールに違反して捕まったアスリートは個々の状況を問わず出場停止処分を受ける可能性がある）が混ざり合ったルールと手続きが始動した。独占的な権限に基づき、WADAは厳格なルールと検査制度を導入した。それにより検出と処罰の精度が上がったが、アスリートのプライバシーが侵害され、うっかり違反した場合にも処罰されるようになった。〝クリーンなスポーツ〟は代価を伴った。WADAの新たなシステムによって、監視が増え、組織的なドーピングや個人のドーピングがあぶり出されるようにはなったが、スポーツからドーピング、ズル、騙しをなくすことはやはり困難だった。

変わらぬ状況

冷戦時代のスポーツにおける国威発揚は終わりを迎えたかもしれないが、それはほどなくスポーツで成功するための他のモチベーションに置き換えられていった。オリンピック・ムーブメントには資金が流入した。オリンピック・ムーブメントがアスリートに報酬を直接支払ったわけではなかったが、アスリートがスポンサー契約、賞金、政府やスポーツチームとの有利なプロ契約から利益を得ることを許容した。オリンピックの外では、報道と興行の革新によって、主要なチームスポーツの収益は激増し、下位のリーグや大会にもある程度の恩恵がもたらされた。賞金が増え、サッカーなどの競技の年俸も上がった。こうした様々な条件を合わせると、ドーピングをするための条件はまだ十分に揃っていた。

一九九九年末のローザンヌで行われた意思決定は、ドーピング・コントロールに即座に影響したわけではなかった。競技外のドーピング検査はまだ非常に少なかったため、ドーピングをするアスリートはシドニー・オリンピック前に決行する機会が残った。単に〝ウォッシュアウト〟期間を理解して適切なドーピングのタイミングを取ったり、利尿剤などステロイド使用を隠蔽できる薬物を服用したり、医療用の例外事項を悪用して精神刺激薬や痛み止めを使用したりするだけでよかった。また、発覚を逃れる手段には尿検体のすり替えもあった。服や体で別の検体を隠す、男性の場合は人工ペニスを用いるなどの方法が可能だった。さらに単純なやり方として、電話やインターホンに出ないことで薬物規制担当者を避けることもできた。

薬物検査をめぐる科学は、ドーピングのイノベーターと比較してはるかに遅れていた。血液ドーピングやヒト成長ホルモン、その他の複雑な医薬品に対する検査はまだなかった。信頼度の高いEPO検査は、二〇〇〇年のオリンピックで初めて導入された[*1]。しかし、シドニーでもドーピングは重要な問題だったとする見方もある。たとえば、二〇〇二年一月のCBSニュースの記事には次のようにまとめられている。

〝より速く、より高く、より強く〟といえば、世界最高のアスリート同士の純粋な競争、オリンピックの理想を表す言葉だ。しかし現実はどうだろうか。オリンピックの内部関係者によれば、オーストラリアのシドニーで今週開幕する夏季オリンピックは、どの選手が他より優れた運動能力向上薬を使っているかの戦いとなるかもしれないという。（中略）オリンピック選手を対象とした薬物検査は史上最も厳しいものになっているはずである。シドニー夏季オリンピックは、史上〝最もクリーン〟なオリンピックのはずである。しかし現実はどうだろうか。アスリートも内部関係者も、シドニーは〝最もダーティ〟な夏季オリンピックであり、国際オリンピック委員会（IOC）と米国オリンピック委員会（USOC）はその詐欺的状況を承知していると語る[*2]。

この見解はホワイトハウスが実施した調査によって裏付けられているというが、記事には詳細は書かれておらず、次のように続く。「オリンピック選手による運動能力向上薬の使用はどれほど普及しているのだろうか。国際オリンピック委員会（ＩＯＣ）によれば、ごくわずかだという。一〇〇万ドルを投資したホワイトハウスの調査によれば（中略）種目によっては九〇パーセント近くにものぼる」[*3]。ここでもまた、信頼性の低いデータにつけこんで、ドーピングが蔓延しているストーリーが作られている。

新たな千年紀を迎える最初のオリンピックにおける公式の薬物検査の統計には、あまり大きな問題は表れていない。二〇〇〇年のシドニー・オリンピックでは一三人の選手が検査で陽性になったが、参加者の総数が一〇六五一人だったことを考えるとごく少ないように思われる。そのうちの一件である一六歳のルーマニア人体操選手、アンドレーア・ラドゥカンのケースは特に問題があった。ラドゥカンはチームドクターのアドバイスに沿っていたにすぎず、ドクターは風邪の症状を緩和する薬を処方しただけなのに、金メダルを剥奪されたからである。処方された風邪薬には、禁止物質のプソイドエフェドリンが含まれていた。異議申し立ての結果、本人に責任はなかったと認められたが、ＩＯＣはメダルの返還を拒否した。今から考えると過酷な結果と思われるが、チームドクターは二〇〇〇年のオリンピックから追放され、二〇〇四年、二〇〇八年のオリンピックでも関与を禁じられた。また、ルーマニアオリンピック委員会の委員長を務めていたイオン・ティリアックも辞任した。ティリアックは判定を猛然と批判し、人材の格差を申し立てた。チームドクターはスポーツの専門家ではなく、小さな病院で働きながらボランティアでオリンピックの業務をこなしていたのだという。ＩＯＣと裁決委員はラドゥカンに落ち度がないことを認めたが、ルールを厳密に適用しなければならないと考えた。ティリアックは次のように語った。「ＩＯＣは板挟みなのです。〔ドーピングに関する〕政治的な圧力にさらされていて、今回は自分たちが間違っていたと言う勇気がないのです。罰則の減免が必要です。（中略）無実の人を罰してはいけないはずです」[*4]

ドーピングに関する憶測を大きく増幅したのが、オーストラリア代表の円盤投げ・砲丸投げの選手であるヴェルナー・ライテラーだ。二〇〇〇年に、特にストレングス・スポーツにおけるステロイド使用の流行と、コーチ、ドクター、スポーツ指導者の無関心を訴えた書〔*Positive*（ポジティブ）〕を出版した人物である。ライテラーは検査をごまかすのも楽だったと語っている。

彼〔ライテラー〕はステロイド、隠蔽剤、成長ホルモンの通常メニューを計画してくれるドクターの協力を得ていた。また、自身の生理的特性上、テストステロンとエピテストステロンの比が３対１を超えないことを突き止めた。ＩＯＣの制限は６対１であった。成長ホルモンについては検査すらできない。楽勝だ。[*5]

同じような状況がプロの自転車競技にも起こっていた。表面的には、フェスティナ事件によって予防的なアンチ・ドーピング手段への関心が増大し、自転車選手の間でも捕まるリスクへの意識が高くなりそうなものである。一九九九年のツール・ド・フランスで総合優勝を飾ったのはランス・アームストロングだった。一〇年以上経ってからドーピングのために優勝を剥奪された選手である。その年の上位入賞者の多くもドーピング・スキャンダルに関与しており、中には一九九八年のスキャンダルでフェスティナのメインライダーだった二人の選手も含まれていた。二位のアレックス・ツェーレと八位のリシャール・ヴィランクである。アームストロングは二〇〇〇年にもツール・ド・フランスで優勝し、シドニー・オリンピックで銅メダルを獲得した。このメダルも後日剥奪されている。

二〇〇二年の冬季オリンピックでは、ドーピングの陽性事例は一〇件だった。ウィンター・スポーツでは急増したといえる。一九八八年の一件以来、冬季オリンピックにおけるドーピングの陽性反応はずっとゼロだったからだ。二〇〇二年の事例のうち四件はオーストリア代表チーム関連で、チーム職員のサポートを得て一部の選手が血液ドーピングをしていたというものである。この事件は抑止力にならず、二〇〇六年のトリノ・オリンピックでもオーストリア代表のスキャンダルが発生した。イタリア警察が選手の部屋を家宅捜索しドーピング薬物を発見し、六人の選手が永久追放となった*6。

二〇〇二年の事例の一つは、またもやアンチ・ドーピングの厳しすぎる解釈と意思決定プロセスの一貫性不足が相まって生じる潜在的なリスクを示した。スコットランド代表のスキー選手、アラン・バクスターは、英国代表がこれまでにほとんど達成できなかった、冬季オリンピックのメダル獲得を成し遂げたはずだった。スラロームで三位に入賞し、英国で初めてのスキー種目のメダル獲得者となった後、検査でレボメタンフェタミンの陽性反応が出た。大会役員は、この薬物に有意な運動能力向上特性がないことに同意した。また、バクスターは、陽性反応の原因がヴィックス・ブランドの鼻吸入器の米国版にあったと証明した。いつも使っている英国版にはレボメタンフェタミンは含まれておらず、二つの製品に違いがあるという認識がなかったという。それでも失格となり、メダルを剥奪された。また、国際スキー連盟（ＦＩＳ）によって三カ月間の出場停止処分も下されたが、これは異議申し立てによって取り消された。オリンピック以降に一度も制裁を受けることはなかったが、ＩＯＣが判定を変更することはなかった。その後も競技スキーヤーとして現役生活を続けたが、（つかの間

リオ・ファーディナンド（右）。マンチェスター・ユナイテッドに所属するサッカー選手で、2003-04 年に検査を逃れて出場停止処分を受けた。2009 年に撮影。

の）オリンピックの栄光を再びつかむことはできなかった。

新しいＷＡＤＣの発効前に法的手続きの正当性が試されたもう一つの事例が、イングランド代表で活躍したサッカー選手のリオ・ファーディナンドの件である。アンチ・ドーピング検査官がクラブのトレーニング場に到着し、ファーディナンドに受検を要求した。しかし本人はすでにクラブを出て、携帯電話の電源を切っていた。三カ月の審議と高給の弁護士チームによって、ファーディナンドの出場停止処分は八カ月となった。この制裁には今でも賛否両論がある。イングランド代表監督のスヴェン＝ゴラン・エリクソンは、二〇〇四年の夏にＵＥＦＡ欧州選手権が開催されるため、出場停止処分の短縮を希望していた。また、マンチェスター・シティのクリスチャン・ネグアイが関わった同様の事例は出場停止ではなく罰金で済んだことも判明した。

サッカーの国際競技連盟であるＦＩＦＡはまだ世界アンチ・ドーピング規程（ＷＡＤＣ）の署名当事者になっていなかったため、ＦＩＦＡ会長のゼップ・ブラッターが制裁を求め、判断はイングランドの国内競技連盟であるＦＡ（フットボール・アソシエーション）に委ねられた。[*7] 結局ファーディナンドは欧州選手権には出場できず、二〇〇四—〇五シーズンからクラブと代表に復帰した。

二〇〇三年版の世界アンチ・ドーピング規程

フェスティナ事件から最初の世界アンチ・ドーピング規程（ＷＡＤＣ）が公開されるまでの時期は、二つの対立するテーマを特徴としていた。一方の側には組織的・個人的ドーピングによるズルが招いている現在進行形の問題があり、他方の側には不透明な意思決定プロセスによって不当な判定が下るケースが生じるという問題があった。ＷＡＤＣはいくつかの機能を満たすように設計されていたが、主な機能は検査、教育、罰則への恐れを通じてドーピングを防ぐことだった。検査は改善の必要があった。多くのアスリートが発見を逃れられると明らかに思っていたからだ。教育は、実行前にドーピングを思いとどまらせるために設計されていた。世界のスポーツ・コミュニティがどれほど真剣にドーピング撲滅に取り組んでいるかを示すために、罰則は厳しくなる一方だった。

これらの高い志を実現するために、ＷＡＤＡは各国、各競技団体に新たな規程に署名するよう説得する必要があった。同時に、この標準化は権限の引き継ぎでもあった。個々のアスリートがＷＡＤＣの一部を支持するかどうかに選択の余地はなく、国または競技連盟が署名当事者になることを拒否すると、ドーピングへの取り組みが真剣でないとみなされた。WADAは最初から堅固な体制で、抵抗、交渉、柔軟性の発揮、状況に応じた配慮などの余地はほとんどなかった。前述の事例や意思決定が示すように、一貫性を高めるには異議申し立て手続きが必要だった。WADAは、一九八四年にIOCによって設立されたスポーツ仲裁裁判所（CAS）を用いた。

WADAとWADCの中心となる柱は、〝禁止物質・方法リスト〟（禁止表）の作成と、それに伴う、それぞれの物質と方法の禁止を決定した理由の明文化である。WADAは物質または方法を掲載するにあたって三つの条件を提示し、そのうち二つを満たしていれば掲載対象とした。第一に、アスリートの健康に対するリスクとなっているか、その可能性があること。第二に、運動能力を向上させるか、その可能性のある物質または方法であること。第三に、〝スポーツの精神〟という、定義の曖昧な概念に反していること。一般的に、禁止物質はアスリートの尿検体に痕跡が残る薬物である。WADAは、IOCがすでに導入している〝厳格責任〟ルールをあらためて採用した。これは、検体から発見された物質はいかなるものでもアスリートの責任とみなし、しかるべき罰を与えるというものである。罰則は、競技への出場停止処分として設定された。二〇〇三年版のWADCでは、運動能力向上のメリットが最も見込まれるアナボリック・ステロイドとペプチドホルモンのカテゴリーに分類される物質が検出されると、すべてのスポーツ（競技会）への出場資格が二年間停止されることになっていた。他の物質の制裁期間はもう少し短かった。

三つの掲載条件には大いに議論の余地がある。前述のとおり、アンチ・ドーピングの指導者やマスコミの記者は、薬物について最悪の事態を想定し、そのリスクを大げさに誇張する傾向がある。禁止表に掲載されている多くの薬物は、健康リスクが及ぶ潜在的な範囲について詳しく調査されているわけではない。しかも、運動能力を向上させると考えられている物質も、実際にはアスリートの能力に大きな影響を与えているわけではない可能性がある。チームスポーツ、スキル重視のスポーツ、コントラクト・ブリッジやチェスなどの頭脳スポーツではなおさらだ。それ以上に曖昧な概念が〝スポーツの精神〟だ。これはカナダで、ドゥビン調査の後に、すべてのスポーツ参加者にとってのプラスの価値を補強するために初めて作られた。WADCで提示されている定義も、IOCのWADAへの影響をはっきりと示している。

アンチ・ドーピング・プログラムは、スポーツの本質的な価値の維持を目指している。この本質的価値はしばしば〝スポーツの精神〟とも呼ばれる。オリンピズムの本質であり、各選手が能力を献身的に究めることを通じた、人間の美点の追求である。それは、私たちがいかに誠実に生きるかということである。スポーツの精神は、人間の魂、身体、および心を祝福するものであり、次に掲げる事項を含む、スポーツに内在し、スポーツを通して実現する価値に反映されている。倫理観、フェアプレーと誠意、健康、卓越した競技能力、人格と教育、楽しみと喜び、チームワーク、献身と真摯な取り組み、規則・法を尊重する姿勢、自分自身とその他の参加者を尊重する姿勢、勇気、共同体意識と連帯意識。[*8]

WADAは、ドーピングの〝方法〟として主に血液ドーピングに言及していたが、遺伝子ドーピングの可能性にも注目していた。ただし、遺伝子ドーピングの検査はまだなく、使用されているエビデンスもなかった。検査の中心は尿検体で、WADAで〝分析証拠〟と呼んでいる状態を発見する。陽性の結果は〝違反が疑われる分析報告〟と呼ばれる。尿検体の重要性に鑑み、WADAは検体のすり替えや改ざんが行われないようにするための手順も導入した。実際に、改ざんはアンチ・ドーピング規則違反（ADRV）の一つに指定されている。つまり、選手またはチームメンバーが、検体提供の厳格な手続きに従わなければ、出場停止処分を受ける可能性がある。また、検査逃れもアンチ・ドーピング規則違反に指定されている。

これらの施策と手続きの結果、ズルをしているアスリートと同じくらい、クリーンなアスリートも大きな影響を受けた。尿検体がある選手本人のものだと証明するためには、薬物取締官（DCO）が、尿が本人の身体から出るところを観察する必要がある。したがって、薬物取締官は本人に通知をしてから採尿の準備ができるまで本人に付き添う。それから選手と一緒にトイレに行き、下半身の衣服を下ろして性器を露出するように指示し、尿を検体ボトルに入れるところを観察する。二回目の検査が必要な場合に備えて、尿を二つのボトルに分ける。

検査を実施する大会の期間外のドーピングを防ぐため、WADAはさらに厳格な競技外検査制度を導入した。このアプローチでは、アスリートはいつでもどこでも検査の実施予告を受け取ることになる。祝日だろうが、自宅だろうが、検査官が特定した場所だろうが、お構いなしだ。拒否すると二年間の出場停止処分が待っている。また、アスリートが登録検査対象者リスト（Registered Testing Pool、RTP）に選ばれることもある。その場合は、一時間以内にアンチ・ドーピング機構と連絡が取れる場所を毎日伝え、薬物検査官が接触できるようにする必要がある。一般的には、このように二四時間連絡が取れる態勢を要求され、監視されるのは、有罪判決を受けた犯罪者ぐらいだ。RTP対象になっている間は、アスリートは検査の脅威から片時も逃れることができない。

また、アスリートのプライバシーは別の面でも侵害された。禁止薬物か否かを問わず、使用している薬をすべて申告しなければならなくなったのだ。表面上は、検体を分析するときの混乱を防ぐためということになっている。この開示によって、アスリートの治療歴や健康に関する情報がアンチ・ドーピング機構に漏れる心配があった。これは禁止物質の検査で陽性反応が出たときに、アスリートのみが責任を負うことをさらに明確にするための取り組みだった。医薬品やサプリメントを開示しないとアスリートの弁護に差し障るため、これらの情報の提示が求められることも、厳格責任のさらなる強化につながった。この情報が、検査の陽性結果への異議申し立ての妨げとなったり、選手が薬物使用を隠蔽しているエビデンスとして利用されたりすることもあった。

厳格責任は、スポーツ界の外では支持されにくい。つまり、アスリートが国の司法制度を通じて異議申し立てをすると、ＷＡＤＡによるルールの施行が根本から揺らぐおそれがある。スポーツ以外の裁判所に異議申し立てが持ち込まれる問題に対するＷＡＤＡの解決策は、アスリート本人の所属国のアンチ・ドーピング機構かスポーツ仲裁裁判所を通じた異議申し立てしか認めないようにすることだった。そうすることで、各競技連盟がＷＡＤＣと足並みを揃えて制裁に関する意思決定を行うことができる。異議申し立ては手続き上の理由に限定され、ＷＡＤＣの条項に直接関連する形でしか行うことができない。厳格責任ルールのもとでは、故意ではないことや検体への異物混入に対する異議申し立てはほとんど成功せず、たとえ成功したとしても通常は、完全な免責ではなく出場停止期間の短縮くらいにしかならない。

これらの施策は、ローザンヌ会議の際に焦点となった、スポーツ界の指導者や政府の間の危機感に応えて急いで立案された。また、最も大きな影響を受けるアスリートにはほとんど相談せずに策定された。当時は、WADAが対ドーピング戦争で進歩しているかのように見えた。検査と制裁でズルを取り締まり、教育の取り組みを通じてドーピング防止の構造を培う。WADAは独立機関の体裁を採り、すべての国と地域が独立したアンチ・ドーピング機関を設立することを推奨した。WADAの指導者は政治的支持と政府からの出資を求めた。二〇〇七年には、クリーンなスポーツを目指す戦いを支えるために各政府が署名できるUNESCOの規約〔スポーツにおけるドーピングの防止に関する国際規約〕が発効し、WADCはさらに補強された。さらにWADAは検査手法やアンチ・ドーピング規制の開発方法に関する権限を独占していた。たとえば、二〇〇九年には運動能力向上薬の使用に対する罰則が初犯で四年間の出場停止処分に延長されている。

成功

ドーピングは二〇〇四年の夏季オリンピックでやや大きな問題となった。それは開催国ギリシャの有力スプリンター、コンスタンティノス・ケンテリスとエカテリーニ・タヌーに関わる大規模なスキャンダルで始まった。二人は二〇〇〇年のシドニー・オリンピックで活躍した後、母国でのメダルが期待されていた。ケンテリスはシドニーの二〇〇メートル走で金メダル、タヌーは一〇〇メートル走で銀メダルを獲得していた。ケンテリスはギリシャ代表としての活躍が評価され、開会式の聖火に点火する予定だった。しかし、アンチ・ドーピング検査の対象に指名されたときに二人は選手村にいなかった。バイクの事故でけがをして入院している二人の写真が出回ると、大々的なニュースになった。選手村に急いで戻るときに事故が起こったとのことだった。しかし証言の食い違いがあり、二人が検査を逃れるために事故をでっちあげた疑惑が浮上した。次のように報道されている。

それから四日間を病院で過ごし、ニュースが世界中を駆けめぐる中で国際オリンピック委員会（IOC）の懲罰委員会によって辞退を促された。（中略）チーム役員とギリシャオリンピック委員会の役員をはじめとする証言が様々に食い違ったことで、選手とコーチへの支持はたちまち薄れた。選手もコーチも、事故を捏造し、警察に虚偽の届け出をした嫌疑が加わった。*9

事件の真相はいまだにわかっていないが、二年間の紛糾の末、両選手は運動能力向上薬の使用を認め、二年間の出場停止処分を科された。ギリシャ陸上競技連盟は選手に罪を負わせたが、コーチも四年間の出場停止処分とした。このスキャンダルを受けて、ケンテリスは引退した。タヌーは競技に復帰したが、処分前の栄光が戻ることはなかった。

米国スポーツのドーピングへの調査によって、最高レベルの競技でいまだにドーピングの問題が残っていることが徐々にわかってきた。ベイエリア・ラボラトリー・コーポレイティブ社（BALCO、バルコ）のパトリック・アーノルドとヴィクター・コンテは、新たなステロイドの形態であるテトラヒドロゲストリノン（THG）を開発した。THGは〝ザ・クリア〟とも呼ばれ、開発当時はドーピング検査で検出することができなかった。さらにコンテは、アスリートの摘発を防ぐための幅広い戦略も設計した。野球、アメリカン・フットボール、陸上競技など、様々な競技の有力選手がドーピング違反を発見された。不満を抱いたコーチのトレバー・グラハムが証拠としてTHGの入った注射器を米国アンチ・ドーピング機構（USADA）に送って告発したことで、ドーピング・システムが発覚した。グラハムが担当した選手の一人で、複数のオリンピックと世界選手権で金メダルを獲得したマリオン・ジョーンズは、バルコとの関わりの中で小切手詐欺の有罪判決を受け、連邦刑務所で六カ月服役した。

バルコの疑惑は米国全体を巻き込むスキャンダルとなった。バルコに疑惑があるということは、米国のプロスポーツ、特に野球界が関わっていることを暗示するからだ。この問題は、当時のジョージ・W・ブッシュ大統領の二〇〇四年の一般教書演説にまで取り上げられた。

子どもたちが正しい選択をするには、正しいお手本が必要です。運動競技は私たちの社会できわめて重要な役割を果たしていますが、残念ながら一部のプロスポーツはあまり良い例になっていません。野球やアメリカン・フットボールなどのスポーツでステロイドなどの運動能力向上薬を使うことは危険であるうえに間違ったメッセージを発信します――ものごとを達成するためには近道がある、パフォーマンスは人格よりも重要である、といったメッセージです。したがって今夜、私はチームオーナー、組合の代表者、コーチ、選手に、正しいシグナルを送り、断固たる態度で臨み、今すぐステロイドをなくすことを呼びかけます。*10

この呼びかけは、オリンピックのスポーツでWADAが始めようとしていたことの繰り返しだった。ブッシュがアンチ・ドーピング違反の厳罰化を求めた後、議会で二〇〇四年アナボリック・ステロイド管理法が成立し、検査対象となる、つまり規制されるアナボリック・ステロイドの範囲が拡大された。

組織的ドーピングは続く

対ドーピング戦争の拡大がもたらした意図せざる結果の一つは、組織的ドーピングの高度化だった。WADA認定試験所がより少ない薬物の痕跡を対象に検査ができるようなり、競技外検査も頻繁になったため、検査を逃れるためにウォッシュアウト期間を用いる従来のアプローチは使えなくなった。つまり、検査に打ち勝つための新たな戦略が必要になったということだ。WADAを支える科学者たちは新たな手法を開発した。数カ月間、数年間にわたる血中濃度を継続的に監視し、ドーピングを示している可能性のある特殊なマーカーの変化を評価するというものだ。このアスリート生体パスポート（ABP）は二〇〇八年に導入された。ヒト成長ホルモン、EPO、血液ドーピングなどに対して生体パスポートと新しい検査が導入された結果、同じメリットを得るために、より思い切った方法が必要になった。バルコの事件には、検査担当者を出し抜くためのたゆまぬ決意が表れていた。アンチ・ドーピング規制当局が把握していないTHGなどの新しい薬物や、検査のないインシュリンなどを用いるようになった。ヴィクター・コンテは選手たちに、電話の着信を無視したり嘘の居場所を教えたりして検査担当者を避ける方法を指示した。WADAのルールでは、選手は罰則なしで一回だけ検査を飛ばすことができる。

英国の短距離走者、ドウェイン・チェンバースの経験は、アスリートがこうしたシステムに引き込まれる道を示している。最近の成績に失望していたチェンバースは、バルコの噂を耳にした。コンテは、もっと運動能力向上薬が必要だと語り、絶対に捕まらないと請け合った。チェンバースは、トレバー・グラハムのエビデンスによって大規模な捜査が行われて初めて、競技外検査でドーピングを発見された。その結果、二年間の出場停止処分を受けた。制裁の後、コンテはチェンバースに、服用させた薬物と関わった手順を説明する手紙を書いた。チェンバースは自伝に、自分はドーピングもWADCの〝禁止物質・方法リスト〟も理解していなかったと語った。彼にはコンテやパトリック・アーノルドのような専門家のサポートが必要だった。

あなたの運動能力向上薬プログラムには、次の七種類の禁止薬物が含まれていました。THG、テストステロン／エピテストステロン・クリーム、EPO（プロクリット）、hGH（セロスティム）、インシュリン（ヒューマログ）、モダフィニル（プロビジル）、そしてT3甲状腺ホルモン（サイトメル）の合成型であるリオチロニンです。[*11]

コンテはチェンバースへの手紙で、各薬物の使用方法と目的、競技期間中と期間外における最も効果的な摂取タイミングの大まかなスケジュールを説明していた。手紙には、多くの選手が競技期間外のアンチ・ドーピング検査を出し抜くことができた理由も説明されていた。中心となる方法は単純に、薬物が検出できなくなるまで様々な言い訳で検査担当者を避けるというものだった。陽性反応の可能性が高い場合には、戦略的に検査をすっぽかすこともあった。この方法はアンチ・ドーピング規制下で、いまだに許容されている。

この時期、世界の陸上競技ではドーピングが蔓延していたが、そのエビデンスは二〇一五年に、保管されていた検体や分析結果の調査が行われて初めて明らかになった。生体パスポートのプロトコルと規制はまだ開発中だったが、IAAFは二〇〇二年から二〇一一年にかけて、二〇八カ国の五〇〇〇人以上の選手から血液サンプルを収集した。これらを解析したところ、ＥＰＯや血液ドーピングなどの人工的手段以外ではありえないような疑わしい血中濃度の検体が見つかった。サンデー・タイムズ紙の記事では、この発見が次のようにまとめられている。

世界選手権とオリンピックの持久系種目で出たメダルの三分の一は、五五個の金メダルを含め、キャリアのいずれかの時点で疑わしい血液検体を提供したアスリートが獲得したものである。ロンドン・オリンピックで授与された一〇個のメダルは、血液検査の結果が疑わしいアスリートが獲得している。

ロシアが得たオリンピックと世界選手権のメダルの八〇パーセント以上は、疑わしいアスリートによるものだ。

ケニアは世界有数の長距離を多数輩出していることで知られるが、メダルのうち一八個は、血液検査結果が疑わしいと判定されたアスリートが獲得したものである。*12

国別の分析は、ドーピングがまさに地球規模の問題であることを示していた。国によっては大部分のアスリートが疑わしい値となった。これには、ロシア（三〇パーセント）、ウクライナ（二八パーセント）、トルコ（二七パーセント）、ギリシャ（二六パーセント）、モロッコ（二四パーセント）、ブルガリア（二二パーセント）、バーレーン（二〇パーセント）、ベラルーシ（一九パーセント）、スロベニア（一六パーセント）、ルーマニア（一三パーセント）、ブラジル（一二パーセント）などが含まれ、これらよりやや低い割合の国も多数ある。

検査が大幅に進歩したにもかかわらずこれほど多くのアスリートが発覚を免れていたと思われることは、ドーピングを根絶するというアンチ・ドーピング活動家の主張の正当性に疑義を投げかけた。

このドーピングの範囲は、別の方向にも広がった。二〇一一年に行われた陸上競技の二つの国際競技会でアスリートを対象に実施されたアンケート調査は、陸上競技界の実態に関するさらなるエビデンスとなった。この調査では、二つの競技会に参加した二一六七名のアスリートが対象となった。一つは二〇一一年八月に韓国の大邱《テグ》市で行われた第一三回世界陸上競技選手権大会（WCA）。もう一つは、二〇一一年一二月にカタールのドーハ市で行われた第一二回パンアラブ競技大会（PAG）（四年に一度、アラブ諸国が参加する総合競技大会）である。ランダム回答法という手法（ランダム化ツールを用いて提示された質問への回答に基づいて普及率をモデル化する。匿名性を向上させ、社会的にバイアスのかかった回答へのリスクを下げる）による調査で、四四パーセントのアスリートが、過去一二カ月の間にドーピング薬物または手法を使っていたことを認めた。*13

このドーピングの規模は、二〇一二年のロンドン・オリンピックにも影響を与えた。大会中に検査で陽性になった選手は九人だけだった。しかし、当時収集されていた五〇〇〇件以上の検体が、後述するロシアのスキャンダルに由来するドーピングの新たなエビデンスや新たな検査手法に基づいて再び検査された。八年間の時効が切れる頃には（この時効は二〇一五年のWADCで一〇年に延長された）、二〇一二年のオリンピック参加者のうち一三九人にドーピングが発覚し、失格や出場停止処分となった。これは、八一人のアスリートが失格または出場停止になった二〇〇八年より大幅な増加だ。二〇〇八年、二〇一二年ともに、WADAが遡及的調査を実施し、大会後に検体を再検査する権限を得る前と比べて、はるかに増えている。二〇一二年のオリンピックでは、ドーピングが発覚した選手の総数には三九人のメダリスト（うち金メダリスト一三人）が含まれていた。ロシアが最も多く（四六人）、ウクライナ（一七人）、ベラルーシ（一五人）、トルコ（一四人）と続いた。検査で陽性になった選手の数が最も多かったのが陸上競技（九一人）、次いでウエイトリフティング（三四人）だった。[*14] 最もクリーンなオリンピックを自認していた二〇一二年ロンドン・オリンピックのレガシーは、大会中に発見されずにドーピングしていた選手が多数いたことが判明して台無しになった。再検査の成功を受けて、二〇一五年以降に収集した検体については時効が一〇年となった。

自転車競技——組織的ドーピングの改革

ランス・アームストロングは、二〇〇五年に新記録となるツール・ド・フランス七連覇を果たしたときに、次のように述べている。「信じない人々、すなわち皮肉屋と懐疑派に言う。あなたたちを哀れに思う。奇跡を信じないことを哀れに思う」。[*15] アームストロングが引退したときには、ドーピングの嫌疑は消滅したかに思えた。検査で陽性反応は出ず、選手生活中にドーピングをしたその他の分析的エビデンスも発見されなかったからだ。つまり、捕まらなかったのだ。

アームストロングの転落の一部始終は、書籍、ドキュメンタリー、インタビュー、記事などで詳しく取り上げられている。オプラ・ウィンフリーによるプライムタイムのインタビューでドーピングを告白したのも有名である。栄光からの転落を促したきっかけとなる重要な瞬間がいくつかある。アームストロングは引退せず、二〇〇八年に競技に復帰した。これによってスポットライトの下に戻って

ランス・アームストロング（左）とチームマネージャーのヨハン・ブリュイネール。2009年（アームストロングの復帰シーズン）に撮影。

きたが、かつてのチームメイトであったフロイド・ランディスとの確執も生まれた。二〇〇六年のツール・ド・フランスで総合優勝したが、検査でテストステロン値上昇の陽性反応が出た選手である。ランディス、タイラー・ハミルトン、ジョージ・ヒンカピー、フランキー・アンドリュー、そして元マッサーのエマ・オライリーなど、アームストロングによるドーピングを直接知る人々を通じて、ドーピング・プログラムの詳細が表面化した。これにより、USADAは十分なエビデンスを盛り込み、アームストロングの主導によるチームぐるみのドーピング体制に関する報告書を二〇一二年に発行することができた。この報告書は、FBIの捜査と、ジャーナリストのデイヴィッド・ウォルシュ、ピエール・バレステ両名の著作に基づいている。

　アームストロングが率いたチームでは、二人の医師の助言に基づいてドーピング・プログラムを構築した。とりわけ重要な人物がミケーレ・フェラーリだ。医院への訪問や支払い取引など、提示されたエビデンスの多くが、アームストロングとフェラーリ医師を結びつけた。フェラーリはスポーツ界から永久追放処分を受けた。薬物を注意深く運搬するようになったことと、競技外検査を避けるようにしたことを除けば、フェスティナ事件から大した変化がないことは明らかだった。アームストロング事件は、分析的エビデンス以外のエビデンスに基づいて制裁が科された初の事例ともなった。

高度に組織化された性質のドーピングは、二〇〇六年五月にスペインの警察がエウフェミアノ・フエンテスのクリニックを家宅捜索したとき〔通称〈オペラシオン・プエルト〉〕にも明らかになった。フエンテスのクリニックと医療行為に対する捜査は、二〇〇四年に自転車選手のヘスス・マンサーノが行った証言がきっかけだった。この情報は、フエンテスがチームドクターとして勤務したケルメというチームに直接関連していた。記事によれば、「フエンテスが所有するマンションの一室で、約一〇〇〇錠のアナボリック・ステロイドとホルモンが、二〇〇袋の血液、それを扱うための器具、血液冷凍機、輸血用の材料などとともに押収された」という。*[16] 他にも関係者がいて、スペイン警察によって数名が逮捕された。有力な自転車選手の中には、フエンテスの指導でドーピングをしていたと後で認めた者もいたが、疑われても証拠不十分で制裁を受けなかった者がほとんどだった。フエンテスはまた、世界各国のサッカー選手やテニス選手に協力したとも述べたが、司法権の問題もあり、これらについては追加調査が行われなかった。二〇一三年にスペインの裁判所は、ドーピングのエビデンスが含まれる血液バッグを破棄する判決を出した。長い法廷闘争の末、WADAは二一五個の押収済み血液バッグを分析する許可を得た。しかし、これによってアンチ・ドーピング当局が望んでいた結論には至らなかった。

フロイド・ランディス（中央）、ツール・ド・フランス、2006年。

ツール・ド・フランスにおけるファンの抗議、2006年。

さらなる遅れの末に、WADAは〔ドーピングの〕輪に加わっていた疑いのあるアスリートから得られた検体を入手して分析し、DNAを調べた。WADAは、八月にオペラシオン・プエルトを終了したと発表した。「このプロセスを通じ、合計で一一人のアスリート〔男子一〇名、女子一名〕がフエンテス医師の顧客として特定された」とWADAは年次報告書で認めた。「しかし、一〇年の時効が過ぎているため、氏名を公表することはできない」現在の世界チャンピオンであるアレハンドロ・バルベルデは、オペラシオン・プエルトで出場停止になった自転車選手で唯一、トップレベルで競技を続けている。三九歳で、先日のブエルタ・ア・エスパーニャで二位に入った。*17

これらの事件以降、プロの自転車競技界は同様の大きさのスキャンダルを起こさずに済んでいる。もちろん、WADA規制の執行と、さらに断固たる調査は、ドーピング医師や組織的ズルを取り締まるのに役立った。また、生体パスポートのおかげで、検査担当者は事件を捜査するための新たな武器を手にし、告発者も声を上げやすくなった。自転車の競技連盟であるUCIも、アンチ・ドーピングに対し、より的を絞ったアプローチを採るようになった。UCIは、ランス・アームストロングとチームメイトについても、そして言うまでもなく多かれ少なかれドーピングに関わっているその他のチームについても、一九九〇年代末に露見したようなドーピング・システムを続けることを指導部が消極的に許容していた、という非難に悩んでいた。*18 いくつかのチームはアンチ・ドーピングに向けて積極的なアプローチを導入し、合同で反ドーピング倫理運動〔Mouvement pour un Cyclisme Crédible または

Movement For Credible Cycling、略称ＭＰＣＣ）を設立したチームもあった。英国のチーム・スカイはこの団体には加わらなかったが、ドーピング違反歴のある選手とコーチを採用しない内部規則を定めた。そのチーム・スカイも二〇一〇年代半ばにドーピングの告発を受けたが、以前の事例と同じような規模にはならなかった。最も有名な事例は、クリス・フルームが喘息治療用の吸入器に関して基準値を上回るサルブタモールが検出された件である。七カ月の出場停止処分が科されたが、その後取り消された。陽性反応から九カ月後のことだった。

ロシア・クライシス

約一五年間、比較的成功といえる時期が続いた後で、ＷＡＤＡが直面しなければならなかった最大の難題は、ロシアのアスリートによる組織的ドーピングであった。これは、二〇〇〇年代半ばから、様々な調査やドキュメンタリー『イカロス』によって詳細が明るみに出た二〇一六年まで続いた。このシステムにいったいどれほどのアスリートが関わったのかは、いまだに若干の議論が残る。リチャード・マクラーレンは、ＷＡＤＡに提出した報告書で、一〇〇〇人を超えるアスリートがこのプログラムによる〝利益を得た〟と述べ、世界のメディアの注目を集めた。[*19] 陰謀の中心人物も議論を巻き起こした。ロシアのアンチ・ドーピング試験所の元所長、グリゴリー・ロドチェンコフが命の危険を感じて米国に亡命したのだ。制裁措置として、ロシアは多くの国際競技大会とオリンピックから公式に排除されたが、オリンピックでは一部選手の個人参加が認められた。ロシアのＷＡＤＡ認定試験所は隠蔽の中心的な役割を果たし、様々な言い逃れを用いてドーピングの陽性結果をごまかした。また、ロシアの秘密警察も、二〇一四年の冬季オリンピックをソチで開催した際にドーピング・プログラムを支援したといわれている。中身に手を加えることが不可能だと思われていた検体ボトルを開封し、第三者に不正を疑われることなく中身をすり替えて密封し直す方法がロシアで開発されていた事実も判明した。また、手の込んだ検体すり替え手段も使われた。壁にあいた穴を通じて検体ボトルをすり替え、裏作業所に送り込むことで、検査員による検出を免れた。

法的・政治的な余波は、様々な主張や既得権の訴えに満ちていた。一説によれば、ドーピング・プログラムは幅広く、ほとんどのロシア人アスリートが強制的に参加させられていたという。しかし、ロシアのアスリートたちは名誉回復のために司法手続きを起こし、それにより多数が一括出場停止処分の例外となった。ロシアの制裁が軽すぎると失望の意を隠さない一流選手もいた。WADAアスリート委員会の委員長を務めるカナダのベッキー・スコットは、ロシアをオリンピックから排除すべきだとし、その理由について「ルールを守ってプレーする者だけではなく、ルールを作り、守る者をも馬鹿にした」からだと述べている。[*20]

ロシアのスキャンダルは、一九八〇年代から九〇年代にわたって発覚した東ドイツの事例と、ソ連時代のドーピング・プログラムに関する憶測を彷彿とさせる。このような事態を防止するためにこそ、WADAが生まれたはずだった。このスキャンダルは、しかるべき人員が汚職に加担していれば、WADAの念入りな監視のもとでも十分に計画的ドーピング体制が存在しうることを示していた。WADAがあらゆるタイミングであらゆる国を調査することができないのは論をまたない。WADA自身がルールを強制することはできず、各国の指導者、医師、科学者らがアンチ・ドーピングを掘り崩さずに支持してくれることが頼りだ。ある種の人にとって、誘惑を振り切るにはグローバル・スポーツがもたらす栄光は大きすぎるようなのだ。

言うまでもなく、ロシアが大規模なドーピング・プログラムで逃げおおせているにもかかわらず、WADCの広範囲で容赦のない性質に多くのアスリートが苦しんでいるのは皮肉である。アスリートたちは尿検査の恥ずかしさ、競技外検査のルールを通じた監視、軽微な違反に見合わない厳罰、異物混入や教育不足によるうっかり陽性などに引き続き耐えなければならなかった。これらの問題は、アマチュアのアスリートにもますます影響を与えるようになっていった。ロシアのスキャンダルは、過酷な手段の正当化が神話にすぎないことを示した。検査の増加や制裁の厳罰化によってスポーツをクリーンにすることはできないのだ。スキャンダルをきっかけに厳罰化を進めなければならない、特に首謀者の場合と国ぐるみの場合はなおさらである、と論じる向きもある。しかし次章では、WADAのアプローチがアスリートに対していかに不公平な影響を与えているかを取り上げ、アスリートを支える形で政策・施策を改善できると提言したい。アスリートは、犯罪容疑者のように扱うのではなく、相談し、関わってもらう必要があるのだ。

第八章　問題と提言

スポーツはここ数十年で、競争のしかた、消費のされかた、メディアへの提示のされかたなど、大幅な変化と発展を遂げた。アンチ・ドーピングも例外ではない。一九六〇年代以来ずっと続いている変化のパターンは、アンチ・ドーピング当局がアスリートを監視し、重大または軽微なドーピング違反について処罰する権限の強化である。WADAの下でクリーンなスポーツを実現しようとする試みでは、説得、予防、恐怖、出場停止といった要素が複雑に組み合わさっている。WADAの権限はアスリートだけでなくサポートスタッフまで対象とするようになった。サポートスタッフには、アスリートの両親さえ含まれることもある。また、監視と処罰の範囲はエリート・アスリートを超え、趣味のアスリートや年齢別競技の出場者にまで及んだ。〝禁止物質・方法リスト〟の内容も増えた。科学的分析により、禁止物質のわずかな痕跡や、ドーピングによって引き起こされていると考えられる血液検査値の一時的な変化を発見しやすくなった。制裁は初犯で四年にまで強化され、あまり裕福でないアスリートは異議申し立てもなかなかできない。資金が潤沢にある場合でさえ、異議申し立てはほとんど成功しない。

しかし、信頼できる普及率調査がないため、アンチ・ドーピング権限の強化がクリーンなスポーツの実現に効果を発揮しているかどうかは定かではない。毎年何百人ものアスリートがドーピング検査で陽性となっているが、年齢や競技レベルを問わず、当局が運動能力向上薬を使用している多くのアスリートを見逃しているのは間違いない。実際、過去二〇年間の事例は、競技連盟や一部のアスリートが今もなお進んでルールを破りたいのだと示している。この国際的な施策がどの程度成功しているのかについて、アスリートと、ファンを含む他の利害関係者の間に、ある程度の懐疑論があるのは無理もない。

WADAの影響範囲が拡大するに従って、アンチ・ドーピング・システムの中でのアスリートの扱いに関する問題も生じた。行き過ぎた熱意による意思決定が、アスリートのキャリアと幸福を深刻に毀損しているケースもあるのは明らかだ。処罰されたアスリートの自殺や自殺未遂も起こっている。公衆の面前で恥をかかされ、将来の展望が失われたことによる苦しみが原因である可能性も考えられる。

本章では、アンチ・ドーピングの効果のなさを評価し、不公平な罰則の対象になったアスリートの事例を提示し、これらの一見手に負えない問題に対応するための提言を行う。アンチ・ドーピングが、より適切な〝クリーンなスポーツ〟の姿とそれを実践する方法に基づいて、より合理的で人道にかなった形で機能するような状況の実現方法を模索する。ここではいくつかの提案を行うが、中心となる考えは、アスリートに相談し、耳を傾け、敬意を払い、希望する施策とその実現方法についての見解を共有してもらうべきだということだ。結局のところ、アスリートなくしてスポーツはないのであり、アンチ・ドーピングは常にアスリートの最大の利益に資する意図があるはずである。ガバナンスのトップダウンモデルの発展により、アスリートの権限が低下した。あらゆる競技レベルのアスリートと、より開かれた民主的な形で関わることを提案したい。しかしまずは、現状の二律背反性を検討する必要がある。

アンチ・ドーピングの効果のなさ

WADAの設立につながったローザンヌ会議から二〇年を経た二〇一九年、アンチ・ドーピングの社会科学的研究の分野における第一人者であるアイヴァン・ウォディングトンとヴェルナー・メラーは次のように述べた。

WADAの施策が表しているのは機会損失である。というのも、WADAのしたことの大部分はアンチ・ドーピングに対する新たな考え方の導入やアプローチの提示とは程遠く、長い失敗の歴史があり、スポーツにおける薬物使用のコントロールに昔も今もほとんど役立たない政策や施策を繰り返し、強化しただけだからである。*1

これまでの各章で説明したドーピングの規模は、WADAによる教育、検査、制裁の国際的枠組みの開発にもかかわらずドーピングが続いてきたことを示す。組織的ドーピングでは特にそうだ。ここ数十年のスキャンダルは、組織的ドーピングの既知の例にすぎない。最もうまくいったシステムとは、私たちが把握していないシステムなのだ。高度なドーピング・システムを組織化して支持するためには、指導者層が共犯になってくれさえすればよい。WADAはすべての国を調査する人材も権限もなく、ドーピングの可能性のある行動を監視して指摘するために各国のアンチ・ドーピング機構に頼り切っているからである。私たちは、スポーツの多くの部門で、特に金銭的機会に関する汚職が生き残り続けたことと、アンチ・ドーピング・ルールは容易に骨抜きにできることを知っている。

この重要な例がルーマニアだ。スポーツ・インテグリティ・イニシアティブが取り上げているところによると、ルーマニアの国立アンチ・ドーピング機構（ANAD）がブカレスト試験所に、少なくとも三名の選手に関連するドーピング検査の陽性結果を隠蔽するよう指示したと、WADAの報告書が示しているという。この腐敗は国ぐるみだった。

指示をしていたのは、グラツィエラ・エレナ・ヴィジアラ医師で、ANADが設立された二〇〇五年から二〇一九年一月までANADの会長を務め、ANADの表現を借りれば「求めに応じ」この地位を引退した。また、同報告書によれば、ANADの事務局長であるヴァレンティナ・アレクサンドレスクは、ヴィジアラ会長の不法行為について控えめに言っても見て見ぬふり、最悪の見方をすれば積極的な共犯だった。また、アレクサンドレスクは、ヴィジアラからバラージが会長職を引き継いだ後も、五月一四日現在まだANADに雇用されているようだ。WADAの報告書は財団理事会の五月一六日の議題項目#12・4で提示されるが、両氏の解任を推奨している。

スポーツ・インテグリティ・イニシアティブは、内部告発者からの報告を受け、次のように説明した。

これは以前、二〇一七年一一月に発表された報告書に基づいている。同報告書では、試験所の元所長と副所長であるヴァレンティン・ポップとミレラ・ゾリオが、一件の不利な分析結果

（AAFS）を隠蔽するように第三者に指示されたという。そして、この第三者がヴィジアラ指揮下のANAPだと指摘している。*2

アンチ・ドーピングの中心的な矛盾の一つであり、私たちが批判的アプローチを採っている主な理由でもあるのは、WADAとその関係者はアスリートをほとんど信用せず、プライバシーを侵害する様々な監視方法の対象とし、最も軽微な違反をも処罰しているにもかかわらず、競技連盟の指導部、試験所の所長、薬物規制当局の職員などはすべて真に受け、仕事を信頼し、ルールに従うのを前提としていることだ。ロシアのスキャンダルは、スポーツ界とアンチ・ドーピング当局の上級職員が協力してアンチ・ドーピング制度を悪用できることを示した。政治家や警察が味方の場合は、なお始末に負えない。

このような大規模な腐敗は、競技連盟にも見つかっている。一九九九年から二〇一五年までIAAFの会長を務めたラミン・ディアクは、ドーピング事例の隠蔽に直接関わっており、しかも隠蔽のために賄賂を受け取っていた。二〇二〇年に、ディアクはドーピングの陽性結果をもみ消すためにアスリートから金を取るスキームを作り上げ、それを〝フル・プロテクション〟と呼んでいたことが判明した。言い換えると、陸上競技から薬物を排除するのが仕事であるはずの人物が、ドーピング犯の大規模競技会への出場を許すことでドーピング文化を積極的に推進するような、ゆすり同然の体制を整備していたことになる。

このペテンの網にとらわれた選手の一人が、ロシア代表のマラソン選手、リリア・ショブホワである。捜査の結果、二〇一二年のオリンピックに先立って、ドーピングの証拠隠滅のためにIAAFの幹部に四五万ユーロを支払ったことが判明している。二〇一四年に出場停止処分を受けた後、ショブホワは告発者に転じて捜査に協力し、ドーピングによる出場停止のもみ消しを持ちかけたIAAF幹部を名指しした。捜査当局は他に二二人のロシア人選手が同様のサービスに金を支払ったことを突き止めた。金額は一〇万ユーロから六〇万ユーロにわたり、総額三二〇万ユーロにもなった。これらの選手は実質的に、二〇一二年のオリンピックと翌二〇一三年にロシアで行われた世界陸上選手権に出場できるように金を支払っていた。この賄賂を生かすため、ディアクと息子のパパ・マッサタ・ディアクはIAAFの医療およびアンチ・ドーピング部門の元部門長、ガブリエル・ドレに二〇万ユーロを支払った。またしても、アンチ・ドーピングを直接管理する責任者本人が、制度を蝕んでいたのである。組織内の腐敗はさらに広範囲に及び、しかもディアクの息子が中心人物となっていた。最大一五〇〇万ユーロもの資金が横流しされていたと報告されている。二〇二〇年に、ラミン・ディアクの刑事事件の裁判官は次のようにまとめている。

ディアク（父）に懲役四年、執行猶予二年、罰金五〇万ユーロの刑を言い渡してから、ロゼ・マリー・ウノー判事はパリの裁判所で次のように述べた。「三二〇万ユーロは〝フル・プロテクション〟プログラムと引き換えに支払われました」。この仕組みによって出場停止処分を受けるべきアスリートは「純粋かつ単純に制裁を逃れることができました。あなたはゲームのルールに違反したのです*3」

他にもWADAの検査プロセスの効果のなさを示すエビデンスが現れた。ランダム回答法を用いた社会科学的調査は常に、ドーピングの普及率がWADAの年間検査統計に示される一・五パーセント前後より大幅に高いことを示している。調査結果は、競技と国によって三パーセントから四〇パーセントと大幅な差がある。使用した質問の影響で実際よりも大きな値が出た可能性はある。質問の多くが、過去一二カ月に禁止薬物を使用したことがあるか、さらには生涯に一度でも使用したことがあるか、といった大ざっぱな内容だからだ。それでもなお、ドーピング普及度の高さが厄介なレベルに達していることは、複数の調査結果で一貫している。*4

WADAが発表する数字と実際のドーピング率に大幅な差異があるとしたら、問題は根深い。多くのアスリートがドーピングして見つからずに逃げ切っているということだからだ。これにはいくつかの理由が考えられる。アスリートはドーピング用の薬物や手段を使用したが、発見される可能性のある期間に検査がなかっただけかもしれない。検査で陽性になる可能性が高い時期に検査を避ける方法を戦略化するなど、計画的に回避しようとする場合もある。もしそうならば、頭を使って検査担当者の裏をかいていることになる。一方、アスリートが競技外検査のほとんどない国に住んでいる可能性もある。検査は高額で、一件あたり八〇〇ユーロ前後のコストがかかるため、国によっては包括的プログラムの予算が組まれていない。あるいは、特定の国または競技で、特にトップアスリートのドーピングを表に出したくないため、知名度の劣る選手を中心とした検査制度を運営している場合もある。あるいは、国際試合の準備期間中に大会がどれほど〝クリーン〟なのかを示すことが重視される場合もある。アスリートはそのような動きを予測できる可能性が高いので、ドーピングをトレーニング期間の早期に繰り上げることもある。理由はともあれ、教育、検査、制裁のアンチ・ドーピング戦略は、アスリートとサポートスタッフがルール違反を犯すことを防止するには十分ではないことは明らかだ。

新型コロナウイルスとアンチ・ドーピング

効果的な抑止力として機能し、ドーピング違反者を発見する検査プログラム実施の難しさは、新型コロナウイルス（COVID-19）のパンデミックの影響によってさらに悪化した。二〇二〇年にWADAが行った調査によると、九一のアンチ・ドーピング機構が検査をすべて停止した。この例として英国を挙げる。英国の検査によると、二〇一九年には三カ月で二〇一七件の検査が実施されたが、二〇二〇年の同期間はわずか一二四件だった。特定の競技なら、テニスの例がわかりやすい。二〇二〇年の検査件数は年間七七九三件から三二八二件に減少した。UCIも競技外検査が九〇％落ち込んだことを報告した。ジャーナリストのアンディ・ブラウンは、状況を次のようにまとめている。ただし、ブラウンが検査の影響をかなり広めにとっている点については疑問がある。「検査にはきわめて大きな抑止力がある。二〇二〇年三月以降、この抑止力が弱まった。スポーツが通常備えている、アスリートのドーピングに対する防衛力が落ち込んでいる」[*5]。検査があることで一部のアスリートがドーピングを考え直しているかは定かではないが、いずれにしても検査がないと、捕まるのが怖いのでドーピングをしていないだけの選手を大胆にさせてしまう可能性がある。

検査に一見効果がないように見えることは、アンチ・ドーピングの根本的理由、価値、影響の評価にも影響を及ぼす。現在のアンチ・ドーピング制度を支持する論理的な答えの一つは、現行制度は完璧ではないかもしれないが、他の選択肢はさらに酷いからだというものだ。スポーツ界にしても、政府にしても、あるいはスポーツに関心のある一般大衆にしても、あらゆる管理を放棄して無制限のドーピングを許容することを受け入れる者は少ない。〝クリーンなスポーツ〟の概念をめぐっては強力なコンセンサスがある。また、ドーピングが認められたらスポーツは化学者同士の〝なんでもあり〟の戦いになり、アスリートは破滅してしまうのではないかという不安も大きい。したがって、ドーピングを認めることはスポーツが前進するためにとりうる道とは考えられていない。たとえこの二つの懸念が誇張されたものであり、すべてのアスリートが機会さえあれば自らの健康を害するリスクを負い、スポーツの競争としての本質を蝕むだろうという仮定に基づいているとしてもだ。

しかし、アスリートは〝クリーンなスポーツ〟の蜃気楼あるいは幻想を追求するために、大きな代償を払っている。誰もが機会さえあればドーピングすると仮定するのは誤りである。〝ズル〟、〝高潔〟、〝健康〟に関する単純な仮定を超えて、現行制度の欠陥を認識することに議論を移す必要がある。アスリートの視点からアンチ・ドーピングを理解することによってしか、より実践的で人間的なアプローチに向かって進むことはできない。まず、アンチ・ドーピングが、本来対象とすべきでないアスリートを過剰に罰する可能性について考察する。

巻き添え被害

ここでは、巻き添え被害《コラテラル・ダメージ》を、アスリートが故意のドーピング以外による出場停止処分や、ドーピング違反の状況と著しく釣り合わないオーバーな処分を受けることと定義する。これらの事例は、自己責任とゼロ・トレランス〔軽微な規律違反も厳罰に処す方針〕に基づく〝クリーンなスポーツ〟の代償である。このような事例の多くは一般に知られることはないため、ここではわずかなケースのみを紹介する。

前章で論じたとおり、アンチ・ドーピング試験所がミスを犯すことがある。ダイアン・モダールの経験は、たとえ選手に潤沢な資金があり、専門の科学者と連絡をつけることが可能であっても、陽性結果への反証や異議申し立てがきわめて困難であることを示している。近年、ノルウェーの科学者、エリック・ボイエ、ジョン・ニッセンマイヤー、トゥーレ・スコットランド、ビヨーン・オステルードが、EPO検査のプロセスを精査した。ボイエらは、EPO使用の嫌疑をかけられたが使用していないと主張している五人のアスリートについて、試験所のデータを入手した。有罪または無罪の決定プロセスはグラフの主観的な検討に基づくため、複雑な上に人間の解釈に左右される。ボイエらは二人の選手を支持する立場で証言したが、制裁を覆すには至らなかった。そして、アンチ・ドーピング分析担当者の返答への失望を込めて、次のように述べた。

我々の主張は、〔ノルウェー人ボクサーの〕ハディ・スロールの公聴会で述べた専門意見のとおり、何らかの判断を下すには、当該領域におけるゲル染色のレベル、つまり、正常な生理学的EPOの範囲内と、その上の領域（rEPO）の範囲内に存在するEPO類似物質の量に関する、定量的で客観的な測定値が必要だというものである。この判断をゲルの恣意的な目視に任せるのは非科学的である。ノルウェーのアンチ・ドーピング試験所による分析結果と我々自身の分析結果は、当該アスリートの尿には、rEPOなしの対照試料（ネガティブ・コントロール）と比較して、rEPO領域に含まれる物質は多くなかったことを明確に示している。*6

ボイエらが支援したアスリートに、アイルランドのランナー、スティーブン・コルバートがいる。EPOの使用により二年間の出場停止処分を受けたが、無実を主張し続けた〔コルバートは二〇〇m走を専門とする短距離走者で、持久系種目ではないのでEPOを使用する意味がないとも主張した〕。コルバートの検体は試験所によって破棄されてしまったので、再検査はできなかった。唯一のエビデンスは分析報告書だが、高いEPO測定値を示してはいなかった。ドーピング違反で制裁を受けた他のアスリートと同様に、コルバートも選手生活に復帰することはできなかった。コルバートは、個人の人生と職業人としての人生への、より長期間のスティグマと影響を懸念して、次のように述べている。

一生このこと〔ドーピング疑惑〕で自分が汚されることになるのはわかっている。現代はインターネットやら何やらがあるからなおさらだ。逃れることはできない。雇用主に近づいたら、ちょっと検索すれば出てきて、それで堂々巡りだ。非常に大きな損害だ。疑いを持った人がどんな話をするかはわかる。それは人間の本質であって、受け入れるしかない。*7

アンチ・ドーピングの科学に見捨てられたと訴えるアスリートは、他にもたくさんいる。英国の短距離走者、カラム・プリーストリーは、ドーピング検査でクレンブテロールの陽性結果が出て二年間の出場停止処分を受けた。プリーストリーは、トレーニングで南アフリカを訪れたときに食べた肉以外に、この物質が体内に入った可能性のある理由をほぼ思い当たらないと主張したが、この制裁措置により選手生活を断念した。*8 クレンブテロールの使用で二年間の出場停止となったもう一人のアスリートに、世界有数の自転車選手、スペイン出身のアルベルト・コンタドールがいる。二〇一〇年のことだった。コンタドールは二つの主要大会、二〇一〇年のツール・ド・フランスと二〇一一年のジロ・デ・イタリアの優勝を剥奪された。しかし検体における薬物はあまりに少量で、その量のクレンブテロールを検出できる感度を備えた機材のある試験所がほとんどないほどだった。ここに、アンチ・ドーピング検査のもう一つの問題が浮かび上がる。多くの薬物はしきい値を使用せずに〝存在の有無〟を検出されるということだ。つまり、運動能力に影響がある可能性がきわめて低いほどの微量にもかかわらず、少しでも検体に存在していれば違反になる。プリーストリーなどの選手と同様に、コンタドールも食品を原因とする説を主張した。

これは凄まじい不正義です。（中略）私は紙に書かれることは重要だと思いません。私自身の気持ちの問題なのです。一生ついて回るものです。しかし何も変わるわけではありません。この問題に関心のある人はこれがスポーツにおける最大の不正義の一つだと知っています。[*9]

もっと基本的な状況がアスリートに重大な悪影響を与えることもある。メキシコのフェンシング選手、パオラ・プリエゴは、二つの検体の結果が異なったことで二〇一六年のオリンピックへの出場を逃した。A検体は六月にパナマで行われたパン・アメリカン・フェンシング選手権の後に最初に分析され、微量（五四〇ナノグラム）のモダフィニルが検出された。B検体は別の試験所で分析され、陰性となった。そのため、不正行為の疑いは晴れ、処分は免れた。しかし、この手違いの結果、オリンピックからの出場除外という重大な影響が生じた。[*10] フェンシングのようなスポーツでオリンピックに出場できなくなるのは、アスリートのキャリアにとって致命的だ。

アスリートが隠蔽剤を使って検査担当者を出し抜くおそれがあるという懸念も、多くの不公平な判断につながった。二〇〇三年、世界最高のクリケット選手の一人と名高いシェーン・ウォーンは、ステロイドの使用を隠蔽するおそれがあるとして禁止になっているダイエットサプリメントを使用したかどで、ワールドカップから帰国させられた。そして、何も知らない母親からこの錠剤を与えられたと説明したにもかかわらず、一二カ月の出場停止処分になった。[*11] ウォーンはスピン・ボウリング〔クリケットで、バウンドした後に軌道が変化する遅い球を投げること〕を得意とする名選手で、ステロイドを使用して筋力を上げる意味はなく、したがって隠蔽を行うとも考えられなかった。

二〇〇六年には、米国のスケルトン選手、ザック・ランドが、七年間使ってきたフィナステリド入りの育毛剤を使用しても問題ないと考えた。しかし、二〇〇五年版の〝禁止物質・方法リスト〟の更新内容にフィナステリドが入っていたのを見逃していたので、検査で陽性になった。ランドは二〇〇六年のオリンピックに出場できなくなり、ワールドカップ準優勝を取り消された。しかも、フィナステリドは二〇〇七年に禁止物質リストから除外された。ステロイドの使用に対する隠蔽剤として働くおそれがあるとしてリストに掲載されたが、WADAでこの効果はないと結論づけられたのだ。[*12] 言い換えると、ランドは行き過ぎた猜疑心、リストのチェック漏れ、そして科学的知識を適用する際の一貫性のなさから、最高峰の舞台に出られなかったことになる。

〝禁止物質・方法リスト〟の更新に気づかずに長期間使用している医薬品を使い続けたアスリートの最も有名な例は、テニス界のスター、マリア・シャラポワである。二〇一六年一月一日に禁止薬物に追加されたメルドニウムの使用により、出場停止処分を受けた。シャラポワはこの変更に気づかず、健康上の理由から一〇年以上使い続けていたメルドニウムをそのまま使ってしまったと主張した。当初の二年間の出場停止は一五カ月に短縮されたが、この出来事自体がキャリアに影響し、スポンサー収入の減少などを招いた。

検査を受けられなかったアスリートも、過度の制裁や一貫性のない処分の対象となる場合がある。英国の四〇〇メートル走選手、クリスティーン・オールグーは、二〇〇六年に三回の検査を受けなかったという理由で一年間の出場停止処分を科された。一方、スコットランドのハンマー投げ選手、マーク・ドライは、受けなかった検査こそ一回だったが、パニックを起こして自分のいた場所について嘘をついたことで四年間の出場停止となった。本人の陳述からも、その影響は明らかだった。

これは私にとって完全にゲームオーバーです。私を弁護するため、私自身も家族も金銭的に破綻しました。正直、そのためのお金はありません。しかし、貧乏だからという理由で泣き寝入りしていじめを受けるわけにはいきません。自分が有名選手ではないことはわかっていますし、それは構いません。私が戦っている理由はそこではありません。でも、金やコネがどれだけあるかで決まってはいけないはずです。何が正しくて何が間違っているかの問題であるべきで、これは正しくありません。正義の大きな失敗であり、とにかく危険と失望を伴い、大いに落胆する状況なのです。[*13]

これに対し、英国アンチ・ドーピング機構のニコール・サプステッド会長は判断を擁護して、ドライがルールに対する「深刻な違反」を冒し、それにより「クリーンなスポーツを信頼するためにアスリートと一般大衆が頼るアンチ・ドーピングのプロセスを蝕んでいる」と述べた。[*14]自身の事例と、一流自転車選手のリジー・アーミステッド（現在はリジー・ダイグナン）の事例を比べたら、ドライは傷つくかもしれない。アーミステッドはCASを通じて異議申し立てをした。高給の弁護士を伴う、大金のかかった手続きである。CASは検査を逃した状況を検討し、アーミステッドに有利な判定を下した。一件はうっかり、一件はサポートスタッフの書類記入ミス、一件は家庭の事情により計画を変更して間際に連絡したのだという。しかし、ニコール・サプステッドはドライの場合よりも協力的で、（詳細の説明を待つとしつつも）CASに同意し、一般論として次のように述べた。「私たち（英国アンチ・ドーピング機構）は合理的な組織だと思いたいです。理由がない限りアスリートを提訴することはありません」[*15]。異議申し立てできなかったこと以外に、ドライの事例が異なる扱いを受けた方法も理由もはっきりしない。

さらに悲劇的なのは、オーストラリアのやり投げ選手、ジャロッド・バニスターが自殺したことである。その理由の全貌を知ることはできない。しかし、アンチ・ドーピング検査を受けなかったことで、二〇カ月の出場停止処分になっている。そのうちの一件では、薬物取締官（DCO）がホテルのフロントでバニスターがチェックアウトしたと聞かされたが、本人はチームメイトと一緒に部屋にいた。オーストラリア陸上競技連盟が部屋を押さえていたため、宿帳に氏名が掲載されていなかっただけだったのだ[*16]。英国のラグビーリーグ選手、テリー・ニュートンも、ドーピングによる出場停止の後に自殺している。うつ病との闘いを口にした者もいる。デンマークの自転車選手、ミカエル・ラスムッセンもその一人である。因果関係については議論の余地があるが、ドーピングによる出場停止が、これらの選手の個人的、感情的な苦しみの一因になった可能性は高い。

処罰が違反内容に見合わない多くの事例の核心にあるのは、禁止されている医薬品の誤用である。

テレーセ・ヨーハウグ。リップクリームの使用で出場停止処分となった。

慢性的な軽い病気の緩和、睡眠導入、痛み止めなどに用いる薬物は、運動能力向上のメリットがないにもかかわらず、競技出場停止につながりかねない。ノルウェーのスキー選手、テレーセ・ヨーハウグは、チームドクターの助言に沿って荒れた唇にリップクリームを塗っていたが、そのリップクリームに禁止薬物のステロイド類が入っていた。ヨーハウグは一八カ月の出場停止処分を受け、二〇一八年の冬季オリンピックに出場できなくなった。この事例は議論を招いている。なぜならば、このリップクリームのパッケージにはドーピングに関する警告が明記されていたが、チームドクターは気がつかなかったと主張したからだ。ヨーハウグの体内で検出された薬物の量からは、特に不都合な作用は発生していないと考えられた。それにしても、単に唇の荒れを治すためという目的を考えると、出場停止処分の長さはきわめて厳しいように思える。

故意ではない違反には、不純物や異物混入に関する事例もある。アスリートが摂取した栄養補助食品（サプリメント）の製造工程で禁止物質が混入していた事例が多く発生している。そのような場合の異議申し立てはめったに成功しない。というのも、異物混入の発生源を特定するのが難しい上に、状況が故意ではなかったことを証明する義務はアスリート側にあるからだ。たとえ異議申し立てが通っても、完全な処分取り消しではなく、処分の緩和しか得られない場合が多い。ただし、他人との接触による異物混入のケースでは、わずかながら異議申し立てに成功している場合もある。カナダのパラリンピック選手、ジェフ・アダムズは、検体のコカインが夜遊びで会った女性から来たものだと証明した。しかし、解決までに二年を要し、選手生命は実質的に終わってしまった。ここでも、こうした事例をめぐる費用、時間、世間の注目が、多くのアスリートの異議申し立てを妨げている。これらの負担に耐えられなければ、アスリートは制裁を受け入れ、出場停止処分に甘んじるしかない。異物混入の状況は幅広く、食べ物、飲み物、さらには現地の水まであった。厳格責任の過酷な性質は、多くの不公平な結果を生むおそれがあるのだ。*17

アマチュアのアスリート

エリート選手はたいていサポートスタッフに恵まれているので、たまに間違いを犯しても、それに気づく人員がいる（それでもミスが発生することはあるが）。また、アンチ・ドーピング教育のワークショップを受けるための予算が付き、ドーピングのために選手生命が犠牲になる危険性を教えてもらえる。一方、下位レベルで競技をするアスリートや、大人になってから競技スポーツに参加したアスリートの状況はまったく異なる。アンチ・ドーピングの大まかなルールは知っていたとしても、施策や薬物規制の複雑さや、不注意による罠について誰からも聞いていない可能性は十分にある。

ウェールズのラグビー選手、ショーン・クリアリーは、予定が変更になった交流試合の際に尿検体からコカインが発見され、出場停止処分を受けた。コカインを使用したのは数日前だったが、まだ体内に残留していた。クリアリーはアンチ・ドーピング教育や助言を受けたことがなく、定期的な検査もない競技レベルでプレーしていたのに、二年間の出場停止となった。

モン・ヴァントゥにある、トミー・シンプソンの記念碑。

オランダのランナー、ヒンケ・スコッカーは三〇代になって競技を始めた。三五歳のときに、検査でモダフィニルの陽性反応が出た。何十年もＡＤＨＤの治療に使っていた薬だった。モダフィニルには精神刺激作用があるため、競技外では許可されていたが競技の際には禁止物質に指定されていた。大会の四日前にモダフィニルを摂取していたが、当日提出した検体に含まれていたのは微量だった。スコッカーの運命を決める判断のプロセスは、（新型コロナウイルス感染症のパンデミックで遅れたこともあり）一年以上かかり、一八カ月の出場停止処分が決まった。しかし、スコッカーはすでに競技を引退していた。幻滅を覚えたため、そしてスポーツ以外のキャリアに集中するためである。「（スコッカーは）陸上競技連盟の行動を批判した。彼女によれば、連盟はスコッカーの医薬品の使用がドーピング規制に違反することを明らかにしなかったという。もしそれが行われていれば、ADHD治療薬の使用について適用免除を申請し、まったく問題なく使用することができた」[18]

別の不正義の例は、米国で高齢の男性アスリートが健康問題に対応するためにテストステロンを処方されていたケースである。そのうちの二件、ジェフ・ハモンドとロジャー・ウェンズルは六〇代で、アンチ・ドーピング教育を受けていなかった。ハモンドはホルモン治療の間、トレーニングと自転車競技への参加を中止することにした。ウェンズルは助言を求めたにもかかわらず、助言を与えられる代わりに名指しで検査され、二年間の出場停止処分を受けた。ドーピング犯の汚名を着せられたまま癌で亡くなったのは悲劇だった。[19]

これらのアマチュア・アスリートの事例は、WADAの権限の及ぶ範囲を示している。WADCの署名当事者となっている競技連盟に属するチームのメンバーは、WADAとその関係者の権限の下にある。あらゆる日程、あらゆる時間で検査の対象となり、理解できない違反で資格停止になりうる。資格停止になったアスリートは〝特定の対象者との関わりの禁止〟ルールに直面する。つまり、練習試合や競技会に出場できなくなる。最悪のシナリオでは、自分の子どもを地元のスポーツクラスや大会に連れていけなくなる。アンチ・ドーピングの権限が及ぶ範囲は広く、多くのアマチュア・アスリートは自分たちがどのような影響を受けるかわかっていない。〝クリーンなスポーツ〟の代償は高いのだ。

アスリートに関わってもらい、組織的ドーピングに対応する

アンチ・ドーピングは、すべてのアスリートがチャンスさえあればドーピングする可能性があるという疑いに根ざしている。ステレオタイプに基づいていて、そのステレオタイプは、アスリートがスポーツで成功するためにドーピングを含めた手段で自らの命を危険にさらすことを示すための調査と、相当数のアスリートが故意にズルをしているという考えによって、固定観念のようになっている。このことは様々な本で脚色して描かれている。二〇〇二年に欧州評議会が出版した、バリー・ホウリハンによる分析書 *Dying to Win: Doping in Sport and the Development of Anti-Doping Policy*（死ぬほど勝ちたい――スポーツにおけるドーピングとアンチ・ドーピング施策の発展）がその好例だ。ホウリハンの本の表紙には、画質の粗いトミー・シンプソンの白黒写真が採用されていた。モン・ヴァントゥで倒れる直前の、すっかり消耗した状態だ。一方、普及率調査を実施している研究者さえも、過去一二カ月のいずれかの時点でドーピングを認めたアスリートが必ずしも故意または定期的に禁止薬物を使っているわけではないことを立ち止まって考えるとは限らない。実際に、治療用での適用免除を申請して成功する場合もある。メディアが時折ドーピングを〝モラル・パニック〟的に提示してきたのと同様に、一部の学者も、ドーピングが一般的であり、アンチ・ドーピング施策によって阻止されなければアスリートは命に関わるリスクを取るおそれがあるという考えの固定化を後押ししてきた。

しかし、エビデンスはその逆を示している。研究者がドーピングの評価と予測のために試みた方法に、運動能力向上態度スケール（Performance Enhancement Attitude Scale、ＰＥＡＳ）などの社会心理学手段がある。これらの研究は、機会さえあればアスリートがドーピングするという仮定を裏付けていない。

たとえば、二〇一八年に三四〇人のポーランド人アスリートのサンプルを対象としてPEASを用いた調査では、ドーピングに好意的な態度はパワーリフティング選手とウエイトリフティング選手の間で比較的多かったが、アスリート全体としてはアンチ・ドーピング寄りの姿勢を示した[*20]。また、このような研究は、態度や見解を実際の行動と結びつけることはできない。アスリートがドーピングをある面で許容できると考えているからといって、それ自体ではアスリートがドーピングに関与している、あるいは今後するという意味にはならない。

アスリートの単純なステレオタイプ化の影響は、施策に表れている。重要な問題の一つが、WADCは罰則の対象となる現役アスリートたちに相談しないで作成されているということだ。これは、自分たちを規制する方法について、アスリートは集団として責任のある意見を持つことができるという信頼が欠けていることを示している。しかし、画一的なアプローチの主な問題は、すべての種類のドーピングがすべての競技の役に立つわけではないということだ。特定の種目に関連する物質や方法については、アスリートに相談するのが簡単だろう。アスリートに〝スポーツにどのような意味があるか〟という議論に加わってもらうと、運動能力向上のロジックをより広く受け入れ、アスリートにとっての能力向上と進歩の必要性を管理する、より優れた方法を見つけられるかもしれない。これは非常に重要だ。なぜなら、周知のようにスポーツのキャリアは危険性が高いからである。アスリートは、〝誘惑の瞬間〟においてドーピングのリスクが高いという研究があるが、言い換えると〝必死の瞬間〟かもしれない。けが、チーム解雇の危機、競技レベルのステップアップなどがこれにあたる。こうした瞬間に頼るものは必ずしも強力なドーピング薬物であるとは限らず、栄養サプリメントや医薬品かもしれない。理解して共感することは、何らかのズルが行われると無条件で仮定するよりも人間的で、より優れた施策につながる可能性がある。

また、アスリートは一般的にアンチ・ドーピングの原則に好意的だが、実践面について懸念を抱いていることも研究で示されている。二〇一六年に五一の国と四つの国際競技連盟に属する二六一人のエリート・アスリートを対象に実施した調査で、アンナ・イエヴェストロムらは次のようなことを発見した。「アスリートたちはルールの正当性に異議を唱えることはなかったが、ルールや原則が実際に施行される方法の正当性に懸念を抱いていた。特に、プライバシー、非効率、条件の平等性、およびアンチ・ドーピングの取り組みへのアスリートの関与について懸念していた*[21]」。一方、マリー・オヴァビーの研究では、調査したほとんどのデンマーク人アスリートは自国のアンチ・ドーピング制度の運用に満足していたが、他国の制度には疑問を持っていた。「この問題に関して意見のあるアスリートの大半は、一部の国における検査制度の規模を不十分と考えているか、または特定の国でメダル獲得のためにドーピング・コントロールをダウングレードしていると信じていた*[22]」

この点は、ジョン・グリーブスとアスク・ヴェスト・クリスチャンセンによる研究でも裏付けられている。この研究でも、アスリートは「現行制度と、アンチ・ドーピングの取り組みを均質化するという曖昧な目標に対し、一般的に満足している」とされるが、具体的な細かい点については異論があるという。

また、アスリートたちは四つの具体的な問題に深刻な懸念を表明した。（a）一つの競技に属するすべてのアスリートに対する、公平で一貫したルールの適用。（b）各自の居場所を届け出る義務。（c）違反を告発されたときの正当な法的手続き。（d）アスリートが政策・施策の策定と意思決定のプロセスに純粋に参加できる可能性*23。

こうした研究成果は、カナダのベッキー・スコットや、英国のカラム・スキナーとアリ・ジャワドなど、アスリートからWADAへの忌憚ない批判の増加を反映している。さらに具体的には、組織的ドーピング・プログラムに対してロシアに制裁を与えるために十分な行動を取らなかったという非難が、近年のWADAに寄せられている。アスリートは、明らかでかつ組織的なズルが処罰されないと、裏切られたように感じるのだ。

前進する道

アンチ・ドーピングの枠組みが一九六〇年代に設定され、精神刺激薬とメダル獲得者に重点を置いていたことは思い出す価値がある。その単純な考え方は、二人のアスリートが同じ条件で対戦する場合に、片方が人工的な精神刺激薬による短期的な推進力を得て勝つことは許されない、というものであった。この枠組みは長い時間を経て健康上の懸念に拡大された。つまりすべてのアスリートがアンチ・ドーピング規制によって管理されるということだ。ドーピングと実用性の間の関係性は切り離された。ドーピングしたアスリートの成績が良くなるか否かは関係ない。関係があるのは、ルールを墨守し、罰則を科すことだけだった。

誰もがルールを守っていることを確認するのがどんどん難しくなるのに伴い、アスリートからの権限の排除——根拠のない疑いと、すべてのアスリートがメダルのためなら命も捨てるという思い込み——によって、アスリートは厳格責任を押しつけられ、過剰に監視されるようになった。あらゆる苦情は、〝クリーンなスポーツ〟という目標を蝕んでいるとして、たやすく拒絶された。他の不平等の形——経済的、社会的、政治的——と相対化することは、ドーピングの健康リスクとスポーツの高潔性《インテグリティ》を無視しているとして拒否された。科学研究までも、規制の必要性への関心はそこそこに、ルールの性質、アスリートの潜在的リスク要因を理解する方法、予防戦略を支援する方法に焦点を当てるようになった。

私たちの問いは、組織的ドーピングを予測して防止しながら、同時に個人アスリートの不要な処罰を避けるようなドーピング・コントロール制度の設計が可能かどうか、というところにある。アンチ・ドーピングは、第二のロシアのような状況や、意識してドーピングする小規模な集団、そしてドーピングを強制、許容、あるいは隠蔽する腐敗した指導者をもっとうまく阻止できる必要がある。一方で、アスリートの現状は改善する必要がある。アスリートは年中無休で見張られたいわけではないし、不注意による違反で選手生命を失い、個人として、あるいは職業人としての人生を台無しにするのもまっぴらだ。

最初の提言は大局的なことだ。スポーツの本質をよりオープンに議論することを通じて運動能力向上とは何かを説明し、一般の人が持つ〝ドーピング〟の理解を変えることである。運動能力向上手段は、スポーツにおける成功に欠かせない。アスリートは、ジョン・ホバマンの概念を借りれば〝人間エンジン〟であり、キャリアの進歩のあらゆる段階で科学的分析の対象である。用具、トレーニング戦略、心理的介入、食事、休養と睡眠、そして生活のすべてが、運動能力向上のロジックと手段の一環である。〝禁止物質・方法リスト〟は、二〇世紀中頃のアマチュアの理想主義者が提唱した〝純粋な〟スポーツを実現する仕組みではない。薬物が一切関わらないスポーツはもはや存在せず、何らかの方法で選手の能力を強化していないスポーツがないのも間違いない。リストは、現代の科学と倫理を基に〝許容できる〟物質・手段と〝許容できない〟物質・手段の違いを定義する試みではなく、砂の上の恣意的な線引きにすぎない。さらに、多くの物質は、実際に健康リスクを引き起こす可能性や、運動能力向上面の価値に関する研究も行われないまま、禁止表に掲載される。禁止表は推測によるもので、匿名性を維持された少数の科学者集団の主観的判断に基づく。

理解が変われば、次に挙げる二番目の提言に対応できるようになる。それは、物質や方法を禁止する判断基準を変更することだ。前述のように、現行の施策では、健康、運動能力向上、〝スポーツの精神〟に関わる三条件のうち二つを満たすものを掲載対象としている。私たちは、そうではなく二条件のうち二つを満たすものを採用することを提案する。不必要で曖昧な〝スポーツの精神〟条件は削除する。したがって、物質や方法を禁止するには、アスリートの健康へのリスクとなり、かつ、運動能力向上の効果を示していなければならない。両方の条件は推測ではなくエビデンスに基づくようにするのが理想だ。また、特定の薬物は、確立済みのしきい値、つまり健康リスクがあり運動能力が向上する消費レベルを超えて初めて禁止とすることを提案したい。微量の薬物はいずれの条件にも該当しない。さらに、娯楽用の薬物も条件を満たさない。規制は国と地方政府の役割になる。これらの変更によって、検査を実施する費用も安くなり、無害あるいは不注意な状況における異議申し立ての数も減るので、効率も向上する。さらに、競技連盟は自身の競技で優先的にコントロールする薬物や手法を選ぶことができる。最も重要な点として、不注意または娯楽による薬物使用でアスリートが制裁を受けるのを防ぐことができる。

三番目の提言は、教育、検査、制裁の三つの要素に注目して、アスリートを保護することである。教育に関しては、アスリートがドーピング問題に関して総合的な教育を受けることを必要条件とすべきである。彼らは倫理的な意味での運動能力向上とは何か、身体的・精神的な幸福にとって何がリスクとなるか、正確に何が禁止されているのか、うっかりドーピングをどのように防ぐのか、そしてスポーツ種目、年齢、競技レベルに基づく、推奨される栄養学的な運動能力向上アプローチを学ぶ必要がある。この教育を受けるまで薬物検査を行うべきではない、という点が重要である。実際には、選手は教育を受けるまで全国レベルの競技に参加できず、逆にアマチュアや趣味のレベルでは検査は不可能ということになるだろう。若いアスリートにはさらなる保護が必要で、両親も教育プロセスの対象とすべきである。

検査制度は引き続き必要だが、より合理的なものにするべきだ。祝日や夕方・夜など、アスリートにもオフの時間が必要だ。薬物取締官がアスリートの自宅に行く必要はない。各地の検査センターを整備するなど、他の方法を検討するべきである。検体提出の観察は、分別を伴い、人間的でなければならない。WADAは、直接の観察を必要としない手法を見つけるべきである。懐疑論者は、念入りに見張っていなければ、ズルをするアスリートが尿検体をすり替える方法を見つけると主張するだろう。しかし、不必要な観察に関しては多くの報告が上がっている。特に若いアスリートにとって、他人がトイレまでついてきて性器を露出させるような状況を許すべきではないのは明確かつ喫緊の問題である。

こうした重大な問題は、ドーピング薬物を検出するために尿検体に頼っていることで発生している。

したがって国際競技連盟は、尿検体を必要としない分析手段をより重視することを検討すべきである。二〇一〇年に、ナウェド・デシュムクらの科学者は、よく使われる二種類のステロイド、ナンドロロンとスタノゾロールを対象とする毛髪分析検査を開発した（ただし、すべてのアスリートに検査が十分に可能な毛髪があるとは限らないが）。一八〇人の被験者の検体のうち一一件でステロイドの使用が特定された。競技との関係で考えると、この手法にはタイミングと服用量に関する潜在的なリスクがある。しかし、著者らが尿検査を暗に批判し、変化の必要性を指摘していることには、注目する価値がある。

得られた結果は、これらの毛髪分析法で低濃度の両ステロイドを検出し、それにより必要な毛髪量を大幅に減らす応用を示す。新たな手法は、尿検査または血液検査を補い、ドーピング検査制度の改良を推進する。毛髪分析は、非侵襲性（検査の際にメスや針などで体を傷つけないこと）で、感染リスクを無視でき、検体の補完と収集が容易である上に、改ざんや交差汚染のリスクも軽減できる。検出期間も長いため、本アプローチは競技外検査の代替アプローチとなる可能性もある。[*24]

制裁は引き続き必要だが、最悪の違反者と、違反を助長する者を主な対象とすべきである。検査で陽性になったアスリートには、迅速に結果の出る異議申し立ての機会が認められるべきである。理想的には、違反が一般に発表される前が望ましい。陽性反応が故意でないという強力なエビデンスをアスリートが提供できれば、制裁を緩和する必要がある。検体における違反薬物の量を考慮し、競技結果に関して明確なメリットがなければ、違反も制裁も取り消すべきである。違反が確定した場合、アスリートのサポートスタッフを捜査し、場合によっては制裁を科すべきである。強制されている証拠があるなら、強制した者の罰則を強化し、アスリートの罰則は軽減すべきである。罰則は状況に応じて決めるべきである。該当者が受けた事前のアンチ・ドーピング教育の量、健康リスクのレベル、運動能力向上の度合い、ドーピングで差がつく可能性のある競争的状況などだ。制裁が一般に発表されるのであれば、その違反に関する詳細情報を提供すべきである。現行制度のもとでは、すべてのドーピング事例は同じように見える。アスリートが検査で陽性になり、制裁を受けたという情報しか発表されないからだ。しかし、すべての制裁が故意のズルから生じるわけではない。そのことはすべての正式な通知で伝えるべきである。

四番目の提言は、教育、検査、異議申し立て費用の支援に対応した、すべての国にわたって公平な制度の必要性に注目することである。中央集権的な財務モデルによって、国ごとのアスリートの支出を監視し、富裕な国と同じレベルで貢献できない国を支援すべきである。さらに、競技連盟の活動を審査する独立機関が必要だ。特に、汚職、隠蔽、アンチ・ドーピングの回避の可能性が指摘された場合は重要となる。また、制裁の公平性、一貫性、均衡性を監査する仕組みも必要になる。そのためには、法律相談に払うだけの予算がないアスリートのための法律扶助に資金を提供し、わかりやすく、かつ幅広い人々が利用できる制度にしなければならない。検査が国ごとに大きく違うのも長年の懸念である。検査のギャップには対応する必要がある。これは、各競技連盟が、エリート・アスリートに重点を置いたガイドラインに従いながら、実施するテスト数のベンチマーク・システムを守ることによって実現できる。検査科学は、世界中のアスリートのコミュニティで均一に適用されない限り、公平性の向上には役立たない。

決定的な点として、こうした変更はＷＡＤＡと選手の代表団体とで議論しながら行うべきである。

アンチ・ドーピングの未来は理想主義ではなく現実主義、トップダウンではなくアスリート中心、処罰的ではなく教育的・支援的で、最もハイリスクな領域を重視するようにしなければならない。

アスリートにガバナンスや意思決定に関わってもらう場合、アスリートを代表する団体が重要な問題点を挙げる取り組みを行っているので、それをある程度認識すべきである。世界選手会（World Players Association、WPA）は、六〇以上のスポーツにわたる一〇〇以上の選手会のアスリートを代表している。同団体の方針を示す文書には、次のように優先事項が記されている。

多くの選手会は、世界アンチ・ドーピング機構（WADA）の規程と、WADAとスポーツ仲裁国際理事会（ICAS）の運営体制や役割が、次のような世界的アンチ・ドーピング体制を作り上げたことを懸念している。

① ドーピングからスポーツを守り、クリーンなアスリートの利益を保護する効果を発揮していない。

② 不公平かつ不均衡で、〝ズル〟ではないアスリートに対して厳罰が科されている。

世界選手会の大まかな解決策は、世界全体に対する権限を持つ一つの団体がアンチ・ドーピング施策・政策を決定するのではなく、米国の一部プロスポーツ・チームが行っているように、アスリートの団体交渉を伴うべきだ、というものである。その目的は、各スポーツにとって適切で、効果的かつ公平で、影響を受けるアスリートが同意するルールを開発することにある。また、世界選手会は、解決すべきさらに細かい問題を提言している。

・選手自身が選ぶアスリート代表の承認。
・アンチ・ドーピング施策とその施行の、堅固で独立したガバナンス。
・信頼でき、透明性のある科学。
・不注意によるドーピングや、その他の技術的なルール違反よりも、ズルを捕まえることの重点化。
・アスリートの基本的人権の存在を認めること。
・厳格だが釣り合いのとれた処罰。
・プロのチームスポーツのニーズへの適応。
・公平で独立した仲裁制度。
・中毒性のある薬物や乱用の対象になる薬物への、リハビリを通じた対処。
・アンチ・ドーピング施策の効果を、客観的かつ透明に測定し、評価すること。

このような道を歩むことは、WADAが当初のWADCで打ち出し、以来ずっと拡大を追求してきた、厳罰を軸とする目標からは大きな隔たりがある。まず、すべてのアスリートを潜在的ドーピング犯として見るのではなく、アスリートを信頼し、その基本的人権と市民的自由に敬意を払うようにしなければならない。スポーツを、アスリートの人生のすべてではなく職業とみなすべきである。仕事を強制的に中断させる、さらには引退させることは、収入、社会的つながり、評判、アイデンティティの劇的な損失であり、アスリートを滅ぼすおそれがあると認識する必要がある。もしアンチ・ドーピングがアスリートの健康を守ることを少しでも考えているのであれば、WADAはアプローチを見直す必要がある。

しかし、アスリートの見解に敬意を払い、まとまった形で意見を聞くことはきわめて重要である。現在、WADCを改定する際の諮問プロセスにはあらゆる利害関係者が入っているため、アスリートの意見はより幅広い提言に組み込まれてしまいがちである。私たちは、趣味の選手、下位レベルの選手、若い選手を含めたアスリートの意見を取り入れる新たな制度を導入することを提案する。意見聴取は全世界的なアンケート調査の形をとり、複数言語に翻訳して毎年実施することが考えられる。アスリートが正直になれるように、回答は匿名とする。このアンケートは独立機関が配布して結果を収集し、WADAおよびすべての主要競技連盟と興行主催者へ報告書として提出する。WADAは推奨事項を受け入れるか、そうしない場合はきわめて妥当な正当化の理由を提供しなければならない。アンケートの中心には、アスリートが現行制度の長所と短所をどのように捉えているか、またどのように変えたいかといった内容とその理由を据えることが考えられる。結果は、スポーツの種類（個人スポーツかチームスポーツか）、国、性別、年齢、競技レベルなどで区別してパターンを見いだす。それを踏まえて、変更を実施することができる。

全体として、ここで行った提言は、アスリートを支援するような形にならなければ価値がない。アスリートがどのような変化を望むかについてのエビデンスを収集することが、あらゆる政策・施策提言にとって、はるかに強い基盤となる。答えは簡単ではなく、時間もかかる。しかし、WADAがこうした提言に耳を貸しそうな兆候もある。たとえば、二〇二一年版のWADCでは、娯楽用の薬物資料による出場停止が標準で三カ月間に短縮された。私たちはWADCの様々な側面には批判的だが、今後の発展について完全に悲観しているわけではない。新たな取り組みを広く議論し、その際にはアスリートをプロセスの前面に出し、中心に据えるべきである。そうして初めて、アンチ・ドーピングの失敗や批判すべき問題に適切に対応できる。アンチ・ドーピングの歴史は、従来型の権威主義モデルによる結果は過酷で、限られた成功しか得られないことを示した。アスリートに関わってもらい、その意見に耳を傾けることができるなら、アンチ・ドーピングの未来は、もっと違う形——より民主的で、人間的で、尊厳を大切にする形になりうるのだ。

謝辞

本書の執筆中には、多くの方のご助力をいただいた。まず、編集過程でご指導いただいたリアクション・ブックス社のデイヴィッド・ワトキンスとマーサ・ジェイ両氏にお礼を申し上げたい。また、同じ分野に属する多くの皆様にも感謝したい。ジェスパー・アンドレアソンの意見と提案は、一貫して貴重だった。ヨルグ・クリーガー、ヴェルナー・メラー、アスク・ヴェスト・クリスチャンセン、ジョン・グリーブスからは、私たちの研究のために洞察を提供し、全般的に支援してくれた。国際ドーピング研究者ネットワーク（International Network of Doping、ＩＮＤＲ）の会員各氏も、過去数年間にわたって私たちの研究に情報を提供してくれた。スターリング大学の友人と同僚も、このプロジェクトを順調に進めるために重要だった。デイヴィッド・マッカードルは、本書の構想の中心となり、私たちを常に軌道に乗せてくれた。また、継続的なサポートをしてくれたスティーヴン・モローとコリン・モランにもお礼を申し上げたい。最後に、Ｓ３ＲＧの同僚たちにも感謝したい。乾杯！

写真に関する謝辞

著者および出版社は、図版資料の提供と転載許可について、次の各氏に感謝いたします。できるかぎり著作権所有者の方にご連絡できるように努めましたが、万一、連絡できていない方や、不正確な謝辞がございましたら、今後の版で修正いたしますので、お手数ですが出版社までご連絡をお願いいたします。

Collection Jules Beau, Gallica Digital Library: p. 17; Peter Curbishley: p. 202; Dutch National Archives: pp. 25, 74, 85, 91; Fotocollectie Anefo: pp. 95, 97; International Olympic Committee: p. 21; Los Angeles Times Photographs Collection: p. 58; National Library of Medicine: p. 20; Reuters/Alamy Stock Photo: p. 147; Stadtarchiv Kiel: p. 83; Wellcome Trust: p. 18; Wikimedia Commons: pp. 24, 66, 96, 161, 168, 180, 181, 182, 199.

参考文献

第一章　近代スポーツにおけるドーピングとアンチ・ドーピングの起源

＊1　W. Vamplew, *Pay Up and Play the* Game (Cambridge, 1988); R. Holt, *Sport and the British: A Modern History* (Oxford, 1990).

＊2　J. A. Mangan, ed., *Pleasure, Profit, Proselytism: British Culture and Sport at Home and Abroad, 1700–1914* (London, 1988).

＊3　W. Vamplew, 'Playing with the Rules: Influences on the Development of Regulation in Sport', *International Journal of the History of Sport*, XXIV/7 (2007), pp. 843–71.

＊4　P. Dimeo, *A History of Drug Use in Sport, 1876–1976: Beyond Good and Evil* (London and New York, 2007).

＊5　R. Christison, 'Observations on the Effects of Cuca, or Coca, the Leaves of Erythroxylon Coca', *British Medical Journal*, 1 (1876), pp. 527–31.

＊6　D. Courtwright, *Forces of Habit: Drugs and the Making of the Modern World* (Cambridge, MA, and London, 2001), p. 48.（『ドラッグは世界をいかに変えたか――依存性物質の社会史』小川昭子訳、春秋社）

＊7　G. Andrews and D. Solomon, 'Coca and Cocaine: Uses and Abuses', in *The Coca Leaf and Cocaine Papers*, ed. G. Andrews and D. Solomon (New York and London, 1975).

＊8　J. S. Haller Jr, 'The History of Strychnine in the Nineteenth-Century Materia Medica', *Transactions and Studies of the College of Physicians of Philadelphia*, XL (1973), pp. 226–38; p. 236.

＊9　T. A. Cook, *The Fourth Olympiad, London Official Report* (London, 1908).

＊10　Dimeo, *A History of Drug Use in Sport*.

＊11　R. Beamish and I. Ritchie, 'From Fixed Capacities to Performance- Enhancement: The Paradigm Shift in the

Science of "Training" and the Use of Performance-Enhancing Substances', *Sport in History*, XXV (2005), pp. 412–33.

＊12 J. Hoberman, *Mortal Engines: The Science of Performance and the Dehumanization of Sport* (New York, 1992).

＊13 L. Knighton, *Behind the Scenes in Big Football* (London, 1948), p. 74.

＊14 Ibid., pp. 74–7.

＊15 Dimeo, *A History of Drug Use in Sport*, p. 45.

＊16 P. Karpovich, 'Ergogenic Aids in Work and Sport', *Research Quarterly for the American Physical Education Association*, XII (1941), pp. 432–50; p. 432.

＊17 J. Gleaves and M. Llewellyn, 'Sport, Drugs and Amateurism: Tracing the Real Cultural Origins of Anti-Doping Rules in International Sport', *International Journal of the History of Sport*, XXXI/8 (2014), pp. 839–53.

＊18 Ibid., pp. 842–3.

＊19 International Amateur Athletic Federation, Annual Meeting Minutes, 1928, Section 17, 報告者：Mr Genet of France, 'appearance money', IOC Archives, p. 55. Gleaves and Llewellyn, 'Sport, Drugs and Amateurism' , p. 846 にて引用

＊20 O. Reisser, 'Über Doping and Dopingmittel, *Leibseübungen und körperliche Erziehung*', pp. 393–4, Hoberman, Mortal Engines, p. 131 にて引用。

＊21 A. Brundage, 直筆原稿（日付なし、おそらく一九三七年）, Box 77, Folder 'IOC Meeting Minutes', Brundage Archives. Gleaves and Llewellyn, 'Sport, Drugs and Amateurism', p. 849 にて引用。

＊22 Bulletin officiel du Comité International Olympique, 1938, p. 30. Lausanne: International Olympic Committee. LA84 Foundation ウェブサイトからアクセス：la84.org. I. Ritchie, 'Pierre de Coubertin, Doped "Amateurs" and the "Spirit of Sport": The Role of Mythology in Olympic Anti-Doping Policies', *International Journal of the History of Sport*, XXXI/8 (2014), pp. 820–38; p. 828 にて引用。

第二章　覚醒剤《スピード》とステロイド

＊1　N. Rasmussen, On Speed: *The Many Lives of Amphetamines* (New York, 2008), p. 54.
＊2　Ibid., p. 71.
＊3　C. Woodward, *New York Times*, 一九四八年一〇月一日。
＊4　M. Novich, 'Use and Misuse of Drugs to Improve Athletic Performance', in *Proceedings of the International Congress of Sport Sciences*, ed. K. Kato (Tokyo, 1964).
＊5　A. Gold, 'International Policy and Philosophy of Drug Control in Sport', in *Drug Abuse in Sport: Report of a Sports Council Symposium for Governing Bodies*, 一九八五年三月一七日 (London, 1986).
＊6　Rasmussen, *On Speed*, p. 193.
＊7　Ibid., p. 85.
＊8　*The Times*, 一九五七年六月六日。
＊9　*New York Times*, 一九五七年六月七日。
＊10　*New York Times*, 一九五七年六月八日。
＊11　*New York Times*, 一九五七年六月八日。
＊12　R. H. Raynes, 'The Doping of Athletes', *British Journal of Sports Medicine*, 4 (1969), pp. 145–62; p. 148.
＊13　G. Pirie, *Running Wild* (London, 1961), pp. 28–9.
＊14　W. Fotheringham, *Put Me Back on My Bike: In Search of Tom Simpson* (London, 2007), p. 160 にて引用。
＊15　Council of Europe, *Council of Europe Committee for Out-of-School Education, Doping of Athletes: Reports of the Special Working Parties* (Strasbourg, 1964).
＊16　*Daily Mail*, 一九六二年九月一〇日。
＊17　*Sunday People*, 一九六四年九月一三日。
＊18　*The Times*, 一九六四年九月一二日。
＊19　B. Weiss and V. G. Laties, 'Enhancement of Human Performance by Caffeine and the Amphetamines',

Pharmacological Reviews, xiv/1 (1962), pp. 1–36; p. 6.

＊20 Ibid., pp. 1–36; p. 32.

＊21 P. Dimeo, *A History of Drug Use in Sport, 1876–1976: Beyond Good and Evil* (London and New York, 2007), p. 44.

＊22 P. Karpovich, 'Ergogenic Aids in Work and Sport', *Research Quarterly for the American Physical Education Association*, XII (1941), pp. 432–50.

＊23 P. De Kruif, The Male Hormone (New York, 1947) cited in W. Taylor, *Macho Medicine: A History of the Anabolic Steroid Epidemic* (London, 1991), p. 16.

＊24 E. Simonsen, W. C. Kearns and N. Enzer, 'Effect of Methyl Testosterone Treatment on Muscular Performance and the Central Nervous System of Older Men', *Journal of Clinical Endocrinology*, iv/11 (1944), pp. 528–34.

＊25 J. Hoberman, *Testosterone Dreams: Rejuvention, Aphrodisia, Doping* (Berkeley, ca, 2005), p. 3 にて引用。

＊26 J. Fair, 'Isometrics or Steroids? Exploring New Frontiers of Strength in the Early 1960s', *Journal of Sport History*, xx/1 (1993), pp. 1–24.

＊27 Ibid.

＊28 Ibid., p. 23.

＊29 T. McNab, 'Why Do Competitors Take Drugs?', in *The 4th Permanent World Conference on Anti-Doping in Sport, 5–8 September 1993, Conference Proceedings* (London, 1993).

＊30 A. H. Payne, 'Anabolic Steroids in Athletics (Or the Rise of the Mediocrity)', *British Journal of Sports Medicine*, ix/2 (1975), pp. 83–8.

＊31 B. Gilbert, 'Drugs in Sport: Problems in a Turned-On World', *Sports Illustrated*（一九六九年六月二三日）, pp. 64–72.

＊32 Payne, 'Anabolic Steroids in Athletics', p. 83.

＊33 T. M. Hunt, *Drug Games: The International Olympic Committee and the Politics of Doping, 1960–2008* (Austin, TX, 2011).

＊34 N. Rose, 'Neurochemical Selves', *Society*, XLI (2003), pp. 46–59.

第三章　ドーピング検査の始まり

*1 T. M. Hunt, Drug Games: *The International Olympic Committee and the Politics of Doping, 1960–2008* (Austin, TX, 2011), p. x.

*2 O. Schantz, 'The Presidency of Avery Brundage, 1952–1972', in *The International Olympic Committee – One Hundred Years, Part II*, ed. R. Gafner (Lausanne, 1994).

*3 P. Dimeo, *A History of Drug Use in Sport, 1876–1976: Beyond Good and Evil* (London and New York, 2007), p. 90.

*4 A. Venerando, 'Italian Experiments on the Pathology of Doping and Ways to Control It', in Council of Europe, *Council of Europe Committee for Out-of-School Education, Doping of Athletes: Reports of the Special Working Parties* (Strasbourg, 1964), p. 49.

*5 Ibid., p. 50.

*6 Ibid., p. 48.

*7 Council of Europe, 'Doping in Sport', Committee on Culture and Education, 二〇一〇年四月一八日。

*8 Council of Europe, *Council of Europe Committee for Out-of-School Education, Doping of Athletes: Reports of the Special Working Parties*, p. 4.

*9 Ibid., pp. 4–5.

*10 L. Prokop, 'The Problem of Doping', in *Proceedings of International Congress of Sport Sciences*, ed. K. Kato (Tokyo, 1964), p. 269.

*11 Council of Europe, *Council of Europe Committee for Out-of-School Education, Doping of Athletes: Reports of the Special Working Parties*, p. 6.

*12 Venerando, 'Italian Experiments on the Pathology of Doping', p. 53.

*13 *Bulletin du Comité Internationale Olympique*（一九六二年二月）, p. 46.

*14 G. La Cava, 'The Use of Drugs in Competitive Sport', *Bulletin du Comité Internationale Olympique* (1962), p. 53.

*15 K. Henne, 'The Emergence of Moral Technopreneurialism in Sport: Techniques in Anti-Doping Regulation,

1966–1976', *International Journal of the History of Sport*, XXXI/8 (2014), pp. 884–901.

*16 J. Santos and M. Pini, 'Doping', *Bulletin du Comité Internationale Olympique* (1963), p. 57.

*17 A. Porritt, 'Doping', *Journal of Sports Medicine and Physical Fitness*, v (1965), p. 166.

*18 J.G.P. Williams, 'Doping of Athletes', *Physical Education*, LV (1963), p. 40.

*19 Kato (1964), p. 286.

*20 IOC, 63rd IOC Session Minutes, 一九六四年一〇月六〜一〇日, p. 10.

*21 L. Woodland, Dope: The Use of Drugs in Sport (London, 1980), pp. 108–9.

*22 L. Prokop, 'Drug Abuse in International Athletics', *Journal of Sports Medicine*, iii/2 (1975), p. 86.

*23 S. Green, 'Tour of Britain: 1965 Doping Scandal Remembered', BBC, www.news.bbc.co.uk, 二〇一一年九月一四日。

*24 A. Beckett, 'Philosophy and Practice of Control of Drug Abuse in Sport, Part 1', in *Development of Drugs and Modern Medicines: A Conference to Honour Professor Arnold H. Beckett*, ed. J. W. Gorrod, G. G. Gibson and M. Mitchard (Chichester, 1986), p. 566.

*25 R. Beamish and I. Ritchie, 'From Chivalrous "Brothers- in-Arms" to the Eligible Athlete: Changed Principles and the IOC's Banned Substance List', *International Review for the Sociology of Sport*, XXXIX/4 (2004), pp. 355–71, p. 361にて引用。

*26 IOC, 65th IOC Session Minutes, 一九六七年五月六〜九日。

*27 Swedish Olympic Committee, 'Hans-Gunnar Liljenvall, Modern Pentathlon', https://sok.se/idrottare/idrottare/h/hans-gunnar- liljenvall.html, 二〇二一年一〇月四日にアクセス。

*28 Cited in W. Fotheringham, *Put Me Back on My Bike: In Search of Tom Simpson* (London, 2007), p. 148.

*29 Ibid., p. 166.

第四章　ドーピング、流行病となる

＊1　P. Dimeo, *A History of Drug Use in Sport, 1876–1976: Beyond Good and Evil* (London and New York, 2007), p. 116.

＊2　P. Dimeo, T. M. Hunt and R. Horbury, 'The Individual and the State: A Social Historical Analysis of the East German "Doping System"', *Sport in History*, XXXI/2 (2011), pp. 218–37.

＊3　*The Guardian*, 一九七二年八月二三日。

＊4　*The Times*, 一九七二年一〇月一四日より引用。

＊5　*Timeshift: Drugs in Sport*, bbc, www.bbc.co.uk/news, 2005年六月一五日より引用。

＊6　L. Woodland, *Dope: The Use of Drugs in Sport* (London, 1980), p. 57.

＊7　*The Times*, 一九七二年八月二四日より引用。

＊8　T. M. Hunt, P. Dimeo, F. Hemme and A. Mueller, 'The Health Risks of Doping during the Cold War: A Comparative Analysis of the Two Sides of the Iron Curtain', *International Journal of the History of Sport*, XXXI/17 (2014), pp. 2230–44.

＊9　K. Patera, cited in T. Todd, 'Anabolic Steroids: The Gremlins of Sport', *Journal of Sport History*, XIV/1 (1987), pp. 87–107; p. 95.

＊10　Ibid.

＊11　C. Dubin, *Commission of Inquiry Into the Use of Banned Practices Intended to Increase Athletic Performance*（以下『ドゥビン報告書』）(Ottawa, 1990), pp. 228–9.

＊12　Ibid., p. 239.

＊13　Cited in F. Landry and M. Yerlès, *The International Olympic Committee: One Hundred Years. The Idea, the Presidents, the Achievements* (Lausanne, 1996), p. 255.

＊14　M. Killanin, My Olympic Years (London, 1983), p. 161.

＊15　R. S. Laura and S. W. White, 'The Price Athletes Pay in Pursuit of Olympic Gold', in Drug Controversy in Sport: The Socio-Ethical and Medical Issue, ed. R. S. Laura and S. W. White (Sydney, 1991), p. 6.

＊16 *The Times*, 一九七二年四月二一日。

＊17 N. A. Sumner, 'Measurement of Anabolic Steroids by Radioimmunoassay', *Journal of Steroid Biochemistry*, v (1974), p. 307; R. V. Brooks, R. G. Firth, and D. A. Sumner, 'Detection of Anabolic Steroids by Radioimmunoassay', *British Journal of Sports Medicine*, ix/2 (1975), pp. 89–92; A. Beckett, 'Problems of Anabolic Steroids in Sport', *Olympic Review*, CIX–CX (1976), pp. 591–8.

＊18 A. Kicman and D. B. Gower, 'Anabolic Steroids in Sport: Biochemical, Clinical and Analytical Perspectives', *Annals of Clinical Biochemistry*, XL (2003), pp. 321–56.

＊19 Ibid.

＊20 J. Krieger, *Dope Hunters: The Influence of Scientists on the Global Fight Against Doping in Sport, 1967–1992* (Champaign, IL, 2016).

＊21 'Blagoy Blagoev', www.sportsreference.com, 二〇二一年九月六日にアクセス。

＊22 Beckett, 'Problems of Anabolic Steroids in Sport', p. 597.

＊23 T. M. Hunt, P. Dimeo, M. T. Bowers and S. R. Jedlicka, 'The Diplomatic Context of Doping in the Former German Democratic Republic: A Revisionist Examination', *International Journal of the History of Sport*, XXIX/18 (2012), pp. 2486–99.

＊24 Final Report of the President's Commission on Olympic Sports (Washington, DC, 1977), vol. i, p. 123.

＊25 ドゥビン報告書, pp. 229–30.

＊26 ドゥビン報告書, p. 240.

＊27 Final Report of the President's Commission on Olympic Sports (1977), vol. i, pp. 251–2.

＊28 T. Hunt, *Drug Games: The International Olympic Committee and the Politics of Doping, 1960–2008* (Austin, TX, 2011), p. 66.

＊29 R. Ruiz, 'The Soviet Doping Plan: Document Reveals Illicit Approach to '84 Olympics', *New York Times*, 二〇一六年八月一三日。

＊30　Krieger, *Dope Hunters*, p. 202.
＊31　J. Krieger, L. P. Pieper and I. Ritchie, 'Sex, Drugs and Science: The IOC's and IAAF's Attempts to Control Fairness in Sport', *Sport in Society*, XXII/9 (2019), pp. 1555–73.
＊32　I. Ritchie and G. Jackson, 'Politics And "Shock": Reactionary Anti- Doping Policy Objectives in Canadian and International Sport', *International Journal of Sport Policy and Politics*, vi/2 (2014), pp. 195–6; p. 195.
＊33　Ibid., pp. 195–6.
＊34　Ibid., p. 196.
＊35　'Weightlifter Still Stigmatized 20 Years After Pan Am Scandal', CBC, 2002年2月7日, www.cbc.ca.
＊36　Ibid.
＊37　Ritchie and Jackson, 'Politics And "Shock"'.
＊38　A. J. Ryan. 'Anabolic Steroids Are Fool's Gold', *Federation Proceedings*, XL/12 (1981), pp. 2682–8; p. 2682.
＊39　S. Assael, *Steroid Nation: Juiced Home Run Totals, Anti-Aging Miracles, and a Hercules in Every High School: The Secret History of America's True Drug Addiction* (New York, 2007), p. 5.
＊40　Ibid.
＊41　ドゥビン報告書, pp. 229–30.

第五章　無邪気な時代の終わり
＊1　D. Wharton, 'Olympic La-La Land', *Los Angeles Times*, 二〇〇九年八月四日。
＊2　S. Assael, *Steroid Nation: Juiced Home Run Totals, Anti-Aging Miracles, and a Hercules in Every High School: The Secret History of America's True Drug Addiction* (New York, 2007), p. 26.
＊3　T. M. Hunt, *Drug Games: The International Olympic Committee and the Politics of Doping, 1960–2008* (Austin, TX, 2011), pp. 75–6.

* 4　Ibid., p. 76.

* 5　I. Waddington, 'Doping in Sport: Some Issues for Medical Practitioners', Play the Game Conference, 二〇〇二年一一月一二日。

* 6　A. Shipley, 'Sprinter Issajenko Unrepentant About Using Drugs', *Washington Post*, 一九九九年九月二二日。

* 7　B. Beacon, 'Four Members of Canada's National Weightlifting Team Have Been ...', www.upi.com, 1983 年 11 月 4 日.

* 8　'From Gold and Silver to Drugs and Jail: David Jenkins Never Ran from Fate', *The Scotsman*, 二〇一二年七月九日; M. Macaskill, 'McMaster Calls for Doping Inquiry', *The Times*, 二〇一六年四月二四日。

* 9　*The Times*, 一九八七年一二月一六日, I. Waddington, 'Changing Patterns of Drug Use in British Sport from the 1960s', *Sport in History*, XXV/3 (2005), pp. 472–96; p. 478 にて引用。

* 10　T. Sanderson, *Tessa: My Life in Athletics* (London, 1986), p. 159.

* 11　Cited in P. Coni, G. Kelland and D. Davies, *Amateur Athletics Association Drug Abuse Enquiry Report* (London, 1988), paragraph b25.

* 12　Waddington, 'Changing Patterns of Drug Use in British Sport from the 1960s', p. 492.

* 13　G. A. Condit, Memorandum to Assembly Subcommittee on Sports and Entertainment of California Legislature, 1985 年 12 月 4 日, Todd-McLean Collection, University of Texas at Austin, p. 2.

* 14　C. Dubin, *Commission of Inquiry Into the Use of Banned Practices Intended to Increase Athletic Performance*（以下『ドゥビン報告書』）(Ottawa, 1990), p. 365.

* 15　W. E. Buckley et al., 'Estimated Prevalence of Anabolic Steroid Use among Male High School Seniors', *Journal of the American Medical Association*, CCLX/23 (1988), pp. 3441–5.

* 16　T. Symonds, untitled study（'Assemblyman Introduces Steroid Legislation' に添付, News from Assemblyman Gary Condit, 一九八五年一二月四日), p. 5. 文書提供：Todd-McLean Collection, University of Texas at Austin.

* 17　U.S. House of Representatives, Hearing Before the Subcommittee on Crime of the Committee on the Judiciary on

H.R. 4658: Anabolic Steroids Control Act of 1990 (Washington, DC, 1990).
*18 'Drinking Too Much Coffee Could Disqualify Olympians', *Lakeland Ledger*, 一九八二年二月八日。
*19 J. Gleaves, 'Manufactured Dope: How the 1984 u.s. Olympic Cycling Team Rewrote the Rules on Drugs in Sports', *International Journal of the History of Sport*, XXXII/1 (2015), pp. 89–107; p. 102.
*20 ドゥビン報告書, p. 285.
*21 Ibid., p. 298.
*22 Ibid., p. 308.
*23 Ibid., p. 340.
*24 Ibid., p. 336.
*25 A. Kuriloff, 'Steroids Put Bulge in Pockets', ESPN, 二〇〇五年三月一五日。
*26 S. Harrah, 'Dan Duchaine Unchained', www.musclenet.com, 二〇一二年九月六日にアクセス。
*27 ドゥビン報告書, p. 345.
*28 J. Cart, 'World Anti-Doping Conference Was a Challenge Itself', *Los Angeles Times*, 一九八八年七月一八日。
*29 'Johnson Home in Disgrace; Canada Bans Him for Life: Can't Run for Country or Get Funds', *Los Angeles Times*, 一九八八年九月二七日。
*30 Council of Europe, Anti-Doping Convention (Strasbourg), 一九八九年一一月一六日。
*31 Ibid.
*32 ドゥビン報告書, p. 541.
*33 R. Harvey, 'Defectors Expose E. German Doping: Two Former Sports Officials Describe Methodical Administration of Drugs', *Los Angeles Times*, 一九八九年七月一五日。
*34 M. Fisher, 'East German Doping Detailed in Documents: Steroids: Widespread Program Included Seven Olympic Gold Medalists. Drug Efficiency Tested on Children in Sports Camps', Washington Post, 1991年9月7日.
*35 W. Franke and B. Berendonk, 'Hormonal Doping and Androgeniza- tion of Athletes: A Secret Program of the

German Democratic Republic Government', Clinical Chemistry, XLIII/7 (1997), pp. 1262–79.

*36 J. Hoberman, Mortal Engines: The Science of Performance and the Dehumanization of Sport (New York, 1992), pp. 1–2.

第六章　スキャンダルに立ち向かう

*1 T. M. Hunt, P. Dimeo, F. Hemme and A. Mueller, 'The Health Risks of Doping During the Cold War: A Comparative Analysis of the Two Sides of the Iron Curtain', *International Journal of the History of Sport*, XXXI/17 (2014), pp. 2230–44.

*2 R. Terney and L. McLain, 'The Use of Anabolic Steroids in High School Students', *American Journal of Diseases in Children*, CXLIV/1 (1990), pp. 99–103.

*3 Ibid., p. 99.

*4 C. Yesalis, N. Kennedy, A. Kopstein and M. Bahrke, 'Anabolic- Androgenic Steroid Use in the United States', *Journal of the American Medical Association*, CCLXX/10 (1993), pp. 1217–21.

*5 H.M. Perry, D. Wright and B.N.C. Littlepage, 'Dying to Be Big: A Review of Anabolic Steroid Use', *British Journal of Sports Medicine*, XXVI/4 (1992), pp. 259–61.

*6 D. Williamson, 'Anabolic Steroid Use Among Students At a British College of Technology', *British Journal of Sports Medicine*, XXVII/3 (1993), pp. 200–201.

*7 Ibid., p. 200.

*8 P. Korkia and G. Stimson, 'Indications of Prevalence, Practice and Effects of Anabolic Steroid Use in Great Britain', *International Journal of Sports Medicine*, XVIII/7 (1997), pp. 557–62.

*9 M. Janofsky, 'Barcelona; Female U.S. Shot-Putter Banned After Drug Test', *New York Times*, 一九九二年八月九日。

*10 M. Janofsky, 'Barcelona; Banned American Explains Use of Drug', *New York Times*, 一九九二年八月七日。

＊11 “‘Disgraced” Davies Is Olympic Coach’, *Daily Mail*, 二〇〇八年八月一九日。
＊12 BBC, ‘Krabbe Receives IAAF Settlement’ , www.bbc.co.uk/news, 二〇〇二年四月三〇日。
＊13 H. McIlvanney, ‘End of the World for Diego Maradona’, *The Times*, 一九九四年七月三日。
＊14 D. Modahl, *The Diane Modahl Story: Going the Distance. The Heartbreaking Truth Behind the Headlines* (London, 1995), p. 190.
＊15 M. Rowbottom, ‘Athletics: Slaney Doping Ban Upheld at IAAF Hearing’, *The Independent*, 一九九九年四月二六日。
＊16 D. Baron, D. Martin and S. A. Magd, ‘Doping in Sports and Its Spread to At-Risk Populations: An International Review’, *World Psychiatry*, vi/2 (2007), pp. 118–23.
＊17 J. Brant, ‘Playing Dirty’, *Outside*（一九九九年七月）, www.outside.com に掲載。
＊18 M. Rendell and S. Horsdal, ‘Life after Lance’, *The Observer*, 二〇〇六年七月二日。
＊19 Baron et al., ‘Doping in Sports and Its Spread to At-Risk Populations’, p. 121.
＊20 Ibid., p. 122.
＊21 B. López, ‘The Invention of a “Drug of Mass Destruction”: Deconstructing the epo Myth’, *Sport in History*, XXXI/1 (2011), pp. 84–109; p. 89.
＊22 L. Fisher, ‘Stamina-Building Drug Linked to Athletes’ Deaths’, *New York Times*, 一九九一年五月一九日.
＊23 M. Bamberger, ‘Over the Edge Aware that Drug Testing Is a Sham, Athletes Seem to Rely More Than Ever on Performance Enhancers’, *Sports Illustrated*, 一九九七年四月一四日。
＊24 Ibid.
＊25 J. Lichfield, ‘Allez le Tour’, *The Independent*, 一九九九年七月二日。
＊26 ‘The Drugs Scandal Update’, www.cyclingnews.com, 一九九八年七月二六日。
＊27 IOC, Lausanne Declaration on Doping in Sport, 一九九九年二月四日。
＊28 R. Coomber, ‘How Social Fear of Drugs in the Non-Sporting World Creates a Framework for Doping Policy in the Sporting World’, *International Journal of Sport Policy and Politics*, vi/2 (2014), pp. 171–93.

第七章　新たなアプローチ

＊1　IOC, 'Major Advances in the Fight Against Doping Meant that the Olympic Games Sydney 2000 Represented a Landmark Moment for the Olympic Movement, in Several Ways', www.olympic.org, 二〇二〇年一一月二〇日。

＊2　'The 2000 Olympics: Games of the Drugs?', *CBSNews*, 二〇〇二年一月三一日。

＊3　Ibid.

＊4　V. Chaudhary, 'Bitter Pill as Tiny Gymnast Loses Gold', *The Guardian*, 二〇〇〇年九月二九日。

＊5　T. Humphries, 'Drug User's Power of Positive Thinking', *Irish Times*, 二〇〇〇年七月一〇日。

＊6　J. Christie, 'Six Austrians Banned from Olympics in Turin Doping Scandal', *Globe and Mail*, 二〇〇七年四月二五日.

＊7　'Ferdinand Banned for Eight Months', *The Guardian*, 二〇〇三年一二月一九日。

＊8　World Anti-Doping Agency, 'Fundamental Rationale for the World Anti-Doping Code', *World Anti-Doping Code* (Montreal, 2021), p. 13.

＊9　K. Grohmann, 'Sprinters' Doping Saga Still Haunts Greece', *Reuters*, 二〇〇八年七月八日。

＊10　'Bush Calls for Anti-Doping Effort', CNN, 二〇〇四年一月二一日。

＊11　V. Conte, BBC にて引用, 'Conte's Prescription for Success', www.bbc. co.uk/news, 二〇〇八年五月一六日。

＊12　J. Calvert, G. Arbuthnott and B. Pancevski, 'Revealed: Sport's Dirtiest Secret', *The Times*, 二〇一五年八月二日。

＊13　R. Ulrich et al., 'Doping in Two Elite Athletics Competitions Assessed by Randomized-Response Surveys', *Sports Medicine*, XLVIII/1 (2018), pp. 211–19.

＊14　D. Mackay, 'Record Number of London 2012 Disqualifications Shows Justice Been Served, WADA President Claims', www.insidethegames. biz, 二〇二〇年八月一三日.

＊15　T. Fordyce, 'Lance Armstrong: Fall of a Sporting Hero', www.bbc. co.uk/news, 二〇一二年一〇月一一日.

＊16　L. Clarke, 'Spanish Cycling Speaks Out over Saiz', *Cycling News*, 二〇〇六年五月二四日.

＊17　BBC, 'Operation Puerto: Spanish Legal System "Thwarted" Anti- Doping Investigation', www.bbc.co.uk/news, 二〇一九年九月二六日。

*18　'UCI Announces Anti-Doping Measures in Response to CIRC', www.velonews.com, 二〇二一年九月六日にアクセス。

*19　L. Ostlere, 'McLaren Report: More Than 1,000 Russian Athletes Involved in Doping Conspiracy', *The Guardian*, 二〇一六年一二月九日。

*20　A. Ybarra, 'Beckie Scott, WADA Athletes Committee Calls for Full Russian Ban', *Associated Press*, 二〇一九年一一月八日。

第八章　問題と提言

*1　I. Waddington and V. Møller, 'WADA at Twenty: Old Problems and Old Thinking?', *International Journal of Sport Policy and Politics*, XI/2 (2019), pp. 219–31.

*2　A. Brown, 'Romanian NADO Instructed Lab to Cover Up Positive Tests', www.sportsintegrityinitiative.com, 二〇一九年六月一四日。

*3　S. Ingle, 'How Lamine Diack's 16-Year Reign in Charge of IAAF Led to a Jail Term', *The Guardian*, 二〇二〇年九月一七日。

*4　O. de Hon, H. Kuipers and M. van Bottenburg, 'Prevalence of Doping Use in Elite Sports: A Review of Numbers and Methods', *Sports Medicine*, XL/1 (2015), pp. 57–69.

*5　A. Brown, 'Decline in Testing in Tennis Illustrates Impact of Covid-19 on Anti-Doping', www.sportsintegrityinitiative.com, 二〇二一年二月四日。

*6　E. Boye, 'Detection of Recombinant EPO and Innocent Athletes', Perspectives on Doping and Anti-Doping series, International Network for Doping Research, 二〇二〇年一二月一日。

*7　'I Have Never Doped So to Be There at All Was Shocking to Me', www.the42.ie, 二〇一六年一〇月一四日。

*8　A. Kessel, 'Callum Priestley Suspended After Positive Drugs Test', *The Guardian*, 二〇一〇年三月五日。

*9 H. Robertshaw, '"One of the Biggest Injustices in Sport": Alberto Contador Still Angry At Doping Ban and Loss of Grand Tour Titles', *Cycling Weekly*, 二〇一七年九月二六日, at www.cyclingweekly.com.

*10 N. Butler, 'Mexican Fencer Cleared of Wrongdoing After Re-Analysis of "Positive" Drug Test', www.insidethegames.biz, 二〇一六年一〇月一八日。

*11 C. De Silva, 'Shane Warne Recalls Biggest Regret from 2003 Suspension for Banned Substance', wwos.nine.com.au, 二〇二〇年一〇月二二日。

*12 'Zach Lund Takes Break from Skeleton', www.espn.com, 二〇一〇年一一月二二日。

*13 D. Roan, 'Mark Dry: Hammer Thrower Says Doping Ban Is Miscarriage of Justice', bbc, www.bbc.co.uk/news, 二〇二〇年五月一四日。

*14 Ibid.

*15 'Rio 2016 Olympics: Lizzie Armitstead Defends Missed Drugs Tests', bbc, 二〇一六年八月三日。

*16 J. Austin, 'Jarrod Bannister Dead: Commonwealth Games Gold Medallist Dies Suddenly Aged 33', *The Independent*, 二〇一八年二月九日。

*17 P. Dimeo and V. Møller, *The Anti-Doping Crisis in Sport: Causes, Consequences, Solutions* (London and New York, 2018).

*18 S. Anderson, 'Hinke Schokker, Suspended Due to Doping, Has Let Go of Athletics', *Leeuwarder Courant*, 二〇二〇年六月二四日, http://lc.nl; H. Schokker, Perspectives on Doping and Anti-Doping series, International Network for Doping Research, 二〇二一年三月一五日も参照。

*19 Dimeo and Møller, *The Anti-Doping Crisis in Sport*.

*20 K. Sas-Nowosielski and A. Budzisz, 'Attitudes Toward Doping among Polish Athletes Measured with the Polish Version of Petroczi's Performance Enhancement Attitude Scale', *Polish Journal of Sport and Tourism*, XXV/2 (2018), pp. 10–13.

*21 A. Efverström, N. Ahmadi, D. Hoff and Å. Bäckström, 'Anti- Doping and Legitimacy: An International Survey of

Elite Athletes' Perceptions', *International Journal of Sport Policy and Politics*, 8 (2016), pp. 491–514; p. 491.
*22 M. Overbye, 'Doping Control in Sport: An Investigation of How Elite Athletes Perceive and Trust the Functioning of the Doping Testing System in Their Sport', *Sport Management Review*, XIX/1 (2016), pp. 6–22; p. 6.
*23 J. Gleaves and A. V. Christiansen, 'Athletes' Perspectives on WADA and the Code: A Review and Analysis', *International Journal of Sport Policy and Politics*, XI/2 (2019), pp. 341–53; p. 341.
*24 N. Deshmukh et al., 'Analysis of Anabolic Steroids in Human Hair Using lc-ms/ms', *Steroids*, LXXV/10 (2010), pp. 710–14; p. 710.

書籍紹介

Andreasson, J., and A. Henning, *Performance Cultures and Doped Bodies: Challenging Categories, Gender Norms, and Policy Responses* (Champaign, il, 2021)

Assael, S., *Steroid Nation: Juiced Home Run Totals, Anti-Aging Miracles, and a Hercules in Every High School: The Secret History of America's True Drug Addiction* (New York, 2007)

Beamish, R., and I. Ritchie, *Fastest, Highest, Strongest: A Critique of High-Performance Sport* (London and New York, 2006)

Chambers, D., *Race Against Me: My Story* (London, 2009)

Dasgupta, L., *The World Anti-Doping Code: Fit for Purpose?* (Oxford, 2019)

Dasgupta, L., *Doping in Non-Olympic Sports: Challenging the Legitimacy of WADA?* (Oxford, 2022)

Dimeo, P., *A History of Drug Use in Sport, 1876–1976: Beyond Good and Evil* (London and New York, 2007)

Dimeo, P., and Møller, V., *The Anti-Doping Crisis in Sport: Causes, Consequences, Solutions* (London and New York, 2018)

Dubin, C., *Commission of Inquiry Into the Use of Banned Practices Intended to Increase Athletic Performance* (Ottawa, 1990)

Fincouer, B., J. Gleaves and F. Ohl, eds, *Doping in Cycling: Interdisciplinary Perspectives* (London and New York, 2020)

Fainaru-Wada, M., and L. Williams, *Game of Shadows: Barry Bonds, Balco, and the Steroids Scandal That Rocked Professional*

Sports (New York, 2006)
Gleaves, J., and T. M. Hunt, *A Global History of Doping in Sport: Drugs, Policy, and Politics* (London and New York, 2015)
Hamilton, T., and D. Coyle, *The Secret Race: Inside the Hidden World of the Tour de France: Doping, Cover-ups, and Winning at All Costs* (London, 2012)（『シークレット・レース――ツール・ド・フランスの知られざる内幕』児島修訳、小学館）
Henne, K., *Testing for Athlete Citizenship: Regulating Doping and Sex in Sport* (New Brunswick, NJ, 2015)
Hoberman, J., *Mortal Engines: The Science of Performance and the Dehumanization of Sport* (New York, 1992)
Hoberman, J., *Testosterone Dreams: Rejuvenation, Aphrodisia, Doping* (Berkeley, ca, 2005)
Houlihan, B., *Dying to Win: Doping in Sport and the Development of Anti-Doping Policy* (Strasbourg, 2002)
Hunt, T. M., *Drug Games: The International Olympic Committee and the Politics of Doping, 1960–2008* (Austin, TX, 2011)
Krieger J., *Dope Hunters: The Influence of Scientists on the Global Fight Against Doping in Sport, 1967–1992* (Champaign, il, 2016)
McArdle, D., *Dispute Resolution in Sport: Athletes, Law and Arbitration* (London and New York, 2015)
Mazanov, J., *Managing Drugs in Sport* (London and New York, 2018)
Millar, D., *Racing Through the Dark: The Fall and Rise of David Millar* (New York, 2011)
Modahl, D., *The Diane Modahl Story: Going the Distance. The Heartbreaking Truth Behind the Headlines* (London, 1995)
Møller, V., *The Ethics of Doping and Anti-Doping: Redeeming the Soul of Sport?* (London, 2010)
Møller, V., I. Waddington, and J. Hoberman, eds, *Routledge Handbook of Drugs in Sport* (London, 2017)
Read, D., J. Skinner, D. Lock and A.C.T. Smith, *WADA, the World Anti-Doping Agency: A Multi-Level Legitimacy Analysis* (London and New York, 2021)
Rodchenkov, G., *The Rodchenkov Affair: How I Brought Down Russia's Secret Doping Empire* (London, 2020)
Taylor, W., *Macho Medicine: A History of the Anabolic Steroid Epidemic* (London, 1991)
Waddington, I., and A. Smith, *An Introduction to Drugs in Sport: Addicted to Winning?* (London and New York, 2009)（『ス

ポーツと薬物の社会学——現状とその歴史的背景』大平章、麻生享志、大木富訳、彩流社）
Walsh, D., *Seven Deadly Sins: My Pursuit of Lance Armstrong* (London, 2012)
Walsh, D., *The Russian Affair: The True Story of the Couple Who Uncovered the Greatest Sporting Scandal* (London, 2021)
Woodland, L., *Dope: The Use of Drugs in Sport* (London, 1980)

訳者あとがき

本書は、二〇二〇年五月にイギリスで刊行された *DOPING: A Sporting History* の邦訳である。著者は、スコットランド・スターリング大学の研究者で、スポーツ科学、特にアンチ・ドーピングを専門としているエイプリル・ヘニングとポール・ディメオ。ふたりは本書で、スポーツ界に長くつきまとうドーピングという暗い影に光を当て、これまでにない壮大なスケールで体系的、網羅的にこの問題を追及している。

著者はまず一世紀半近くも前に時計の針を巻き戻し、時系列に沿ってドーピングの歴史を丹念に追っていく。ドーピングの歴史は古く、一九〇四年と一九〇八年のオリンピックではすでにマラソン競技での薬物利用の記録が残っている。その後、アスリートのあいだでアンフェタミンやステロイドなどの使用が広まっていったが、その薬物の一部には一般に市販されていたものも含まれていた。やがてこうした状況を重く見た関連団体が取り締まりに動き出したが、アスリート側はその抜け穴を探そうとし、現在に至るいたちごっこが始まった。

スポーツの人気が高まり、それを取り巻くビジネスが巨大化していくなかで、富や名声を渇望するアスリートがリスクを承知のうえでドーピングに手を染めていく傾向はますます進んだ。国家や組織ぐるみで巧妙に薬物を利用するケースも増えた。一九九九年に世界アンチ・ドーピング機構（WADA）が設立されたが、現在でも事態が改善したとは言い難い状況が続いている。

ドーピングは近代スポーツと表裏一体の関係にある。読者は単にドーピングの変遷をたどるたけではなく、スポーツ界の負の歴史とも言えるドーピングの歴史を通して、近代スポーツの歴史を概観し、そこからあぶり出されるひずみや問題点をあらためて認識することになるだろう。

突き詰めれば、私たち一般大衆が競技やスポーツ観戦を楽しみ、トップアスリートの活躍に大きく注目することが、スポーツで成功することで大金や社会的地位が手に入る土壌を支え、彼らがドーピングに手を出す動機の源になっている。つまり、私たちもドーピングの大きなシステムの一部であるとも言えるのだ。この問題は私たちスポーツを愛する者にとって無関係ではなく、一部の人間による不正行為として片付けてはならない。また本書は単にドーピングの歴史を詳述するのみにとどまらず、これまでのアンチ・ドーピングの取り組みの問題点を指摘し、あらたな道のりへの改善案を提言している。特に、薬物使用の取り締まりのなかで、選手が不当に虐げられ、負担を負わされてきたという著者の視点には注目すべきだろう。

現在でも、ドーピング問題のニュースは日々私たちの目に飛び込んでくる。その状況は、日本でも変わらない。これまで、ドーピングの歴史をこれほど包括的に論じた本はなかったのではないだろうか。本書の担当編集者である青土社の前田理沙氏は、まさにこの点から本書の刊行に大きな意義を見出し、制作作業を力強く率いてくださった。また翻訳作業は、優れた翻訳能力と調査能力を兼ね備えた翻訳者の二木夢子氏の全面的な協力のもとで行った。

本書がドーピングやスポーツに関心のある多くの読者にとって、この問題への理解を深め、改善の道を拓くための一助になることを心より願っている。

児島修

ま行

や行

ら行

索引

著者　エイプリル・ヘニング（April Henning）

スコットランド、スターリング大学講師。専門はスポーツ科学。共著に *Performance Cultures and Doped Bodies:Challenging Categories, Gender Norms, and Policy Responses*（パフォーマンス文化とドーピング化された身体——カテゴリー、ジェンダー規範、ポリシーレスポンスへの挑戦、未邦訳）がある。

著者　ポール・ディメオ（Paul Dimeo）

スコットランド、スターリング大学准教授。専門はスポーツ科学（特にアンチドーピング）。著書に *A History of Drug Use in Sport, 1876–1976*（1876-1976年におけるスポーツにおける薬物使用の歴史、未邦訳）、*The Anti-Doping Crisis in Sport*（スポーツにおけるアンチ・ドーピングの危機、未邦訳）などがある。

訳者　児島修（こじま・おさむ）

英日翻訳者。訳書に『ランニング王国を生きる——文化人類学者がエチオピアで走りながら考えたこと』『Good to Go——最新科学が解き明かす、リカバリーの真実』（共に青土社）、『シークレット・レース——ツール・ド・フランスの知られざる内幕』（小学館文庫）など。

ドーピングの歴史

なぜ終わらないのか、どうすればなくせるのか

2023 年 5 月 18 日 第 1 刷印刷
2023 年 6 月 9 日 第 1 刷発行

著者——エイプリル・ヘニング＋ポール・ディメオ
訳者——児島修

発行者——清水一人
発行所——青土社

〒 101-0051　東京都千代田区神田神保町 1-29　市瀬ビル
［電話］03-3291-9831（編集）　03-3294-7829（営業）
［振替］00190-7-192955

組版——フレックスアート
印刷・製本——シナノ印刷

装幀——國枝達也

ISBN978-4-7917-7560-6
Printed in Japan